Anita Bind-Klinger: Die Antwort des Herzens

Anita Bind-Klinger

Die Antwort
des Herzens

Meditationen und Edelsteine
zur Heilung des Herzens

Aquamarin Verlag

Deutsche Erstausgabe
Titelbild: Friedrich Hechelmann
Layout: Annette Wagner
1. Auflage 1994
© Aquamarin Verlag
Voglherd 1 · D-85567 Grafing
Herstellung: P & P Lichtsatz
ISBN 3-89427-053-5

INHALTSVERZEICHNIS

Vorwort

Ich freue mich und bin glücklich darüber, Ihnen ein weiteres Buch von mir vorstellen zu können. In meinem ersten Buch „Heilung durch Harmonie – in Meditationen mit Edelsteinen die Weisheit des Körpers erfahren" schrieb ich über meine Erfahrungen von Gesundheit und Krankheit, über die Unterstützung von Edelsteinen und Kristallen im Zusammenhang mit unserer Körper- und Organsprache. In meinem zweiten Buch wende ich mich nun einem ganz speziellen und dennoch ganz zentralen Thema zu, erweitere und vertiefe dadurch ein Gebiet aus dem ersten. Ich werde darüber schreiben, was ich *durch* und *über* das Herz weiß, um dann *von Herz zu Herz* das weiterzugeben, *was mir am Herzen liegt…*

Jedes lebendige Herz beherbergt einen göttlichen Funken. Zu manchen Zeiten schlummert er still, in anderen Zeiten lodert er wie eine kraftvolle Flamme. Ich mag Sie ermutigen und Ihr Vertrauen beleben, sich Ihrem Herzen zu widmen. Ich begleite Sie gerne dabei ein Stück dieses Weges. Ich erläutere Ihnen gerne etwas in einfacher und verständlicher Weise über Bau und Funktion des Herzens, und Sie werden dabei Analogien für Ihr psychisches Verhalten im Alltag erkennen. Das Verständnis der kosmischen Gesetze von *innen und außen*, von *Mikrokosmos und Makrokosmos*, wird wachsen.

Seien Sie unbesorgt – den Schlüssel zu Ihrer Herzenstür haben Sie selbst. Niemand anders kann vor Ihnen Ihr Herz schauen. Sie führen die Regie in Ihrem Leben. Tasten Sie sich langsam vor, vorsichtig und ganz behutsam. Die Meditationen und Übungsanleitungen sind dabei nur Impulse und Anregungen aus einem unerschöpflichen Reservoir an Möglichkeiten, die Heilung des Herzens zu fördern.

Meine persönliche Motivation, dieses Buch zu schreiben, steht in Verbindung mit meinem Lebensauftrag. Ich spüre eine innere Führung, die mich anleitet, mit meinem Herzenslicht und meiner Herzensliebe die Herzen anderer zu berühren. Dabei ist mir sehr wichtig, nicht belehrend oder fordernd zu sein, sondern ich lade Sie ein, das organische und seelisch-geistige Herz aus dem im folgenden beschriebenen Blickwinkel zu betrachten und für sich selbst zu überprüfen. Es ist ein Angebot an Sie, indem ich meine Erfahrungen aus meiner naturheilkundlichen Praxis und meinen Seminaren Ihnen *mit-teile*.

Bevor ich mit dem Schreiben anfing, fühlte ich mich *geistig schwanger* mit dem Inhalt des Buches. Es gab so etwas wie eine Empfängnis. Die Idee oder der Wunsch existierte schon längere Zeit davor. Ich gab dem Thema Raum in mir, ließ es wachsen und reifen, und so nahm das Konzept Form an und wurde in der Zusammenarbeit mit dem Aquamarin-Verlag geboren und zu dem, was Sie jetzt in Händen halten.

Ich danke von Herzen allen Menschen, die mich auf meinem Weg begleiteten. Es gab und gibt Menschen, die mir durch *ihre* Herzens-Liebe ermöglichen, die vielen verschiedenen Variationen und Dimensionen der Liebe zu erfahren und zu verstehen. Dadurch wurden schöne ebenso wie schmerzliche Entwicklungen ausgelöst. Beides forderte und förderte mich und trug zum Sinn dieses teilweise sehr persönlichen Buches bei.

Ich bitte Sie höflich um Erlaubnis, im weiteren die Du-

Anrede wählen zu dürfen. Weder in Meditationen auf der geistigen Ebene noch in Zwiegesprächen mit körperlichen Wesensanteilen habe ich das *Sie* wahrgenommen – und so würde ich Sie/Dich gerne persönlich anreden.

Herzlichen Dank!

Einleitung

Das Herz ist ein Organ, das durch den Herzschlag *spürbar* ist. Anders als alle anderen Körperorgane, die wir oft erst spüren, wenn etwas nicht in Ordnung ist. Deshalb werden wir auf ein schneller schlagendes Herz aufmerksam, manche Menschen beunruhigt es gar oder macht ihnen Angst, wenn ihr Herz merklich klopft. Wie schade. Ein schneller schlagendes Herz verteilt die Körper- und Geistenergien schneller. Es ist eine Botschaft aus der Körpersprache und will etwas Bestimmtes mitteilen. Die aufklärenden Anteile des Buches mögen dazu beitragen, daß sich Ängste diesbezüglich durch Wissen auflösen, und das Verständnis für die Botschaften des Herzens wächst. Menschen, die schon einmal ein *Herzeleid* hatten, will ich gerne unterstützen in dem Erkennen des dazugehörigen psychischen Themas. Je weiter die Ursachenkette zu überblicken ist und Zusammenhänge erkennbar sind, um so leichter sind stimmige Lösungswege zu begehen und realistische Wandlungsmöglichkeiten sichtbar. In dem Kapitel der Heilbehandlungen möchte ich zu ganz einfachen Übungen und Meditationen einladen, die das gesunde Herz stärken sowie das *aus der Harmonie-gerutschte Herz* wieder in die innere Mitte bewegen.

Es ist ein Buch, das helfen soll, sich selbst zu helfen!

Ich habe mich aus den verschiedensten Gründen mit dem Thema Heilung und Krank-Sein beschäftigt. Schon so oft fragte ich mich „was ist wahre Heilung?" Wie geschieht Heilung? Wer darf heilen und wo sind die Grenzen unseres Helfens? Ich weiß keine endgültige, in allen Anteilen passende Erklärung oder Lösung. Es erstaunt mich zu lesen, daß zum Beispiel Ramana Maharshi, als Weiser, der tiefste Erkenntnisse in alle Lebensprozesse hatte, an einem Tumor im Arm starb. Franz von Assisi ertrug ein schweres Augenleiden. Warum durften sie keine Heilung erfahren, die sich auch körperlich ausdrückte? Manche Krankheiten lassen sich nach Erkennen des zugrunde liegenden psychischen Themas leicht durch Änderung eines Denk- oder Verhaltensmusters beheben. Andere scheinen unbeinflußbar auf allen Ebenen zu sein.

Aus meinem jetzigen Verständnis heraus geschieht Heilung im tiefsten Inneren von unserem Selbst. So ist sich jeder Mensch selbst der beste Heiler oder die beste Heilerin. Impulse aus Büchern, Therapien, von Edelsteinen und Kristallen können diesen inneren Heilern *nur* ein Hilfsmittel sein; wenngleich auch sehr wesentliche und unterstützende Hilfsmittel. Es ist mir sehr wichtig, den Einfluß bewußt oder noch bewußter werden zu lassen, den jeder von uns selbst auf seine Gesundheit hat. Egal, welcher Konflikt oder welche Krankheit es auch ist, niemand ist in seiner Lebenssituation gänzlich ausgeliefert, sondern jeder Mensch kann kreativ sein Leben und seine Heilungsprozesse mitgestalten. Ich sehe eine große Chance darin, die Ver*antwort*ung für sich selbst zu übernehmen – eine Gefahr besteht darin, zum Beispiel einen „Heiledelstein" zu nehmen in dem Glauben, daß nun Wunder geschehen werden und ein körperliches Symptom oder ein Problem einfach so verschwindet. Es geschieht keine Heilung ohne eine Bewußtseinsveränderung. Einer dauerhaften und echten Heilung geht eine Erkenntnis voraus, der eventuell eine Veränderung eines Lebensmusters folgt. Für diese, uns in großer Vielfalt zur Verfügung stehenden „Hilfsmittel", bin ich von Herzen dankbar und vermittle gerne darüber in meinem Beruf, in Seminaren und durch dieses Buch.

Die Anleitungen in diesem Buch ersetzen keine internistische Behandlung des organischen Herzens, und dennoch können sie jede Form von Therapie sinnvoll begleiten. Die Anschauungsmodelle zu verstehen und die Wirkungen von Edelsteinen sowie die Erkenntnisse in Meditationen sind bewußtseinserweiternd und deshalb von tiefer Bedeutung.

So ist das Buch für jeden Menschen geschrieben, der ein Herz hat. *Am Herzen kommen wir nicht vorbei*, das sagen uns die vielen Herz-Symbole, die uns im alltäglichen Leben begegnen und die vielen Redewendungen, denen ich einen eigenen Abschnitt gewidmet habe.

In den Begegnungen mit Menschen, die mein Herz berührten, spürte ich, daß es verschiedene Hauptebenen der Empfindungen gibt. Es gibt Menschen, die ihre Gefühle vorwiegend vom Bauchraum ausgehend empfinden, zum Beispiel in Höhe des Solar-Plexus. Ich nenne sie jetzt einmal vereinfacht *Bauchmenschen*. Kummer, Sorgen und Bedrohliches schlägt ihnen auf den Magen oder macht sich in irgendeiner Weise im Bauchraum durch Verspannung, Unwohlsein oder ein Kloß- oder Schweregefühl dort bemerkbar. Die andere Gruppe von Menschen reagiert mehr auf der Herzebene und empfindet im Brustraum Druck, eine Enge oder ängstliches Unwohlsein. Ich nenne sie vereinfacht *Herzmenschen* und zähle mich ganz eindeutig zu dieser Gruppe. Ich kenne auch solche Gefühle wie Wut und Ärger im Bauchraum, mein Hauptempfindungszentrum aber ist das Herz. Dann gibt es noch die Gruppe der *Kopfmenschen*, die alles rational, verstandesmäßig erfassen und natürlich auch so erklären.

Ich wünsche mir, mit diesen Zeilen alle Gruppen ansprechen zu können. Die Menschen, die ohnehin gefühlsmäßig über das Herz empfinden, werden vieles leichter verstehen, vieles wird ihnen vertraut vorkommen und ihr Wissen über das Herzgeschehen erweitern. Den Bauch- und Kopfmenschen will ich ebenfalls eine Erweiterung anbieten und womöglich eine andere Sichtweise aufzeigen. Ich will klar ausdrücken, daß alle Empfindungswege richtig sind und keiner besser als der andere ist. Ich freue mich, wenn ich dazu beitragen kann, daß sich Menschen untereinander besser verstehen, vielleicht auch das eine oder andere Mal erkennen, daß das Gegenüber eben ein anderer Empfindungstyp ist und man zweierlei persönliche Wahrheiten nebeneinander stehen lassen kann. Keinesfalls will ich etwas korrigieren.

Einiges in diesem Buch nenne ich meine *persönliche Wahrheit*. Das sind Erfahrungen und Anteile von mir, die für mich persönlich stimmig sind. Solche Gefühls- und Gedankenprägungen erlebte und erlebe ich durch das Lauschen auf die Stimme meines Höheren Selbstes und die Wesen der Edelsteine ebenso wie das Aufnehmen von Botschaften erleuchteter Meister und Meisterinnen. Sie sind nicht beweisbar. Vieles in diesem Buch liegt noch an der Grenze wissenschaftlicher Nachweisbarkeit, zum Beispiel die psychischen Entsprechungen der Organe oder die Wirkungsweisen der Edelsteine und Kristalle. Für mich gibt es die sichtbare und unsichtbare Welt mit ihren grobstofflichen und feinstofflichen Anteilen. Auch wenn manches noch nicht beweisbar ist, so ist dennoch die Existenz oder die Wirksamkeit bestimmter Dinge nicht zu leugnen. Stimmungen und Gefühle sind auch nicht quantitativ beweisbar oder nachweisbar – und dennoch sind sie da. So traue ich mich – gemeinsam mit anderen – auf ein Gebiet, in dem sich noch vieles offenbaren wird, auf dem wir noch vieles neu definieren und verstehen können.

Ich bin mir dessen bewußt, daß ich in diesem Buch sehr viel Persönliches mitteile – mit Dir teile. Ich handele so, weil es mir wichtig und wertvoll ist, weil ich einen Sinn darin sehe, für alle mit ganzem Herzen liebenden Wesen – und für mich.

1

Meine Herzensbotschaft an Dich

Die Botschaft des Herzens ist die Liebe.

Es ist mir ein herzliches Anliegen, Dich einzuladen, Dir Deines Herzengeschehens bewußter zu sein. Dich ein Stück auf dem Weg zu begleiten, falls Du das erste Mal Dein Herz als Quelle des Lebens erkennst, dieser Kraftquelle in Dir gewahr wirst oder die Analogien zwischen der Herzfunktion und Deinem alltäglichen Leben erkennst. Wenn das für Dich schon eine Dir vertraute Sichtweise ist, mag ich Dich locken, Dein Herz als inneren heiligen Tempel zu sehen, indem sich Deine Spiritualität entfaltet, wie eine zarte Rose, die im Erblühen ihr Geschenk an das Universum, ihren Duft, selbstlos verströmt.

Die Liebe ist die Essenz des Lebens, der Sinn jeden Lebens. Für Körper, Geist und Seele ist die Liebe das Allheilmittel. In meinen Augen ist das Herz der Impulsgeber oder Impulssender des Lebens. Immer und immer wieder sendet das Herz Wellen des Blutes auf körperlicher Ebene und Wellen der Liebe auf geistiger Ebene aus. Das Herzgeschehen zu verstehen, heißt, die Essenz des Lebens zu verstehen. Sich dem Herzgeschehen zu widmen, heißt, sich den Schlüssel des Lebens vertraut zu machen.

In der Liebe – ebenso wie in allen Heilungsprozessen – ist es das tief-zugrundeliegende Thema der Verschmelzung zweier verschiedener Anteile oder zweier Pole. Das Eins-werden oder die Ver-*ein*-igung ist das Motiv der Liebe.

Die Liebe besteht in verschiedenen Formen nebeneinander. Da ist die körperbezogene *Eros*-Form, zum Beispiel die körperliche Liebe zwischen Mann und Frau oder gleichgeschlechtlichen Menschen. Es gibt zweitens die geistig-seelische *Philia*-Form der Liebe, zum Beispiel die Liebe zu Eltern, Lebenslehrern oder den Menschen, mit denen wir die erotische Form der Liebe nicht leben wollen. Außerdem gibt es die rein-geistige, selbstlose *Agape*-Form, die göttliche, allumfassende und reine Liebe des Universums, die das Tor zu einer nächsten Dimension ist. Wir durchleben alle diese Arten – manchmal gleichzeitig verwoben miteinander, ein anderes Mal steht eine Art im Vordergrund. Wir erleben Phasen unseres Lebens, in denen lebt sich die Liebe leicht, voller Freude und Glückseligkeit. Zu anderen Zeiten brennt sie schmerzlich und wie Feuer verzehrend.

Es ist meine persönliche Wahrheit, daß unsere Seelen mit Liebe durchdrungen sind. Wenn meine Seele mich zu einer Inkarnation ins Leben sendet, ist mir der Same der Liebe mitgegeben, und er keimt in meinem Herzen. Je mehr ich für den Keimling sorge, ihm Raum gebe, um so mehr kann er sich entwickeln. Das bedeutet für mich, daß ich Liebe erlebe, in allen schönen und schmerzlichen Variationen. Ich kann und will diesen Keimling der Liebe nicht ersticken, um mir Schwieriges zu ersparen. Es ist das Wesen der Liebe, Gegensätzliches zu erkennen und integrieren zu lernen. Ich bin bereit, innerlich zu wachsen, die Liebe des Lebens wachsen zu lassen, und freue mich, mit anderen Menschen, die den Funken der Liebe ebenfalls spüren, gemeinsam ein Stück des Weges zu gehen.

Ich glaube daran, daß die tiefe, reine Liebe die Verbindung zwischen Geist und Materie ist, daß es die Aufgabe der Menschen ist, diese Verbindung zu verstehen. Materie, beziehungsweise das Körperliche ist kein Hemmschuh auf unserem Lebensweg, sondern der *Gewinn* des Lebens liegt darin, den Sinn dieser Verbindung zu erkennen. Selbst im Atom sind Materie und Geist eins miteinander. Der Atomkern und die Elektronen sind der stoffliche Anteil, der große Zwischenraum ist mit der unstofflichen, geistigen Anziehungskraft erfüllt.

Es gibt Philosophen, die den *Sinn der Materie* als Ganzes in Frage stellen. Die Materie könnte eventuell ein *Fehler* der Schöpfung sein. Dieser Ansatz ist für mich nicht stimmig, er verneint den Körper und die Sinnhaftigkeit der Materie. Womöglich fällt es mir als Frau leichter, die Körperlichkeit anzuerkennen. Als Frau glaube ich an den Sinn der Materie und erlebe sie als ein Teil im Spiel des Lebens. Ich erkenne es als eine spezifisch weibliche Qualität an, etwas materiell und körperlich werden zu lassen, einen Gedanken oder Impuls aufzunehmen und ihm von Liebe durchdrungen Form zu geben oder in eine Tat umzusetzen. Als eine spezifisch männliche Qualität erkenne ich die Fähigkeit an, Dinge in Frage zu stellen und mit geistigen, aktiven Energien etwas umzugestalten. Aber eben etwas, was da ist, was schon vorher durch weibliche Energien Form bekommen hat. Schwierig wird der gemeinsame gewinnbringende Prozeß, wenn das männliche Prinzip das Resultat des weiblichen Prinzips verneint. Ich weiß, daß es möglich ist, die männlichen und weiblichen Qualitäten in gegenseitiger Ergänzung und zu beiderseitigem Wachstum einzusetzen – und das verbindende dabei ist die Liebe. Aber nun genug der philosophischen Gedanken und persönlichen Vorstellungsmodelle. Ich mag den Teil meiner Erkenntnisse realisieren und werde mich mit meinem jetzigen Bewußtsein und meiner Herzenskraft dafür einsetzen.

Ich zitiere einige Worte des Dichters und Philosophen Kahlil Gibran, der die Liebe mit folgenden, für mich treffenden Worten beschrieben hat:

„Wenn die Liebe Dir winkt, folge ihr,
sind ihre Wege auch schwer und steil.
Und wenn ihre Flügel Dich umhüllen,
gib Dich ihr hin, auch wenn das unterm Gefieder versteckte Schwert Dich verwunden kann.
Und wenn sie zu Dir spricht,
glaube an sie, auch wenn ihre Stimme Deine Träume zerschmettern kann wie der Nordwind den Garten verwüstet.
Denn so, wie die Liebe Dich krönt, kreuzigt sie Dich. So wie sie Dich wachsen läßt, beschneidet sie Dich.
So wie sie emporsteigt zu Deinen Höhen und die zartesten Zweige liebkost, die in der Sonne zittern, steigt sie hinab zu Deinen Wurzeln und erschüttert sie in ihrer Erdgebundenheit.
Wie Korngarben sammelt sie Dich um sich.
Sie drischt Dich, um Dich nackt zu machen.
Sie siebt Dich, um Dich von Deiner Spreu zu befreien.
Sie mahlt Dich, bis Du weiß bist;
und dann weiht sie Dich ihrem heiligen Feuer,
damit Du heiliges Brot wirst für Gottes heiliges Mahl.
All dies wird die Liebe mit Dir machen,
damit Du die Geheimnisse des Herzens kennenlernst und in diesem Wissen ein Teil vom Herzen des Lebens wirst.
Aber wenn Du in Deiner Angst nur die Ruhe und die Lust der Liebe suchst, dann ist es besser für Dich, Deine Nackt-

heit zu bedecken und vom Dreschboden der Liebe zu gehen
in die Welt ohne Jahreszeiten,
wo Du lachen wirst, aber nicht Dein ganzes Lachen,
und weinen, aber nicht all Deine Tränen.
Liebe gibt nichts als sich selbst
und nimmt nichts als von sich selbst.
Liebe besitzt nicht, noch läßt sie sich besitzen,
denn die Liebe genügt der Liebe.
Wenn Du liebst, solltest Du nicht sagen: Gott ist in mei-
nem Herzen, sondern: ich bin in Gottes Herzen...." (1)

2

„Man sieht nur mit dem Herzen gut"

Die Sprache des Herzens in Redewendungen

„Man sieht nur mit dem Herzen gut, das Wesentliche ist für die Augen unsichtbar", das sagte einst Antoine de Saint-Exupéry. Es ist beachtenswert, wie oft wir dem Herzen im äußeren, alltäglichen Leben begegnen. Sei es in der Bildersprache im Symbol des Herzens oder in gebräuchlichen Redewendungen.

Das Symbol der Herzen besteht aus den zwei Halbkreisen, die zu einer Spitze verschmelzen – aus zwei wird eins. Es findet ganz häufig Anwendung, um mit Nachdruck auf die *herzlich liebevolle* Komponente hinzuweisen. Zum Beispiel der Aufkleber *„Ein Herz für Kinder"*, den man in so vielen Autofensterscheiben sieht; oder vor dem Muttertag begegnen uns viele Herzen, um an das Geschenk für die Mutter zu erinnern; oder am 14. Februar, dem Valentinstag, als ein liebevolles Zeichen, an unsere Lieben zu denken.

Wir *gratulieren von Herzen* und beenden einen Brief mit *herzlichen Grüßen*. In Liedertexten erscheint das Herz in allen Variationen; im Herzschmerz, im verschenkten, gebrochenen oder gestohlenen Herzen – und das ist international. In Mexiko gibt es zum Beispiel kein Volkslied ohne *corason*. So oft schon wurde in der Vergangenheit und wird wohl in der Zukunft das Herz besungen. Beschrieben wurden und werden Geschichten, die uns mehr oder weniger zu Herzen gehen. Achte einmal auf die Häufigkeit des Vorkommens der Herzen in Wort und Bild. Du wirst staunen.

Viele Redewendungen und Weisheiten aus allen Kulturen reden vom Herzen als der Quelle der Lebenskunst, dem Ort der Weisheit, als der Essenz aller Dinge. In vielen Redewendungen wird deutlich zum Ausdruck gebracht, daß das Herz Sitz der Empfindungen, des Gemüts und der Neigungen ist.

- Das *Herz der Dinge erfassen* heißt, den Kern einer Sache oder einer Begebenheit zu verstehen. Das Herz unseres Wesens zu erfassen, heißt, des göttlichen Keimes in uns gewahr zu werden, der die Quelle von Kraft, Licht und Liebe *in* uns ist.
- Eine werdende Mutter trägt im Volksmund das Kind unter dem Herzen.
- Die Hand aufs Herz legen bedeutet oder mahnt zumindest, die Wahrheit zu bezeugen.
- Etwas beherzigen. An etwas beherzt herangehen.
- Das Herz kann vor Freude springen und sich nach Herzenslust austoben.
- Es kann vor Angst in die Hose rutschen.
- Es kann vor Schreck stehenbleiben.
- Ich kann mein Herz an meinen Herzallerliebsten verschenken.
- Ich kann mein gebrochenes Herz beweinen.
- Mir kann das Herz bluten, und aus Mitgefühl kann sich mir mein Herz im Leibe umdrehen.
- Herzhaft zu lachen oder das Herz höher schlagen zu lassen, ist mir ein Herzensbedürfnis.
- Ein offenes Herz für etwas zu haben, oder es geht einem das Herz auf.
- Sich sein Herz ausschütten, sein Herz frei reden oder dem Herzen Luft machen.

- Etwas auf dem Herzen haben.
- Jemanden ins Herz schließen und dann ein Herz und eine Seele sein.
- Leichten Herzens sein, weil jemandem ein Stein vom Herzen fiel.
- Manchen Menschen fliegen die Herzen anderer geradeso zu oder sie erobern sie im Sturm.
- Ich mag herzliche Grüße senden und herzlich umarmen.
- Es gibt Dinge, die jemand halbherzig oder gar kaltherzig ausführt.
- In der Nähe von warmherzigen Menschen und Menschen, die das Herz am rechten Fleck haben, zu sein, ist schön und erfüllend.
- Jemanden ins Herz schließen.
- Menschen, die herzlos, hartherzig sind oder gar ein versteinertes Herz haben, wirken auf uns eventuell herzbedrückend oder ins Herz-schneidend.
- Zu nennen sind auch treuherzig, barmherzig, beziehungsweise unbarmherzig.
- Ich kann mir ein Geschehnis sehr zu Herzen nehmen, und es kann mir etwas lange am Herzen liegen.
- Von Herzen zu lachen, ist etwas Befreiendes.

Es gibt sicherlich noch mehr, mir nicht bekannte Redensarten. Wichtig ist mir dabei aufzuzeigen, daß sie alle auf tiefgehende Prozesse und gefühlvolle Wärme hinweisen oder auf den Kummer und das Herzeleid, daß durch die Liebe in ihren verschieden gelebten Variationen entstehen kann.

3

Das Herz in der Entstehung

Die vorgeburtliche Phase

Bei sich beginnen, aber nicht bei sich enden,
von sich ausgehen, aber nicht auf sich abzielen,
sich erfassen, aber nicht sich mit sich befassen.

Martin Buber

Das Herz ist ein Organ, das im Mutterleib anders arbeitet als nach der Geburt. Ein menschliches Leben beginnt im Mutterleib, wenn ein männlicher Samenfaden und eine weibliche Eizelle sich verbinden. In dem Einswerden der beiden halben Chromosomensätze vereinigen sich männliches und weibliches Erbgut, und sogleich beginnt diese neue Einheit zu wachsen. Diese Urzelle teilt sich in zwei Zellen, wenn diese sich teilen, entstehen vier Zellen, dann acht, sechzehn, zweiunddreißig und so weiter. Das ist ein Grundprinzip des Lebens an sich – das Teilen. Kaum ist etwas neues entstanden, will es sich ausdehnen und wachsen.

Diese Zellteilungen vollziehen sich in Sekundenschnelle. Schon in den ersten zwei Wochen, wenn der Embryo in der Fruchtblase noch weniger als *ein Gramm* wiegt und knapp fünf Millimeter groß ist – hat das Herz schon begonnen zu schlagen. Arme und Beine sind gerade in der Entstehung und das kleine Herz pumpt schon Blut in den wachsenden, sich bildenden Körper.

Das Herz des Kindes hat eine Besonderheit gegenüber jedem Herzen außerhalb des Mutterleibes. Es hat eine Öff-

29

nung zwischen den beiden Herzvorhöfen, die sich kurz nach der Geburt mit den ersten Atemzügen schließen muß.

Vor der Geburt atmen die Lungen noch nicht. Der embryonale Körper kennt nur den Körperkreislauf. In den Nabelvenen fließt das im Mutterkuchen (Placenta) mit Sauerstoff und Nährstoffen angereicherte Blut zum Kind. Das Kinderherz nimmt das Blut auf und verteilt es im kleinen Körper. Zwei Nabelarterien führen das sauerstoff- und nährstoffarme Blut wieder zum Mutterkuchen zurück. Mutter und Kind leben in einer ganz speziellen Symbiose, sie teilen miteinander. Sie teilen nicht nur das grobstofflich materielle Blut, sondern auch die geistigen Prinzipien. Das Blut ist als Lebenssaft ein Symbol für das ganze Wesen – so sind Mutter und Kind ganz eng miteinander verknüpft und auf den Austausch angewiesen.

Die nachgeburtliche Phase

*Jedes neugeborene Kind bringt die Botschaft,
daß Gott sein Vertrauen in die Menschen noch
nicht verloren hat.*

Tagore

Mit den ersten Atemzügen nach der Geburt beginnt der sogenannte Lungenkreislauf. Das Neugeborene nimmt selbständig Sauerstoff aus der umgebenden Luft auf, und der kleine Körper lernt schon in diesen ersten Minuten *allein* das eigenständige Versorgen des Lungen- und des Körperkreislaufs. Durch die neu auftretenden Strömungen des Blutes in den Herzvorhöfen schließt sich normalerweise die Öffnung in der Herzscheidewand. Dies ist ein wichtiger Augenblick. Ich staune über das Wunder des Lebens. Das Kind beginnt eine neue Symbiose zu leben. Es ist jetzt aus eigener Kraft mit dem Luftelement verbunden. Die luftigen Atemorgane gehören zum Einfluß des Herz-Chakras, das ich später noch beschreiben werde. Der Lungenkreislauf ist ein Kreislauf, der mit der Außenwelt verbindet – ein äußerlicher Kreislauf. Im Gegensatz dazu versorgt der Blutkreislauf das Innere des Körpers. Das Kind lernt jetzt eine andere, eine *neue* Außenwelt kennen. Vor der Geburt war das *Außen* die Mutter. Wie durch einen Filter bekam es dennoch einiges von außen mit. Jetzt, nach der Geburt, ist die Außenwelt erweitert. Eine neue Konfrontation beginnt, eine neue Ebene von Spiegelung nach den kosmischen Gesetzen – wie innen – so außen. Es wächst in diese Welt allmählich hinein.

Die Abhängigkeit des Neugeborenen von der Mutter oder von einer Bezugsperson besteht in veränderter Form. Es braucht noch jemanden, der es ernährt, ihm Wärme gibt und es in Geborgenheit und mit Fürsorge bei der Entwicklung der eigenen Fähigkeiten begleitet.

Im gesunden Zustand nach der Geburt sind linke und rechte Herzseite vollständig getrennt. Wir müssen uns in veränderter Weise mit Trennung und Polarität auseinandersetzen.

Links – Rechts,

Lungenkreislauf – Körperkreislauf

Außenwelt – Innenwelt

Du – Ich

Diese neue Herzscheidewand ist eine Trennwand. Das Thema Trennung begleitet jede Form des Lebens. Mit einer Trennung, einem Einschnitt beginnt auch immer etwas Neues. Etwas Altes hört auf, und etwas Neues entwickelt sich. Trennungen als Chance?! Ich weiß vom Trennungsschmerz und von der Freude, daß nun etwas Altes vorbei ist.

Mit der Empfängnis *trennt* sich die Seele von einer größeren, übergeordneten Einheit. Es kann sein, daß das schmerzlich für die Seele war oder sie sich leichten Herzens entschied. Dann folgte die Symbiose mit der Mutter und die nächste Trennung, die in dem Fall Geburt heißt, war vorgeplant. Die Nabelschnur, als körperliche Verbindung zur Mutter, wurde durchschnitten. Von nun an muß und will der Körper immer wieder Trennungen und Veränderungen akzeptieren. Trennungen aus vertrauten Lebenssituationen, Trennungen von liebgewonnenen Menschen – manche gewollt, manche ungewollt.

Falls Dir diese Sichtweise – *Trennung als Chance* – nicht vertraut ist, möchte ich Dich einladen, Dich mit ihr zu befassen. Verdeutliche Dir, wie schwer es Dir auf der Körperebene fiele, wenn sich Dein Körper nicht ständig von Altem, Verbrauchtem oder Schädlichem trennen würde. Wenn du das Verhaltensmuster in Dir kennst, Trennungen als schmerzhaft und negativ anzusehen, dann konfrontiere Dich bewußt mit dem Thema. Erkenne den Sinn der Trennungen in den alltäglichen Lebensprozessen.

4

Das organische Herz

Ich beschreibe im folgenden Lage, Bau und Funktion des Herzens analog zu dem, was es im täglichen Leben bedeutet. Unser Körper ist im Gesamtbild ein Wunderwerk, und es ist für mich immer wieder faszinierend, mich einem Detail – jetzt zum Beispiel dem Herzen – intensiver zu widmen. Die kosmischen Gesetze

Wie innen – so außen.

Wie im Kleinen – so im Großen

zeigen sich hier in ganz eindeutiger Weise. Das organische Herz ist Teil des Herz-Kreislauf-Organsystems. In der Rangfolge der Wichtigkeit von Organsystemen steht das Herz-Kreislaufsystem nach dem Nervensystem an zweiter Stelle. Das Herz funktioniert wie eine technisch sehr differenzierte Pumpe, die den Körper mit Blut versorgt.

Die Lage des Herzens

*Zärtlichkeit und Freude sind Geschwister,
deren Mutter die Liebe und deren Zuhause
das Herz ist.*

Volksweisheit

Das Herz liegt etwas asymmetrisch in der Mitte des Brustkorbs, etwas mehr zur linken (=weiblichen) Seite hin verschoben. Wenn Du Deine linke Hand auf Deine Brustmitte legst, nun die Hand cirka fünf Zentimeter nach links verschiebst, die Handkante am unteren Rand des Brustbeins, spürst Du den Herzschlag genau unter Deiner Handfläche. An dieser Stelle liegt es zwischen den Lungen eingebettet, vor der Wirbelsäule, hinter dem Brustbein. Die Thymusdrüse liegt oberhalb des Herzens, das Zwerchfell berührt es von unten. Durch die Herztätigkeit selbst und durch die Atmung ist das Herz einem starken Formwechsel ausgesetzt. Deshalb ist es schützend vom Herzbeutel (Perikardsack) umgeben, der die Arbeitshöhle des Herzens auskleidet, damit sich die einzelnen Herzteile gleitend verschieben können.

Energetisch wird es vom Herz-Chakra versorgt. Die Chakras sind die feinstofflichen Energiezentren, die jeweils mit bestimmten Organen in Verbindung stehen und die dazugehörigen Lebensprinzipien beeinflussen. Ich habe sie in meinem ersten Buch ausführlich beschrieben, im Kapitel über die geistigen Herzeigenschaften gebe ich noch eine Kurzbeschreibung. Das Herz-Chakra ist das vierte der sieben Hauptchakras und liegt in der Mitte der Brust hinter dem Brustbein. Es hat eine zentrale Stellung im feinstofflichen Körper, denn es ist nach unten hin mit dem dritten Chakra, dem Solar-Plexus oder Sonnengeflecht, und darunter mit den dichteren körperlichen Bauch-Chakras verbunden. Nach oben hin grenzt es an das Kehl-Chakra mit den darüber hinaus folgenden geistigen Kopf-Chakras. *Das Herz ist kein Eremit*, es führt kein Dasein für sich allein, sondern erweist sich immer wieder als ein Verbindungselement, das in der Mitte agiert − sozusagen *als Herzstück* von allem.

34

Der Bau des Herzens

Gebende Hände
sind Schalen der Liebe,
sind geöffnete Hände,
des Segnens nahe.

Betende Hände
sind Hüllen des Hoffens,
sind geschlossene Hände,
priesterliches Bitten.

Heilende Hände
sind strömende Kraft,
sind geheiligte Hände,
sind Werkzeug.

Stützende Hände
sind Halt gebende Gebärde,
sind umfassend,
sind Pfeiler.

Liebende Hände
sind tastende Schwingung,
vibrierende Saite,
sind Instrument.

Christel Schulte-Hülsmann

Das Herz ist ein großer Hohlmuskel, der in mehrere Innen-
räume eingeteilt ist. Es gibt zwei Herzvorhöfe und zwei
Herzkammern, die durch Herzklappen miteinander verbunden sind.

Die Vorhöfe liegen oben, sie werden von Gefäßen, die man Venen nennt, mit Blut versorgt. Der rechte Vorhof nimmt das sauerstoffarme Venenblut aus dem Körperkreislauf auf, in den linken Vorhof strömt das sauerstoffreiche Blut aus dem Lungenkreislauf. Die Muskelwände der Vorhöfe sind relativ dünn, nur wenige Millimeter stark. Sie müssen keine sehr kraftvolle Leistung erbringen, sondern nehmen das Blut aus den entsprechenden Kreisläufen auf und geben es an die Herzkammern weiter. Wichtig ist in diesem Teil des Herzens die Fähigkeit und Bereitschaft des Hereinlassens und des Aufnehmens – auch auf der psychischen Ebene. Es ist der mehr weibliche Part der Herzfunktion – Anpassungsvermögen, passive Blutaufnahme, Bereithalten bis zur Weitergabe.

Während des Aufnehmens ruht sich das Herz sogar aus! Das Herz ist das Organ im Körper, das sich genauso lange ausruht, wie es arbeitet. Die Aufnahme des Blutes in die Vorhöfe ist der passive, erholsame Teil der Herztätigkeit. In Leichtigkeit und Gelassenheit aufnehmen! Beachte das in Deinem alltäglichen Leben.

Wenn ein entprechender Nervenreiz die Vorhöfe berührt, zieht sich deren Muskulatur zusammen und treibt das Blut an sich speziell dafür öffnenden Herzklappen vorbei in die Herzkammern. Die beiden Herzkammern sind unter den Vorhöfen zu finden und liegen auf dem Zwerchfell auf. Von hier aus muß das Blut in den Kreislauf transportiert werden. Da das wesentlich mehr Kraft braucht, sind die Muskelwände bis zu einem Zentimeter dick.

Die rechte Herzkammer versorgt den Lungenkreislauf, das heißt, die Lungenarterie bringt mit Schwung das sauerstoffarme Blut in die Lungenbläschen, wo der Gasaustausch (Austausch von Kohlendioxyd und Sauerstoff) stattfindet, von dort fließt sauerstoffreiches Blut wieder über die Lungenvene zum linken Vorhof.

Die linke Herzkammer bringt mit enormer Kraft das sauerstoffreiche Blut in die Körperhauptschlagader (Aorta), von wo es sich über die Arterien bis zum Kopf, in alle Organe bis in die Finger- und Zehenspitzen verteilt und über die Venen wieder zurück zum rechten Vorhof fließt.

Um dieses Geschehen leichter zu verstehen, stelle Dir bildlich einmal ein rotes Blutkörperchen vor, das diese Herztätigkeiten und die einzelnen Herz-Räume durchläuft. Beginne in der linken Herzkammer. Du bist eine von Millionen sauerstofftragenden Blutkörperchen und wirst mit Kraft in die Hauptschlagader katapultiert. Die starke Strömung nimmt Dich mit in den Körperkreislauf, und der immer langsamer werdende Blutfluß läßt Dich nach einigen Sekunden an einer Hautzelle an einem Deiner Finger sein, dort wird der von Dir mitgebrachte Sauerstoff getauscht. Du lädst ihn in der Hautkapillare ab und beginnst den Rückweg über die Venen zum Herz. Zunächst über kleine, dann über immer größer werdende. Der Rückweg dauert etwas länger, doch nach wenigen Minuten bist Du wieder in einer großen Vene und trittst in den Raum des rechten Vorhofs ein. Von hier wirst Du mit anderen sauerstoffarmen Blutkörperchen in die rechte Herzkammer geschickt und von dort aus wieder mit mehr Kraft in einer Lungenarterie in die Lungen befördert. Du reihst Dich mit anderen ein auf dem Weg durch die kleinen Gefäße, wo in den Lungenbläschen ganz viel Sauerstoff zur Verfügung steht. Hier kannst Du ein neues Sauerstoffteilchen aufladen und läßt Dich mitziehen im Strom durch die Lungenvenen zum linken Vorhof. Von hier aus geht es wieder durch eine spezielle Öffnung in die linke Herzkammer. Mit großem Schwung geht es wieder hinaus in die Hauptschlagader. Diesmal nimmt Dich der Strom mit in den Kopf, und Du versorgst eine Gehirnzelle mit Deinem mitgebrachten Sauerstoff. Der Weg führt zurück zum rechten Vorhof in die rechte Kammer, wieder wird im Lungenkreislauf ein Sauerstoffteilchen gepackt, in den linken Vorhof mitgenommen, um dann wieder über die linke Herzkammer irgendeinen Teil des Körpers zu versorgen. In einem weiteren Schwung kannst Du das Herz selbst mit Sauerstoff versorgen. Die dafür speziellen Gefäße heißen Koronargefäße, sie entspringen gleich zu Beginn der Körperhauptschlagader. Wenn Du in einem solchen bist, gibst Du Deinen Sauerstoff an den Herzmuskel selbst ab und fließt direkt in den rechten Vorhof in das Herz, denn dort münden die Koronargefäße wieder ein. Das wäre dann nur ein räumlich kurzer Weg – und dennoch ebenso wichtig.

Die Aufgabe der kräftigen Herzkammern ist es, das Blut in den Körper- und Lungenkreislauf zu bringen. Es ist der männliche, aktive Part der Herztätigkeit. Mit Kraft, Schwung und Elan *alles* geben! Hier ist es fatal, etwas zurückzuhalten oder im Los-lassen in der Blutausschüttung zu zögern. Das führt zu Fehlern im Rhythmus. Das Herz ist einem ganz bestimmten Rhythmus ausgesetzt. Dieser Herzrhythmus ist lebenswichtig. Verzögerungen in der Herztätigkeit haben Folgen für die gesamte Körperfunktion, zum Beispiel wenn sich der Herzmuskel nicht kraftvoll genug zusammenzieht und ein Rest Blut zurückbehalten würde. Die Abgabe des Blutes aus dem Herzen (aus den Herzkammern) in den Körper ist der aktive Part, er hat mit Kraft und Loslassen zu tun. Der Rhythmus von Auf- und Abgeben liegt nicht nur dem Herzen zugrunde, sondern begegnet uns auch in anderen Körperfunktionen, wie zum Beispiel im Atemrhythmus, wieder. Er prägt auch viele unserer psychischen Lebensprozesse.

Die Funktion der Herzmuskeln –
Der Druck und die Spannung

> *Gott gebe mir die Gelassenheit,*
> *die Dinge hinzunehmen,*
> *die ich nicht ändern kann,*
> *und den Mut, die Dinge zu ändern,*
> *die ich ändern kann*
> *und die Einsicht,*
> *beides voneinander zu unterscheiden.*
>
> Friedrich Oettinger

Es gibt verschiedene Arten von Muskelgewebe. Zum Beispiel die quergestreifte Skelettmuskulatur, die willentlich beeinflußbar und schnell ist. Eine weitere Art, die sogenannte glatte Muskulatur, bildet die Hohlorgane (Blase, Darm und so weiter) und die Gefäße, sie arbeitet langsam, rhythmisch und ist autonom, das heißt nicht von unserem Willen zu beeinflussen. Die Herzmuskulatur weist Eigenschaften beider Muskelgewebe auf. Sie arbeitet schnell und rhythmisch, ist aber nicht willentlich zu steuern, sondern wird von einem spezifischen Reizleitungssystem (siehe bei der Beschreibung des Herzschlags) über das autonome Nervensystem gereizt. Dieser Part des Nervensystems besteht aus zwei Hauptästen, dem Sympathikus, der den Herzrhythmus anregt und beschleunigt, während der zweite Hauptast, der Parasympathikus, ihn verlangsamt.

Um eine Reaktion, ein ruckartiges Zusammenziehen der Muskelschicht zu erreichen, muß die einzelne Muskelfaser eine Spannung aufbauen und den dadurch entstehenden Druck solange aushalten, bis die Blutmenge (Blutvolumen) aus dem Vorhof oder der Kammer herausgepreßt wurde. Im gesunden Herzen läuft das in einer wunderschönen Harmonie und einem natürlichen Rhythmus ab. Wenn sich die Vorhofmuskeln zusammenziehen und das Blut in die Kammern pressen, ist das die Arbeitsphase des Vorhofs und die Ausruhphase der Kammern. Das männlich aktive Loslassen und das weiblich passive Aufnehmen geschehen gleichzeitig. Das eine unterstützt sogar das andere und verstärkt die Effektivität des anderen. Das kraftvolle, ruckartige Zusammenziehen der Kammermuskeln treibt das Blut in die Kreisläufe, während der dabei entstehende Sog das Blut in die Vorhöfe saugt. So ist die Arbeitsphase der Kammern gleichzeitig die Ausruh- beziehungsweise passive Füllungsphase der Vorhöfe. Sie brauchen einander! Ohne die eine Funktion wäre die andere nicht denkbar. *Männliche und weibliche – aktive und passive Aktionen im harmonischen, sich bedingenden Rhythmus.*

Eine weitere Analogie für unser alltägliches Leben ist aus der Herzmuskelarbeit zu erkennen – *Spannung aufzubauen und den Druck auszuhalten.* Nicht eine einzige Zelle in unserem Körper kann ohne Spannung sein. Sie entsteht durch ein bestimmtes Vorkommen von Elektrolyten wie Natrium und Kalium, die verschiedene Ladungen besitzen. So baut sich sowohl innerhalb als auch außerhalb der Zelle und in den Zwischenzellräumen ein elektrisches Potential auf, ein Spannungsunterschied. Durch Verschiebungen der elektrischen Ladungen, durch Verstärkung und Schwächung des Spannungspotentials ist das Leben im Körper überhaupt erst möglich, denn nur durch diese elektrischen Spannungsunterschiede geschieht etwas. Das heißt für unser Leben, daß wir Spannung brauchen! Ich meine nicht den Dauerzustand der Anspannung, des ständigen *Gespannt-seins*, oder des *Überspannt-seins*, sondern ein gesundes Maß an Spannung, an positivem Streß, der zu einer Leistung auffordert und somit den Lebensprozeß fördert. Ebenso verhält es sich mit dem gesunden Aushalten von Druck. Die Muskelfasern halten den Druck solange, bis das Blutvolumen ausgetrieben wurde, bis sie ihr Ziel erreicht haben.

Ich erinnere mich an eine Zeit in meinem Leben, in der ich versuchte, möglichst jede Spannung und jeden Druck zu vermeiden – in der Arbeit, in meiner Familie. Ich glaubte, mich „so ganz wachsweich durchs Leben schlängeln zu können", in der Hoffnung, dadurch keine Verletzungen zu erleiden und andere nicht zu verletzen. Ich habe dabei Menschen sehr viel psychischen Raum in mir gegeben. Das Resultat war, daß ich auf dem Wege war, mich selbst zu verlieren. Ich spielte mit meiner Individualität. Sobald jemand an meiner Grenze anklopfte und Druck ausübte, gab ich nach. Ich finde das Bild eines nicht zu fest aufgeblasenen Luftballons hierzu passend. Ich selbst war der Luftballon, der sich bei Druck leicht verformen ließ. Solange ich anderen Ballons begegnete, war es schön leicht. Die Berührung mit Holzklötzen und Steinbrocken – und die gibt es eben im Alltag auch – war allerdings wenig angenehm.

Je mehr ich lernte und übte, meiner inneren Kraft Raum zu geben, meine Aggressionen auch als positiv wirkende Lebenskraft anzuerkennen und sie sinnvoll einzusetzen, um so mehr hatte ich Freude am Spiel des Lebens. Heute sehe ich mich nicht mehr bildlich als Luftballon – er platzt mir zu leicht. Heute weiß ich, daß ich Spannungen und Druck aushalten kann. Ich mute mir und anderen etwas zu und verforme mich nicht gleich. Ich behalte meine Individualität. Mir sind meine weiblichen (fraulichen) Qualitäten und Fähigkeiten, wie Weichsein, Formbarkeit, Passivität und Hingabe bewußt, und ich liebe sie mehr und mehr. Ich erfahre meine für mich gesunde Stabilität. Die Kontrolle über das Weichsein liegt in meinem Bewußtsein. Es gibt allerdings auch Lebenssituationen, in denen ich ganz bewußt meine männlichen Qualitäten, wie Kraft und Disziplin, einsetze, um ein Ziel zu erreichen.

Ich erzeuge manches Mal Spannung in mir selbst, in Begegnungen mit Menschen und in meiner Arbeit. Ich traue mich, an meine Grenzen zu gehen. Ja, ich wagte auch schon Grenzüberschreitungen und lernte dabei sehr viel. Ich übe im täglichen Einsatz – im Spiel des Lebens – aufmerksam und achtsam mit Spannung und Druck zu sein, um sie zu erkennen, um zu überprüfen, ob ich dem standhalten will, und dann handele ich entsprechend. Ich lade Dich dazu ein, ermuntere Dich dazu, für Dein Leben zu überprüfen, wie Du zu Druck und Spannung stehst.

Die Funktion der Herzklappen –
Das Öffnen und Schließen

Das Wissen,
daß das Unerforschliche
wirklich existiert
und das es sich
als höchste Wahrheit
und strahlendste Schönheit offenbart,
von der wir nur
eine dumpfe Ahnung haben können,
dieses Wissen
und diese Ahnung
sind der Kern
aller wahren Religiosität.

Albert Einstein

Der Herzmuskel ist innen und außen von einer schützenden Haut umgeben. Die äußere Haut heißt Epikard. Zwischen dieser äußeren Herzhaut und der Herzbeutelhöhle, dem Perikardsack, liegt ein Gleitspalt, der ganz wenig Flüssigkeit enthält. Die beiden Häute können sich dadurch leicht verschieben, denn das Herz ist durch die Herztätigkeit selbst und durch die Atmung (Formwechsel der Lungen, Zwerchfellbewegung) großem Bewegungswechsel ausgesetzt. Probleme kann es in diesem Zwischenraum geben, wenn sich infolge krankhafter Prozesse die Flüssigkeit vermehrt und auf das Herz drückt oder wenn entzündliche Prozesse die Flüssigkeit verbrauchen und sich die Häute dadurch nicht mehr schmerzlos aneinander verschieben.

Die Haut, die die Hohlräume des Herzens auskleidet, also auf der Muskelschicht aufliegt, heißt Endokard. Sie bildet auch die Herzklappen aus. Es gibt jeweils Klappen gleich zu Beginn der Lungen- und Hauptschlagader, die beim Zuklappen verhindern, daß das Blut nach dem Austreiben wieder in die Kammern zurücksackt. Zwischen den Vorhöfen und Kammern gibt es noch die wichtigen Klappen, die die Richtung des Blutstromes kontrollieren und das Blut am Zurückfließen hindern.

Zwischen dem rechten Vorhof und der rechten Kammer sorgt die dreizipflige Klappe namens Tricuspidalis für Ordnung, im linken Herzteil die zweizipflige Bicuspidalis oder Mitralklappe. Ich erwähne die speziellen Namen zur Aufklärung für die Menschen, die Herzpatienten sind oder waren, damit sie solche Wörter wie Mitralinsuffizienz (=ungenügendes Schließen der Mitralklappe) oder Endokardentzündung besser einordnen können.

Zu Problemen kommt es im Herzgeschehen, wenn sich die Herzinnenhaut entzündet, zum Beispiel nach rheumatischem Fieber oder nach schweren eitrigen Anginen im Halsbereich. Es können sich bindegewebige Narben bilden, die die Klappen hindern, sich ganz zu öffnen, beziehungsweise sich ganz dicht zu schließen. Gerade um diese Funktion geht es bei den Herzklappen – das *sich-ganz-öffnen* für den reibungslosen Durchfluß des Blutes und das *sich-dicht-schließen*, um den Rückfluß des Blutes zu verhindern. Dies ist besonders wichtig, wenn die Spannung für die nächste Herztätigkeit aufgebaut wird und dem Druck standgehalten werden soll.

Es bedarf eines geschulten Gefühls für sich selbst, zu entscheiden, wann es wichtig ist, sich zu öffnen und wann sich zu verschließen. Sicherlich haben viele von uns erfahren, wie es war, sich für das Leben zu öffnen und Impulse, Gedanken und Gefühle, Geschenke und Gefahren in uns einströmen zu lassen. Vielleicht hast Du die innere Tür genau im richtigen Augenblick geschlossen, um das Aufgenommene zu verarbeiten und weiterzugeben; oder Du warst überladen und übervoll, weil Du zu spät den Eintritt in Dich verschlossen hast. Du hattest dann große Mühe und mußtest Dich anstrengen, das Eingeladene zu bearbeiten, oder Du hast aus Gründen der Vorsicht oder gar Angst zu früh abgeschlossen und fühltest Dich auch nicht so recht zufrieden, weil Du unterfordert oder nicht ausgelastet warst.

In dem Thema *Öffnen und Schließen* begegnen wir der Fähigkeit, Grenzen zu achten. Es geht darum, seine Kapazität zu erkennen und zu respektieren. Das bedeutet, daß man sich mit seinen individuellen Grenzen auseinandersetzen muß. Um Grenzverletzungen vorzubeugen, muß ich meine Grenzen wahr-nehmen und den Mut haben, mich abzugrenzen. Grenzverletzungen sollten nicht zu Rückzug oder Passivität führen. Sie sollten vielmehr die Achtsamkeit schulen und das Vertraut-werden mit dem Spiel von Öffnen und Schließen. Dabei werden immer wieder einmal Fehler beziehungsweise Grenzüberschreitungen geschehen. Ein aufmerksamer Umgang mit eigenen und fremden Grenzen bringt eine Lebensbereicherung mit sich. Achtsam sich Grenzen anzunähern, sie zu betasten, sachte einen Schritt mehr zu wagen, kann neue Erfahrungen aufzeigen. Ein *über seine alten Grenzen Hinauswachsen* ist nur möglich, wenn der Mensch es wagt, etwas neues auszuprobieren. Vereinigung mit etwas neuem ist nur dann möglich, wenn ich mich für etwas neues öffne.

Die Begriffe Vereinnahmen und Vereinsamen klingen sehr ähnlich und gehören in diesen Bereich. Im Vereinsamen öffne ich mich für nichts und niemanden mehr. Im

Vereinnahmen öffne ich mich und mache alles zu meinem. Beides sind Extreme, die ihre jeweiligen Wirkungen mit sich bringen.

Ich erlebte mich feige im Setzen von Grenzen. Weil ich nicht wollte, daß man *mir* Grenzen setzte und klar nein sagte, tat ich es anderen gegenüber möglichst auch nicht. Angst vor der eigenen Verletzung ließ mich immer mehr *„Ja, aber…"* sagen. Das Leben lehrte mich, daß jedes „Ja, aber…" letztendlich ein *Nein* ist. Ich sagte es demnach versteckt und war unklar. Was zur Folge hatte, daß ich mich oft mißverstanden fühlte. Ich war empört, wenn mein Gegenüber meine nonverbalen Signale (Zeichen ohne Worte, über Mimik und Gestik) nicht so verstand, wie ich sie gesendet hatte. Ich übe mich heute darin, klarer zu werden, mir meiner Grenzen bewußt zu sein. Ich öffne mich gerne, besonders dann, wenn ich einen für mich geschützten Raum beachte, und ich traue mich, nein zu sagen, mich zu schließen, wenn ich es für stimmig halte.

Wieder lade ich Dich ein, Mut zu haben, Dich mit dem Öffnen und dem Schließen, mit den Grenzen zu beschäftigen. Wie leicht fällt es Dir, Dich für neues zu öffnen? Wie leicht fällt es Dir, Deine Grenzen zu beachten und Dich zu schließen? Wo sind Deine Grenzen ein sinnvoller Schutz, und wo begrenzt Du Dich zu sehr?

Das Reizleitungssystem des Herzens –
Die Sprünge im Leben

Man kann das Leben nur rückwärts verstehen,
aber leben muß man es vorwärts.

Sören Kierkegaard

Die Herztätigkeit unterliegt einem ganz speziellen Rhythmus zwischen Anspannung und Entspannung. Rhythmen prägen unser ganzes Sein. Es gibt zum Beispiel einen Seelenrhythmus zwischen grobstofflichen Inkarnationen und feinstofflichen Leben in den Lichtwelten. Wir kennen die Rhythmen der Natur in den Jahreszeiten oder den Tag-Nachtrhythmus. Im Körper gibt es, losgelöst vom zentralen Nervensystem als organischer Koordinationszentrale, ein eigenes Rhythmussystem für das Herz. Es kann zwar durch das autonome Nervensystem (Sympathikus, Parasympathikus) beschleunigt oder verlangsamt werden, aber das Herz gehorcht zunächst dem ihm eigenen Impulsgeber.

Cirka siebzig bis achtzig mal in der Minute gibt der sogenannte Sinusknoten eine arbeitsauslösende Aufforderung an die Herzmuskulatur. Der Sinusknoten ist ein winziger kleiner Fleck auf der Rückseite des einen Vorhofes und wird medizinisch auch als der *Schrittmacher des Herzens* bezeichnet. Die Erregung, die von ihm ausgeht, reizt die Vorhofmuskulatur zum Zusammenziehen und somit zur Ausschüttung des Blutvolumens in die Herzkammern. Durch die Kontraktion des Vorhofs wird ein zweiter kleiner Knoten stimuliert, der zwischen dem Vorhof und der Kammer sitzt. Dieser gibt jetzt die Anordnung an die Kammermuskulatur weiter, so daß sich daraufhin auch diese zusammenzieht und das Blut mit Schwung in den Körper befördert. Die eine Instanz sagt etwas, und eine andere führt es ohne zu zögern aus.

Man muß sich das einmal vorstellen. Da besitzt ein winzig kleiner Knoten ganz autonom die Fähigkeit, den Körper im Lebensrhythmus zu halten – oder ihn lahmzulegen, beziehungsweise stolpern zu lassen, wenn die Impulse nicht regelmäßig oder stark genug ausgesendet werden. In meinem Verständnis hat dieser Rhythmussender eine Verbindung zu unserem/r inneren Lebensregisseur/in und über ihn oder sie zur Seele. Über den Herzrhythmus kommen wir in Kontakt mit dem Thema des Lebensrhythmus, mit unserem inneren Takt und der Lebensfreude. Der Herzrhythmus ist ganz eng verwoben mit dem Takt, ein Taktgefühl entwickeln, den *eigenen Takt finden*. Manche Menschen kommen durch große Belastungen (seelischer oder körperlicher Art) oder innere Konflikte aus ihrem eigenen Takt. Den Takt oder Rhythmus zu verlieren, heißt zu stolpern, aus dem harmonischen Gleichgewicht zu kommen.

Lebensrhythmus und Lebensfreude haben mit Erregung zu tun. Was erregt Dich? Im positiven wie im negativen Sinn. Auffallend, daß der Herzrhythmussender dabei keinen Unterschied macht. Ob er freudig erregt wird oder vor Zorn – beide Male gibt er schneller und schneller Impulse an die Herzmuskulatur, damit die Schlaghäufigkeit und das Blutschlagvolumen (die Blutmenge, die pro Herzschlag aus dem Herzen befördert wird) größer wird. '

Im Erregungs- und Streßzustand wird das in den Nebennieren selbst gebildete Adrenalin (Streßhormon) frei. In meinem ersten Buch ging ich ausführlich auf die Adrenalin-Wirkung auf den gesamten Körper ein. Es ist für den

Körper wichtig das Adrenalin über körperliche Tätigkeit abzubauen. Zu viel Adrenalin während Belastungs- oder Streßzeiten regt das Herz sehr an. Wir unterstützen unseren natürlichen Herzrhythmus sehr, wenn wir dem Körper zum Verarbeiten des Adrenalins ein Ventil geben, beziehungsweise den Abbau durch körperliche Bewegung unterstützen.

Wenn das Herz schneller schlägt, vor Freude oder im Zorn, wird dem Körper sehr viel mehr Kraft zuteil. Der Drang zum Bewegen, wie zum Beispiel das Auf- und Ablaufen in der Aufregung oder die geballte Faust, die etwas tun will, sind äußere Anzeichen dafür. Beobachte einmal Tiere, die erregt sind; sie sind in Bewegung oder ihre Muskulatur zittert. Diese Energie speist die Quelle für *die Luftsprünge des Lebens*. Das Herz versorgt den Körper bei schnellerem Herzrhythmus und Herzklopfen mit viel mehr Energie. Arbeite mit dieser Lebensenergie – unterdrücke sie nicht. Manche tanzen vor Freude, umarmen Menschen, lachen laut. Gib dieser vermehrten Energie ein Ventil – wo soll der Körper denn sonst damit hin? Freue Dich darüber, wenn Du Dein Herzklopfen spürst. Es versorgt Dich mit Energie, reizt Dich zu Taten! Habe keine Angst davor, sondern frage Dich innerlich, am besten das Wesen des Herzens selbst, was Du nun tun kannst.

Ich erlebte es oft in Seminaren, daß Teilnehmer und Teilnehmerinnen in Übungen und Meditationen unsicher oder gar ängstlich wurden, wenn ihr Herz anfing, schneller, eventuell hörbar bis in den Kopf, zu schlagen. Freue Dich über Dein *für Dich* schlagendes Herz! Jeder Herzschlag ist für Dich. Du wirst versorgt und bist in Deiner Kraftquelle. Traue Dich und nutze diese Energie. Lebe mit Freude Deine Herzensenergie. Nimm auf und gib ab. Nimm auf und gib ab von allem, was Du zu teilen hast.

Dein Herz reizt Dich. Was reizt Dich im Leben? Ich bewundere Menschen, die sehr leicht springen können, zum Beispiel Menschen, die ganz locker von Stein zu Stein in einem Bachbett springen. Ich erlebte mich da sehr vorsichtig, die Steine, auf die ich trat, auf ihre Festigkeit prüfend. Doch ich kenne mich auch Luftsprünge vor Freude machend, wenn ich festen Boden unter mir weiß. Meine Aufforderung ist nicht derart, daß Du im Schwimmbad mindestens vom Drei-Meter-Brett springen sollst – und dennoch lade ich Dich ein, Luftsprünge vor Freude zu machen, vor Begeisterung und Lust am Leben.

Der Herzschlag, die Pulswellen in die Gefäße –
Die Kraftschübe im Leben

Es ist inzwischen Mode, verinnerlicht zu sein.
Man lauscht in sich hinein und ist ergriffen.
Seltsam dabei ist nur, daß sie, die sich innerlich
so verfeinern, nach außen so oft versteinern.
Doch stehst Du am Beginn und weißt noch nicht wohin,
es gibt da eine Orientierungshilfe.

Hörst Du denn nicht den Trommler,
der beharrlich in Dir schlägt,
der Dich bei aller Gegenwehr auch
durch Feindeslager trägt.
Hör auf ihn – er sagt Dir was,
wenn er sich nicht mehr regt,
ist das ein Zeichen dafür, daß
sich gar nichts mehr bewegt.
Aus einem Liedertext von Herman van Veen „Herz"

Als Herzschlag bezeichnet man das ruckartige Zusammenziehen der Muskulatur der Herzvorhöfe und Herzkammern. Bei jedem Herzschlag hört man zwei Töne. Der erste und dumpfere Ton ergibt sich aus der plötzlichen Anspannung der Herzkammermuskulatur. Dann wird das Blut mit Schwung in die Arterien geschickt, es ist der antreibende und aktivierende Part des Herzschlags. Der zweite, kürzere und hellere Ton, signalisiert das Schließen der Herzklappen, damit das vorangetriebene Blut nicht in die Kammern zurücksackt. Wenn Du Deinem Herzen eine Weile lauschst und Deine Hände die damit verbundene Bewegung am Brustkorb spürst, wird sich Dein vertrautes Gefühl für Dein Herz stärken. Durch Verständnis für Bau und Funktion werden sich Deine Bedenken oder gar Ängste verändern können. Es kann auch interessant sein, mit einem Stethoskop (verstärkendes Hörgerät) an verschiedenen Stellen Deines Brustkorbs Deinem Herzen und den Strömungsgeräuschen zu lauschen. Ich erinnere mich, daß ich das erste Mal ganz schön erschrak, als ich hörte, wie es *da drinnen* zugeht. Jetzt finde ich es spannend, und es interessiert mich. Ich höre gerne meinem Herzen zu.

Unruhige Kinder, besonders kleine Kinder, werden ruhig, wenn sie den gleichmäßigen, beruhigenden Herztönen der Mutter oder einer Bezugsperson lauschen. Ein Vater erzählte mir, wie er seinen abends manchmal überdrehten, zappeligen, nicht-schlafen-wollenden Sohn beruhigte. Er selbst legte sich hin und auf seiner Brust bäuchlings das schreiende kleine Nervenbündel. Der Vater hielt mit seinen großen Händen die kleinen Arme des Kindes fest, und nach einigen lauten Minuten wurde der Kleine ruhiger und ruhiger und schlief schließlich, den Herztönen des Vaters lauschend, ein. Der Vater *begleitete* den Kleinen manchmal auch bis in den Tiefschlaf. Eine erregte Person wird einem unruhigen Kind sicher nicht die Ruhe vermitteln können, da die Ruhe ja nicht da ist, wenn das erregte Herz zu schnell schlägt.

Dem Herz zu lauschen, läßt mich immer wieder staunen über die Leistung des Herzens. Bei fünfundsiebzig Pulsschlägen in der Minute dauert ein Herzschlag 0,8 Sekunden, weniger als eine Sekunde. Wenn die linke Herzkammer sich kontrahiert, werden cirka siebzig bis einhundert Kubikzentimeter Blut in die Hauptschlagader ausgeworfen. Das sind cirka fünf bis sieben Liter Blut in der Minute! Je nach Anstrengungen, in denen das Herz ein noch größeres Schlagvolumen erreicht, schlägt das Herz Tag und Nacht ohne Unterbrechung. Weil das Herz die Füllungsphasen als Regenerationsphasen sieht und die Austreibungsphasen als Arbeitsphase, wechseln sich Ruhe- und Anstrengungszeit ab. Nur so kann es ständig für uns da sein. Energiefüllungsphasen dienen als Pausen und Regenerationsphasen, damit es in der nächsten Arbeitsphase wieder mit frischem Schwung und voller Kraft weitergehen kann.

Im Herzschlag begegnen wir unserem Lebensrhythmus. Wieder, wie so oft in unserem Körper, treffen wir auf gegensätzliche Anteile – der Anspannungston (erster Ton) treibt an, der Klappenton (zweiter Ton) bremst. So ergibt sich der Herzrhythmus aus dem Gleichgewicht von Antreiben und Bremsen.

Einige aufklärende Worte will ich noch den Gefäßen widmen. Arterien heißen alle Gefäße, die vom Herzen wegführen, Venen alle, die zum Herzen hinführen. Koronararterien und Koronarvenen sind die Gefäße, die den Herzmuskel selbst mit Blut ver- und entsorgen. Das bekannteste krankhafte Geschehen in den Koronararterien ist der Herzinfarkt, wenn der Durchfluß einer der Koronararterien verengt oder gar verstopft ist. Auf den psychischen Hintergrund gehe ich im späteren Kapitel bei den Krankheiten des Herzens ein.

Unser Körper ist von Kopf bis Fuß durchzogen von einem Gefäßnetz. Am Herz beginnend, sind es zunächst Gefäße mit großem Querschnitt, die sich dann zu den einzelnen Organen hin verzweigen und in die Kapillaren, das sind kaum sichtbare Gefäße, führen. Die Gefäße sind Vermittler- und Verbindungskanäle, die die Ver- und Entsorgung des Körpers übernehmen. Werden die Gefäßwände immer dicker und der Durchfluß immer geringer, gibt es Versorgungs- beziehungsweise Kommunikationsschwierigkeiten. Ablagerungen durch falsche Ernährung können das Ergebnis eines krankmachenden Prozesses sein, aber auch Unflexibilität und Sturheiten in Denk- und Verhaltensweisen.

Ganz besonders wichtig ist die Flexibilität der Gefäße in Herznähe. Die Körperhauptschlagader heißt Aorta und ist in ihrem ersten Stück nach dem Herzen besonders dehnfähig. Wenn die Herzkammer mit Kraft das Blut in die Aorta pumpt, dehnt sich diese kurzfristig nach allen Seiten aus und erleichtert so das Austreiben des Blutvolumens aus dem Herzen. Diese elastische Pulswelle wandert zentral vom Herzen weiter nach außen. Die Pulswellen kann man selbst noch am Handgelenk ertasten oder zum Beispiel am Hals unterhalb des Ohrs an der Kopfschlagader. Diese Pulswellen sind *Energiewellen*, sie sind *Kraftstöße für das Leben*. Je nachdem, was sich im Herzen abspielt – ob Freude oder Leid – wird es mit dem Blutstrom als Pulswelle im ganzen Körper verteilt, so daß jede einzelne Zelle erfährt, was in der Herz-Zentrale geschieht.

Wenn im Herzen Freude, Lebensbejahung und Mut vorherrschen, dann pumpt es mit Schwung das Blut hinaus in den Körper, mit Begeisterung oder gar Euphorie. Erlaube Dir, diese Kraftimpulse Deines Herzens sinnvoll zu nutzen. Es gibt beides im Leben, die Freude und das Leid. Beide existieren nebeneinander. Nimm auch in schweren Zeiten immer wieder wahr, wie nahe auch das Glück ist. Das Glück zu empfinden und das Schöne zu sehen, ist eine Einstellungssache, und manchmal braucht es nur eine kleine Veränderung in der Einstellung, in der Einsicht, und die Aussicht ändert sich sogleich zum Positiven. Unsere Meinung über die Dinge ist das Wesentliche. Sie können uns zum Glücklich-Sein verhelfen, oder lassen uns etwas als Schwierigkeit erscheinen.

Ich sehe in dem Herzschlag und den Pulswellen die Aufforderung des Herzens an uns Menschen, mit Kraft und Elan die Lebensaufgaben anzupacken. Auch in schwierigen Lebensphasen pumpt das Herz unermüdlich Mut und Kraft, Licht und Liebe in die Gefäße – jede einzelne Zelle versorgend.

5

Das kranke Herz

Allgemeines über Krankheiten

Es ist tausendmal besser, ein Licht anzuzünden,
als ewig über die Dunkelheit zu schimpfen.

Chinesisches Sprichwort

Ein *krankes* Herz gibt es nicht. Es gibt kranke Menschen, deren Hauptbeschwerden körperlich von Herzbeschwerden bestimmt werden. Im Organsystem Mensch kann nie ein Organ alleine krank sein. Dennoch beschreiben wir uns oft, als sei nur ein Teil von uns krank. Der Mond ist zum Beispiel immer rund – auch wenn wir manchmal nur einen Halbmond sehen. Das hat etwas mit unserer oft selektiven Sichtweise zu tun; es kommt vor, daß wir manchmal nur zu *einem Teil der Wahrheit* hinschauen. An dieser Stelle ist es wichtig, mein Verständnis und die Bedeutung von Krankheit zu erfassen. Noch ausführlichere Erläuterungen zum Verständnis von Krankheit und Gesundheit findest Du in meinem Buch „Heilung durch Harmonie".

Der Mensch ist eine Einheit aus Körper, Geist und Seele. Wenn wir nur das *kranke* Organ als Ursache eines Leids oder einer Behinderung sehen, kommen wir auf unserem Lebensweg nicht weiter. Je mehr wir die Ursachenkette in unserem Lebensweg erkennen, um so leichter werden wir verstehen können, was das Symptom mitteilen wollte; denn die Krankheit ist ein *Korrektiv der Seele*! Sie ist weder Grausamkeit noch Strafe, sondern einzig und allein ein

Werkzeug, dessen sich unsere Seele bedient, um uns auf Fehler hinzuweisen oder um uns von noch größeren Irrtümern zu bewahren. Krankheiten *dienen* dem Menschen. Sie sind wie verkleidete Engel oder wie ein Freund, den wir mit unseren äußeren Augen verkennen.

In einer bildhaften Vorstellung sehe ich den Körper, den dicht-materiellen oder grobstofflichen Teil des Menschen, als die Bühne des Lebenstheaters. Die Seele, als der nicht-materielle, feinstoffliche Teil des Menschen, wählt das Stück, das gespielt wird. Der Geist führt Regie. Unsere Seele steht in ständiger Verbindung mit unserem Höheren Selbst und kennt die Lebensaufgaben und damit den Sinn des Lebens. Sie weiß von allen gelebten und noch verborgenen Fähigkeiten, die es einzusetzen gilt – und von unseren Schattenseiten, die es anzunehmen und zu erlösen gilt. Allzeit ist sie bereit, über die innere Stimme zu uns zu sprechen oder als innere Führung den einfachsten und lichtvollsten Weg zu zeigen.

Aus dieser Sicht sind Krankheiten wie Lebensaufgaben oder Übungen zu sehen, mit deren Hilfe unser Verhalten korrigiert oder trainiert wird. Ich weiß, daß sich dies leicht sagt; und ich weiß auch, wie schwer es sein kann, den Sinn einer Krankheit zu verstehen und den Weg zu erkennen, der eine dauerhafte Änderung eines Denk- oder Verhaltensmusters bewirkt. Ich erinnere mich nur zu gut an meine eigenen *Ausrutscher* aus dem gesunden harmonischen Gleichgewicht, beziehungsweise an meine *Kurskorrekturen* auf meinem Lebensweg. Meine Arbeitsjahre in meinem ersten Beruf als medizinisch-technische Radiologieassistentin öffneten mir die Augen und gaben mir tiefe Einsichten, was kranke Menschen ausstrahlen und wie sie mit sich umgehen. Besonders meine Zeit in der Strahlentherapie, also in der Arbeit und im Kontakt mit krebskranken und schwerstkranken Menschen.

In meinen Auseinandersetzungen mit meinen Lebensaufgaben gerate ich immer wieder in Versuchung, falschen Denk- und Verhaltensweisen zu erliegen. So hält mich meine Bereitschaft zu allergischen Schnupfensymptomen oft auf innerem Trab. Wie ein Barometer zeigt mir der Körper an, wenn ich aus einem gesunden Maß für mich herausgleite. Im Gespräch mit meinen Organen erfahre ich dann, was ich tun kann, um mich *wieder ins Lot* zu bringen – in geistiger und körperlicher Sicht. So wurde und wird mir die Eigenverantwortlichkeit für mich selbst bewußter. Ich selbst stelle das Terrain oder den Boden her für das, was ich erlebe. Es gab Lebenssituationen, in denen ich die Erreger (Bakterien, Viren oder andere Mikroorganismen) regelrecht *eingeladen* habe. Ich erlaubte ihnen – natürlich unbewußt – sich in mir auszubreiten und durch das betroffene Organ mir zu zeigen, wo meine Schwachstellen im System waren. Wenn ich die mir vom Leben gestellte Aufgabe auf der geistigen und emotionalen Ebene nicht bearbeiten konnte, dann sank das Geschehen immer tiefer, wurde immer dichter, bis mir zuletzt der Körper half, indem er mir mit dem betroffenen Organ genau den entscheidenden Hinweis gab, was nun zu tun sei.

Im Umgang mit den Symptomen und Krankheiten gibt es drei sehr hilfreiche Fragen, um zu erkennen und zu verstehen, *wozu das Ganze nötig war* oder ist.

1. Woran hindert mich das Symptom?
2. Wozu zwingt mich das Symptom?
3. Was ist der Krankheitsgewinn?

Je ehrlicher und unbefangener Du alleine oder im Gespräch mit anderen dahinter kommst, um so leichter kann sich das

Symptom oder die Krankheit verändern oder sich gar auflösen. Diese Fragen kannst Du auch gut in einem Gespräch mit dem Wesen des Organs, zum Beispiel mit dem Wesen Deines Herzens, klären. Beachte dabei besonders die dritte Frage. Jedes krankhafte Geschehen hat einen mehr oder weniger deutlichen Krankheitsgewinn. Ein *Vorteil der Krankheit* kann Aufmerksamkeit sein, das heißt, daß sich nun endlich jemand um Dich sorgt. Es kann ebenso erlaubter Rückzug oder eine bestimmte Sonderstellung sein. Insofern benutzen wir manches Mal ein Symptom, in dem Sinne, daß wir als die Betroffenen gar nicht gesunden *wollen*, weil wir ja dann den *Gewinn* verlieren würden.

Ein befreundeter Physiotherapeut wendet in seiner Arbeit die Kinesiologie an, das ist das Austesten bestimmter Faktoren über einen speziellen Muskeltest. Er erzählte mir, daß er verblüffend oft die Antwort „*nein*" erhält, wenn er die Frage austestet, ob der/diejenige überhaupt gesund werden will.

Um in dem zentralen und lebenswichtigen Herzthema Antworten zu bekommen, ist die Ehrlichkeit zu sich selbst und die Bereitschaft, wirklich nach innen schauen zu wollen, eine Vorbedingung. Es lohnt sich, mit Geduld, Sanftheit und Liebe, auf den Weg nach innen zu gehen. Im folgenden erläutere ich, was die einzelnen Herzbegriffe und Herzkrankheiten bedeuten und welche psychischen Analogien damit verbunden sind. Helfende und zur Heilung beitragende Unterstützungen sind in einem späteren Kapitel aufgelistet. Dort findest Du auch die Hinweise, welche Meditationen oder welche Anwendungen eines Edelsteins speziell zu welchem Thema passen.

Die Herzinsuffizienz

Dem Unausweichlichen auszuweichen,
das Unabwendbare abzuwenden hieße,
das abgefallene Blatt wieder an den Baum zu nageln.
Aus: „Jeder Tag ist Leben"

Die Herzinsuffizienz ist keine medizinische Diagnose, sondern zeigt sich als Symptom. Dabei schafft die Herzmuskulatur die ihr aufgeladene Arbeit nicht mehr. Das Herz ist aus unterschiedlichen Gründen nicht mehr in der Lage, ein für die Bedürfnisse des Organismus ausreichendes „Herzzeitvolumen" (das heißt: eine bestimmte Menge Blut in einer dafür bestimmten Zeit weiterzuleiten) zu befördern. Man unterscheidet verschiedene akute und chronische Formen. Es gibt die einseitige Links- oder Rechtsherzinsuffizienz, häufiger aber ist die kombinierte Form. Die Ursachen sind so vielfältig wie das Leben selbst. Sie reichen nach medizinischer Aussage von Ernährungsstörungen, die Durchblutungsstörungen der Herzkranzgefäße, hin zu Rhythmusstörungen, Herzklappenfehlern oder den Folgen eines Herzinfarktes.

Bei der häufig vorkommenden Belastungsinsuffizienz treten dann Beschwerden auf, wenn vom Herzen eine vermehrte Leistung gefordert wird. Zum Beispiel beim Treppensteigen kommt Atemnot auf, jede kleine Anstrengung oder schnellere Bewegung macht müde und leer. Sie lassen das Herz schneller pumpen und *nach Luft schnappen*. Unwohlsein und Angst sind oft die Begleiter. Das Herz versucht durch Ausweitung der Kammern mehr Blut zu befördern, es braucht dazu mehr Sauerstoff (schnelleres Atmen), letztendlich führt die Ausweitung aber nur weiter hinab in das krankmachende Geschehen. In der Ruheinsuffizienz steht den Betroffenen auch ohne Belastung nicht die Herzleistung zur Verfügung, die die Organsysteme benötigen. Man fühlt sich selbst im Sitzen oder Liegen leer, kraftlos und ohne Energie.

Bei der Linksherzinsuffizienz, die sich häufig nach Monaten oder Jahren aus einer nicht beachteten Belastungsinsuffizienz entwickelt hat, besteht oft eine Lungenstauung. Das kommt daher, daß die linke Herzkammer zu kraftlos ist, das Blut ganz in den großen Körperkreislauf zu pumpen. Das Blutvolumen staut sich in den linken Vorhof zurück, von dort noch weiter in den Lungenkreislauf. Die Lungenstauung verursacht manchmal hartnäckigen Husten, wird nicht selten als Bronchitis falsch behandelt. Das flache Liegen ist oft unmöglich, weil das die Atemnot oder den Hustenreiz verstärkt.

Oft zeigen sich in Verbindung mit der Linksherzinsuffizienz Symptome des Herzasthmas (Asthma cardiale). Es tritt zunächst nachts auf. Die Betroffenen wachen mit Herzklopfen auf, verbunden mit Atemnot und Angstgefühlen, eventuell mit Schweißausbruch. Durch Aufsitzen, leichte Bewegungen und Frischluftzufuhr verschwindet der Anfall nach wenigen Minuten; doch die Angst vor dem nächsten Anfall bleibt. Im späteren Stadium können diese Asthma cardiale-Anfälle auch tagsüber auftreten, oft im Zusammenhang mit Erregungen oder Belastungen.

Bei der Rechtsherzinsuffizienz schafft die rechte Herzkammer die Leistung nicht, und es kommt zu Rückstauungen über den rechten Vorhof in die Venen des gesamten Körpers. Geschwollene Knöchel, besonders abends, später auch tagsüber, sind Anzeichen dafür. Die Herzinsuffizienz ist also ein Zeichen dafür, daß die geforderten Leistungen nicht mehr vollständig erbracht werden. Ich verwende bewußt das Wort *Leistung*. Wir leben in einer *leistungsorientierten* Welt, in der gefordert und gefordert wird. Das geschwächte, insuffiziente Herz betrifft immer mehr junge Menschen, es tritt nicht nur in der älteren Generation auf. Mitten im Leben stehende Menschen zwischen dreißig und vierzig Jahren haben immer öfter Herzsymptome.

Bei der Beantwortung der Frage „Woran hindert das Symptom", wird häufig die Antwort kommen „Das Herz hindert an der reibungslosen Teilnahme der leistungsorientierten Gesellschaft". Man schafft es nicht mehr, kann nicht mehr in der grenzenlosen Eskalierung mithalten. Was man noch vor Wochen oder Monaten leisten konnte, ist jetzt nicht mehr möglich. Kraftlos muß man zusehen, was andere scheinbar mühelos können. Versagensgedanken schleichen sich ein und dadurch noch mehr Streß, Streß, Streß.

Die zweite Frage „Wozu zwingt das Symptom", könnte mit dem Hinweis zu Ruhe, zu mehr Erholungsphasen, zu langsamen, vielleicht bewußteren Bewegungen beantwortet werden. Zum Überdenken der Lebenssituation. Der Krankheitsgewinn könnte darin liegen, im Anschauen der Ursachenkette darüber Bewußtsein zu erlangen, wie man sich *freiwillig-gezwungenermaßen* in die Hektik unserer Zeit eingegliedert hat. Warum man zusätzlich zu beruflichen und familiären Themen auch noch den *Freizeitstreß* mitmacht.

Das Herz sagt in der Herzinsuffizienz „Ich schaffe das nicht mehr. Ich mache das nicht mehr mit. Wo sind meine Ruhe- und Regenerationsphasen. Ich leide unter diesem Druck. Entlaste mich, nimm mir Druck weg".

Oft sind Herzpatienten Menschen, die möglichst alles rational, also per Verstand und ganz perfekt machen wollen. Sie planen und organisieren – und verlieren dabei manchmal ihren Zugang zum Gefühl. Wenn dem Herz zuwenig Raum für Gefühle bleibt, fängt es an zu streiken. Erst einmal wird es versuchen, Deine Aufmerksamkeit zu bekommen. Hörst Du nicht hin oder nimmst Dir nicht die Zeit und Muße, Dein Herz von Zeit zu Zeit zu fragen, wie es ihm geht und was Du für Dein Herz tun kannst, dann wird es irgendwann solche Symptome produzieren müssen. Es korrigiert ein Fehlverhalten Deinerseits. Es zwingt Dich zur Ruhe, wenn Du ihm keine gönnst. Aufputschmittel wirken dabei krankheitsintensivierend.

Männer sind hiervon statistisch wesentlich häufiger betroffen als Frauen. Die rational orientierte Arbeitswelt fordert ständig Höchstleistungen. Frauen sind um so häufiger betroffen je mehr sie in diese an männlichen Werten orientierte Arbeitswelt einsteigen. Eine Vermutung, warum Frauen weniger herzinsuffizient waren, ist, daß es Frauen eher zugestanden wurde, ihren Gefühlen Raum zu geben. Männer hatten es in diesem Punkt von den Erziehungsmustern und von den gesellschaftlichen Erwartungen her schwerer. Gott-sei-Dank verändern sich diese alten Bilder. Wir alle formen gerade an den neuen möglichen Weltbildern mit. Meine Einladung an Dich ist es, besonders dann, wenn Du Herzinsuffizienz kennst, Dein Arbeitstempo im Beruf und im Privatleben zu überprüfen.

Neben der Herzinsuffizienz in den mittleren Jahren (cirka 35 – 45 Jahre) gibt es auch eine sogenannte Altersinsuffizienz, die das *alternde* Herz betrifft. Manche sprechen auch vom Altersherz, was aber kein Hinweis ist, daß jeder ältere Mensch ein *altes* Herz hat. Ich kenne freudige alte Menschen mit ganz gefühlvollen und jungen Herzen.

Ich will an dieser Stelle ein Fallbeispiel aus meiner Praxis erwähnen, weil es sehr passend den Aspekt des Altersherzens verdeutlicht. Ein 79jährige Frau betrat, nach Luft schnappend, mein Sprechzimmer. Von meiner Haustür bis zum Sprechzimmer sind es fünf Stufen und ein cirka vier Meter langer Flur. Die Patientin übte eine auffallend schöne Ausstrahlung auf mich aus. Mir fielen gleich ihre Augen auf, es waren ganz liebe, sanfte Augen. Sie hatte strohweiße Haare, die sorgsam gekämmt und mit Haarspangen zusammengehalten waren. Auch die Kleidung war auf das Ordentlichste gerichtet, von der hübschen Rosenanstecknadel am Kleiderkragen bis hin zum mit Spitze umhäkelten weißen Taschentuch in der Hand, mit dem sie sich den Schweiß von der Stirn abtupfte. Nachdem sie ganz kurzatmig Platz genommen hatte, ließ ich sie erst einmal eine Zeit verschnaufen. Sie begann bald mit ihren Erzählungen und klagte mir ihr Leid mit ihrem Herzen und ihrer Atemnot. Vom Druckgefühl im Brustraum bis zu richtigen Herzschmerzen, Herzklopfanfälle nachts, Atemnot – eben die ganze lange Liste der typischen Herzsymptome. In meiner naturheilkundlichen Praxis arbeite ich nach den Regeln der klassischen Homöopathie. Um das ähnlichste, homöopathischste Mittel zu repertorisieren, höre und beobachte ich gründlich während meiner Anamnese (Fallaufnahme). Ich erkannte schon während ihrer Darstellungen ein entsprechendes Mittel, das mir passend erschien. Die Antworten auf einige Nachfragen nach speziellen Eigenheiten bestätigte meinen Arzneimittelgedanken. Nachdem ich mir über das homöopathische Arzneimittel im klaren war, traute ich mich, ihr einen Aventurin (grüner Edelstein, der im späteren Kapitel beschrieben wird) in die Hände zu geben und ihn eine Weile wirken zu lassen. Sie erzählte mir währenddessen weitere Begebenheiten, die sie im familiären Zusammensein sehr belasteten. Sie redete sich alles vom Herzen. Zwischendurch gebrauchte sie immer wieder das weiße Spitzentaschentuch, um ein paar Tränchen aus den Augenwinkeln zu tupfen oder ein paar Schweißperlen von der Stirn.

Diese Frau hatte wirklich vieles erlebt. Sie war 1914 geboren und bekam in ihrer Kindheit die Nachwirkungen des ersten Weltkrieges mit. Danach folgte der gesamte schlimme Verlauf des zweiten Weltkrieges. Sie selbst sprach von sehr viel Freude und sehr viel Leid in ihrem Leben. Ihre Augen belegten das, denn je nachdem was sie erzählte, lachte oder weinte ihr Blick.

In ihrem jetzigen Zustand litt sie sehr darunter, nicht mehr so arbeiten zu können wie früher. Es fiel ihr sehr schwer, vermehrt Ruhephasen einzulegen, um dem Herzen wieder Regeneration und ein Energieaufladen zu ermöglichen. Es gab doch so viel zu tun im Haus und im Garten. Sie wohnte bei ihrer Tochter und ihrem Enkelsohn, die gerade einen Hausumbau hinter sich hatten. Wenn sie von ihrem 18-jährigen Enkel sprach, lachten ihre Augen, denn der spiele so wunderschön Klavier und er versorge sie auch immer wieder mit beruhigender Meditationsmusik, die sie *per Walkman* vor ihrem Mittagsschläfchen höre.

Wir sprachen über Arbeit. Über körperliche und geistige Arbeit. Ich konnte ihr vermitteln, daß es in ihrem Leben Zeiten gab, wo körperliche Arbeiten im Vordergrund standen und das jetzt zunehmend die Lebenszeit käme, wo die geistige Herzarbeit von Bedeutung wäre. Diese Form der geistigen Arbeit ist nicht zu unterschätzen und von hohem Wert für uns alle. Sie hatte soviel Liebe in ihrem Herzen, und ich schlug ihr vor, daß sie sich in ihren Ruhephasen bildlich vorstellen sollte, wie ihr Herz mit jedem Herzschlag Liebe in ihr Haus, ihren Garten und an ihre Angehörigen aussendete, ihre Pulswellen wie Energiewellen ausstrahlten und sie so auf diese Weise die Menschen und die Umwelt versorgte. Dieses geistige Aussenden von Licht und Liebe ist eine Fähigkeit jedes Herzens – und besonders dann von großer Bedeutung, wenn, wie im Fall dieser älteren Patientin, die körperliche Arbeit eingeschränkt ist. Wichtig war ihr, daß sie nicht *untätig* herumsaß. Meine Sichtweise war etwas Neues und Ungewohntes für sie. Ich bat sie, es zu überprüfen und sich an etwas Neues heranzuwagen. Sie solle doch einmal ausprobieren, wie sie sich mit dem Bild des geistigen Arbeitens fühle, anstatt, wie in ihren Schilderungen, *untätig dazusitzen*.

Der Aventurin-Edelstein lag noch immer in ihrer Hand. Sie beschrieb mir, daß sie ein wohliges Gefühl von der Hand mit dem Stein ausgehen spürte und freundete sich mit ihm an. Sie meldete sich nach den vereinbarten drei Wochen wieder und konnte mir berichten, daß sie sich wesentlich ruhiger fühle. Innerlich und äußerlich ruhiger. Sie übe sich immer wieder in den besprochenen Vorstellungen und fühle sich wohl im Verschenken der Herzensenergie.

Ich werde im folgenden einige Regelkreise des menschlichen Organismus beschreiben, die bei Medikamenteneinnahme im Zusammenhang von Herzkrankheiten häufig beeinflußt werden. In der naturwissenschaftlichen Medizin verwendet man Medikamente, die sogenannte Herzglykosiden enthalten. Das bekannteste Herzglykosid ist das pflanzliche und hochgiftige Digitalis (das ist der schöne rote Fingerhut), welches die Leistungsfähigkeit des Herzens erhöht und stabilisiert. Indem man die Flüssigkeitsmenge des Körpers, und damit das Blutschlagvolumen des Herzens, durch Diuretika (wasseraustreibende Medikamente) reduziert, hilft man dem Herzen, daß es weniger zu transportieren hat und die Schwellungen zurückgehen – aber das ist letztendlich ein großer Eingriff in den gesamten Flüssigkeitshaushalt. Das Blut wird dadurch eingedickt, und die Verklumpung und Thrombosegefahr steigt. Überdies verliert der Organismus wertvolle Mineralien (zum Beispiel Kalium), die für die Muskelaktion dringend gebraucht werden. Manchmal beginnt dann ein verflixter Medikamentenkreislauf, und die Fremdbestimmung des Körpers nimmt zu. Werden gar Psychopharmaka eingesetzt, wird die innere Kommunikation zwischen Verstand- und Gefühlszentrum auch noch gehemmt oder bei den sogenannten Beta-Blockern sogar blockiert oder unterbrochen. Solche Medikamente sind manchmal in einer Lebenskrise notwendig, sie sollten nur kurzfristig eingesetzt werden. Die wahre Ursache der Erkrankung liegt anderswo, und solange der oder die Betreffende nichts an seiner Einstellung zum Lebens ändert, ist alles andere nur Symptomlinderung und keine Heilung. Eine wirkliche und dauerhafte Heilung ist mit chemischen Medikamenten nicht möglich. Sie helfen in Notsituationen und überbrücken eine Krisenzeit – nicht mehr.

Herzrhythmusstörungen

Das leere Ich ist mit Welt vollgestopft.

Martin Buber

Bei der Beschreibung des herzeigenen Reizleitungssystems habe ich das Zustandekommen des Herzrhythmus erklärt und die psychische Entsprechung angedeutet. Es ist schon ein ganz spezielles Zusammenspiel zwischen den Herznerven und der Herzmuskulatur im Einklang mit anderen Organsystemen des Körpers. Das kleine Herz eines Ungeborenen im Mutterleib schlägt cirka neunzig Mal in der Minute. Es rast geradezu. Das Herz eines trainierten Sportlers kann in Ruhe cirka sechzig Mal schlagen und im körperlichen Trainingszustand achtzig bis neunzig Mal kraftvoll das Blut weiterpumpen. In der Medizin geht man von einem Normwert von siebzig bis achtzig Schlägen pro Minute aus. Im Elektrokardiogramm (EKG) werden die elektrischen Schwankungen einer Herztätigkeit in einem genauen Diagramm aufgezeichnet. Erfahrene Internisten können anhand der Zacken und Linien erkennen, wie die Herzfunktion abläuft und ob es regelmäßig schlägt oder ob ab und zu ein Aussetzer auftaucht, es stolpert oder verzögert reagiert. Ein Belastungs-EKG (wenn die Ableitungen zum Beispiel während des Fahrens auf einem Standfahrrad abgenommen werden) oder ein Langzeit-EKG über mehrere Stunden geben diesbezüglich noch genauere Informationen.

Wann schlägt Dein Herz schneller? Hast Du schon einmal in Deinem ganzen Leben bewußt einen Tagesablauf Deines Herzens beobachtet? Ich kenne es von meinem Herzen, daß es mit mir *wach* wird. Das heißt, mein Herz schlägt ruhiger während des Schlafes. Im Aufwachen kommt es mir manchmal wie leichtes Herzklopfen vor, ich erkläre es mir so, daß dann meine Herztätigkeiten öfter stattfinden, wie ein innerliches Start-klar-machen für den Tagesablauf. Oft begrüße ich mein Herz mit einem Mantra, das ich singe. Mantras sind Vokale oder Worte, deren Wiederholung kraftvolle Auswirkungen auf Körper, Geist und Seele haben. Ich wache oft mit einem Mantra auf, das die Kraft der Liebe zum Inhalt hat. Bei ruhigen Schreibtischarbeiten schlägt mein Herz langsam, bei aktiven Arbeiten oder schwierigen Telefonaten oder gar während eines Dauerlaufs im Wald schlägt es kraftvoll bis zum Hals. Manchmal lege ich auch meine Hand auf meine Herzregion, so zum Beispiel in kurzen Ruhepausen. Es ist dann oft wie ein Fragen nach innen, ob alles in Ordnung ist. Abends dann, vor dem Einschlafen, lasse ich den Tag innerlich vorüberziehen, da kann es allein durch das gedankliche Wiedererleben nochmals zu einem Herzklopfen kommen. Ich habe es mir angewöhnt, vor dem Einschlafen mit meiner Achtsamkeit durch meinen Körper zu gehen und ihm zu danken.

Ich kenne auch den Zustand, wie sich mein Herz anfühlt, wenn ich überlastet bin. Im Sommer 1993 erlebte ich eine Zeit im Norden Pakistans. Unter anderem unternahmen wir (wir waren eine Gruppe von drei Frauen und zwei Männern) im Karakorum und am Fuße des Himalaya Wanderungen und eine viertägige Trekking-Tour. In der Höhe von 3000 bis 4000 Metern, in der dünnen Luft, kam ich an meine körperlichen Leistungsgrenzen heran. Innerlich hatte ich das sichere Empfinden, daß mir nichts schlimmes (kein Kreislaufkollaps oder ähnliches) geschehen werde, und so bewegte ich mich achtsam an der Grenze meiner

Belastbarkeit. Die Anstrengungen waren immens für mich, mein Herz klopfte auf Hochtouren – doch es lohnte sich. Die Bilder der hohen Berge vom Dach der Welt hinterließen Eindrücke in jeder einzelnen Zelle in mir. In der Gegend, in der am Wegrand Rubine im Muttergestein zu finden sind, wo edle Smaragde, Aquamarine und Turmaline wuchsen, tankte mein geistiges Herz auf. Auf diesem Trekking-Weg meldeten sich sehr wohl meine mir vertrauten Wesensanteile, die Trägheit, Disziplinlosigkeit und Kapitulation heißen. Ich führte viele innere Gespräche, stellte ihnen die Wesensanteile von Ausdauer, Mut und Kraftquellen entgegen. Ich stellte mir vor, daß ich an inneren Bergen hinaufstieg. Ich zog alle Register, die ich zur Verfügung hatte – und ich fand große Unterstützung in meinem Mann und den anderen drei Teilnehmer/innen. Wir kamen alle heil an, voll von Erfahrungen und Eindrücken aus der Landschaft und mit uns selbst.

Ich erlebe mich auch mit Herzklopfen, wenn ich meine Tai-Chi-Chuan-Übungen nicht richtig mache. Tai-Chi ist eine chinesische Kampfkunst, in der es darum geht, das innere Gleichgewicht zu trainieren. Es kommt im Tai-Chi auf jedes Detail der Körperhaltung an, damit die Energieaufnahme und das Weiterfließen gewährleistet ist. Wenn die Energien richtig fließen, prallt ein Angreifer einfach ab; das gefällt mir daran so gut – sich zu wehren, ohne willentlich zu verletzen. Ich erlerne gerade die klassische Yang-Form, und wenn ich bei den Körperübungen noch falsch atme, nehme ich mehr Lebensenergien auf, als ich abgebe. Das führt bei mir zu Herzklopfen. Dann erde ich mich bewußt, öffne meine feinstofflichen Wurzeln an den Fußsohlen und erlaube, daß das Zuviel an Energie in die Erde fließt; oder ich stelle mir vor, daß ich über das Ausatmen mehr Energie als sonst abatme.

Diese beiden Möglichkeiten empfehle ich auch Seminar-
teilnehmer/innen, wenn sie in Meditationen und anderen
Übungen zuviel Energie aufnehmen, Herzklopfen bekommen und sich dabei unwohl fühlen. Probiere es selbst aus.
Wenn Du durch „ein *Zuviel* an Energie" eine Unruhe in Deinem Herzen spürst, frage Dich, wie Du die Energie verwenden kannst, wofür diese Energie einzusetzen ist – oder erlaube Dir im Bewußtsein, das Zuviel abfließen zu lassen.

Jeder von uns hat schon sein Herzklopfen oder gar sein
rasendes Herz gespürt, wenn es Dich vor freudiger Erregung mit mehr Lebensenergie versorgt. Welch ein wonni-
ges Gefühl. Lebendigkeit, Lebensfreude und Entzücken
sprüht aus allen Zellen. Auch wenn es *gefunkt* hat und man
frisch verliebt ist. So richtig über beide Ohren. Da lacht
doch das Herz, und alles erscheint leicht, die Türen öffnen
sich zu allem Möglichen. Wie gerne würden wir solche
Zeiten festhalten. Doch die Lebensuhr tickt weiter, und so
wie sich das Schicksalsrad weiterdreht, so wechseln oft
schöne mit schwierigeren Zeiten.

Jeder von uns kennt wohl auch das Herzklopfen vor Unwohlsein und aus Angst, gar Furcht. Auch hier will das
schneller klopfende Herz mit der Energie versorgen, die
für das Meistern der Situation nötig ist. Man spricht auch
von dem *Fight and Flight-Symptom*, das bedeutet Kampf
oder Flucht, zu beidem braucht der Mensch mehr Energie
als sonst. Habe Mut und Vertrauen, daß Lebenssituationen
auf Dich zukommen, die Du meistern kannst. Wozu Du allein die Kraft hast! Deine Seele weiß von allen Fähigkeiten
und zeigt Dir in schweren Zeiten die oft noch verborgenen
Qualitäten. Das sind die Trainingsmöglichkeiten Deiner
Seele – so wie ein Baum im Sturm die Kraft seiner Wurzeln
erprobt und sich abhärtet.

Wenn schwere Zeiten von Kummer, Not oder Belastungen länger dauern, kann es dazu führen, daß das Herz aus seinem inneren Takt kommt. Das Herz verliert seinen Rhythmus, es kommt zu den Herzrhythmusstörungen. Wenn diese so aussehen, daß die Herzvorhöfe sich nicht mehr zusammenziehen, überreizt sind und der Muskelreiz nicht ausgeführt wird, spricht man von Vorhofflimmern. Wenn gar die Kammern nicht mehr arbeiten, den Reiz nicht beachten, kann es zum Herzstillstand kommen.

Wenn sich über ein Langzeit-EKG und weitere Herzuntersuchungsmethoden gezeigt hat, daß der herzeigene Impulsgeber zu unregelmäßig arbeitet, kann die Medizin einen sogenannten Herzschrittmacher einpflanzen. Heute sind das dank der Ergebnisse der Technik-Forschung kleine computergesteuerte *Maschinchen*, die unter der Haut eingesetzt werden; sie haben eine Verbindungsleitung zum Herzen. Setzt der eigene Impulsgeber nicht ein oder sinkt die Herzschlagfrequenz unter eine bestimmte Zahl (zum Beispiel weniger als sechzig Schläge pro Minute), dann setzt ganz eigenständig der Herzschrittmacher ein. Man ist dann zwar einem körperfremden Impulsgeber ausgesetzt, die betroffenen Menschen akzeptieren das aber, nehmen es in Kauf für eine Chance zum Weiterleben. Allerdings sollte man auch, wenn man zu diesem technischen Hilfsmittel gegriffen hat, die geistige Bearbeitung des zugrunde liegenden Herzthemas nicht beiseite legen, sondern sie bewußt mit dem Lebenswillen bearbeiten.

Frage Dich, was Dich unterstützt, in Deinem Rhythmus zu sein. Erkenne überhaupt Deinen Rhythmus. Was stört Deine individuelle Ordnung? Es müssen gar nicht die Aspekte sein, die die Gesellschaft uns vorgibt. Traue Dich, zu Deinem ganz eigenen Rhythmus zu stehen. Erlaube Dir mit gutem Gefühl, anders zu sein. Einfach Du selbst! Übe, die Anzeichen zu erkennen, wenn Dein Organismus wegen eines *Zuviel* zu Entgleisen droht. Sei Dir Deiner Motivationen bewußt, warum Du an Deine Grenzen der Belastbarkeit gehst.

Eine Fallgeschichte aus meiner Praxis mag die Thematik des *eigenen Rhythmuses* verdeutlichen. Eine 35-jährige Frau rief wegen eines Termins in meiner Praxis an. Sie brauchte diesen Termin dringend, denn sie hatte eine Krankenhauseinweisung für den darauffolgenden Tag wegen Herzrhythmusstörungen. Es kam eine sehr jung aussehende, sehr aktiv wirkende Frau zu mir, die eine homöopathische Behandlung einer Krankenhauseinweisung voranstellte. Sie war bereit, auch dem Arzt gegenüber diese Entscheidung zu vertreten und übernahm die Verantwortung für sich selbst. Sie berichtete von extremem Herzklopfen seit cirka zwei Wochen. Sie spürte den Herzschlag bis in den Kopf und bis in die Füße. Dies alles war begleitet von Leistungsabfall und enormer Schwäche. Sie schnaufte bei jeder Treppenstufe. Allmählich machte ihr der Gesundheitszustand auch etwas Angst. Auch wenn sie früh zu Bett ginge, sei sie morgens ebenso leer und aufgebraucht wie den Abend vorher. Schwindelgefühle und Schweißausbrüche kamen zu allen Tageszeiten vor. Sie spürte, daß ihr Herz selbst im Ruhezustand stolperte, es schlug nicht gleichmäßig, sondern oft im Doppelschlag. Ihre private Situation war eindeutig erklärend für ihre Beschwerden. Sie war Mutter von vier Kindern im Alter zwischen drei und vierzehn Jahren, von vier sehr lebhaften Kindern. Gemeinsam mit ihrem Lebenspartner bewirtschaftete sie einen alternativen Landwirtschaftsbetrieb und es war August, also Erntezeit. Sie hatte mehr als alle Hände voll zu tun. Ein akuter Ärger mit ihrer Mutter stand ihrem Bedürfnis entgegen, die Mutter um Mithilfe und Unterstützung zu bitten. Die Patientin hatte sehr wohl das Bedürfnis, sich ein bißchen *versorgen* zu lassen. Sie war die Älteste von zwei Schwestern und war schon in ihrer Jugend die Große und Starke gewesen, die schon immer die Probleme ihrer Mutter besser verstand als die Mutter selbst. Sie fühlte sich immer für alles verantwortlich und dachte immer zuerst an die anderen als an sich. Sie war sehr mitfühlend, *egal wieviel Belastung das für mich selbst mitbrachte*; das waren ihre eigenen Worte. Zum Glück fühlte sie sich von ihrem Lebenspartner verstanden und unterstützt.

In dem aufklärenden Gespräch wurde ihr bewußter, wie sie mit sich selbst umging – immer nur fordernd und ohne genügend Regenerationspausen. Sie war einsichtig und wollte sich die nächsten Tage Freiräume schaffen, um die die Lebenskraft auffüllende Arbeit des homöopathischen Mittels zu unterstützen. Auf längere Sicht gesehen wollte sie ein Kindermädchen öfters einsetzen und mehr Arbeit auf dem Feld delegieren. Sie sah selbst, wie sehr sie sich überforderte und warum ihr Herz Alarm schlug. Nach zwei Wochen Therapie mußten wir das homöopathische Mittel nochmals wechseln, weil sich einige Symptome veränderten. Nach weiteren vier Wochen zeigte ein Kontroll-EKG, daß sich das Herz *beruhigte* und keine Doppelschläge mehr im Diagramm sichtbar waren. Sie hatte auf ihr Herz gehört und kam allmählich wieder in ihren ganz eigenen Lebensrhythmus.

Unser Herz ist eng verwoben mit allem, was uns bewegt. Zuviel der Bewegung ist ebenso schädlich wie zu wenig.

Die Herzneurose

Der Wind sammelt die Wolken,
und der Wind treibt sie auch fort.
Der Verstand schafft Fesseln,
und der Verstand befreit uns auch davon.

Shankaracharya

Einer Herzneurose oder Herzphobie liegt die Angst zugrunde, man könne eine ernste Herzkrankheit haben oder das Herz könne plötzlich stehenbleiben. Medizinisch sind alle Blutwerte und Herzuntersuchungen ohne pathologischen Befund, und dennoch ist da etwas, und der/die Betroffene fühlt sich krank. Oft hat es im Vorfeld einen einmaligen Herzanfall oder einen schlimmen Kreislaufkollaps gegeben. Menschen, die vegetativ sehr labil sind, die zu extrem niedrigem Blutdruck neigen oder sich in eine Angst hineinsteigern können, sind besonders gefährdet. Die durch einmaligen Herzanfall ausgelöste Herzneurose kann zu einer sehr quälenden, auf das Herz bezogenen Sterbeangst werden, die, wenn sie fixiert wird, der psychotherapeutischen Behandlung bedarf. Die Betroffenen haben Angst vor einem weiteren Anfall, sie kontrollieren sehr oft ihren Puls und zeigen oft hartnäckige Anklammerungstendenzen. Es kann ein Hinweis auf einen Krankheitsgewinn sein, wenn die Betroffenen so erreichen wollen, nicht mehr allein zu sein. Jeder Hinweis des Körpers wird fehlgedeutet und so ausgewertet, als sei es das wahrscheinliche Vorzeichen des nächsten Anfalls; das kann sich bis zur Hysterie und Tyrannei steigern.

Medikamente gegen diese Angst, das Herz könnte stillstehen, sind hier völlig fehl am Platz, sie verschieben die

Problematik nur. Notwendig sind stattdessen vertrauens- und mutfördernde Maßnahmen. Herzneurotiker/innen sind nämlich Menschen mit Angst. Psychisch liegt das Angstthema im dritten Energiezentrum des Körpers, im Solar-Plexus. Von hier gehen Mut und Vertrauen, beziehungsweise Angst und Mißtrauen aus. Das Wort Angst kommt von *angus* und bedeutet Enge. In der Angst bin ich eng, wie zugeschnürt. Das Zugeschnürtsein und Engsein macht auch den Hilfen gegenüber zu eng und nicht offen. So stürzt man in Ängste eher hinab, als daß sie helfen und weiterbringen. Für Menschen mit solchen Ängsten ist es wichtig, daß sie wieder lernen, sich ihrer Kraftquellen in sich selbst gewahr zu werden. Zwei Möglichkeiten von vielen sind zum Beispiel *positive Programmiersätze* oder bildliche Vorstellungen. Unter einem Programmiersatz verstehe ich ein zugrunde-gelegtes, gewünschtes Muster, Ideal oder eben ein Programm, in einem späteren Kapitel wird darüber ausführlich geschrieben. Es kann die leuchtende innere Sonne im Solar-Plexus sein, die Kräfte vermittelt und Licht in das bedrohliche Dunkel hineinläßt. Es kann die Lichtquelle des Herzens sein. Ich habe in meinen praktischen Erfahrungen gelernt, daß es in diesen Fällen von Herzangst sinnvoll ist, bildliche Vorstellungsübungen zu machen, in denen die Kraftquelle der Solar-Plexus ist. Von ihr aus fließt Kraft, Licht und Liebe in das Herz. Man kann sich auch vorstellen, daß Energie von oben, vom Scheitel her in den Körper hineinfließt. So wächst das Gefühl, daß das angstvolle Herz von einer anderen Stelle aus aufgefüllt wird. Erst in späteren Stufen wird das Herz selbst wieder als Energiequelle gesehen.

Ich habe „herzneurotische" Menschen erlebt, die auch in anderen Lebenseinstellungen und Lebenseinsichten eher negativ und pessimistisch waren. Sie vermuten hinter jeder Ecke jemanden, der ihnen Böses will. Sie bekommen immer das *halbleere* Glas, die anderen das *halbvolle*, haben überhaupt die besseren Chancen. Von überall her droht ihnen Gefahr. Sie kennen sich gut aus in allen Varianten von Krankheitsrisiken. Sie wissen angeblich genau darüber Bescheid, was man nicht essen und nicht tun darf, was schädlich ist, was Unglück bringt. Sie verfangen sich in der Negativ-Seite des Lebens. Diese Menschen brauchen eine Führung, die sie an der Hand hält, wenn sie sich aus eigenem Willen heraus langsam und vorsichtig umdrehen, um sich der Positiv-Seite zuzuwenden. Wichtig und entscheidend ist, daß sie das selbst wollen; daß sie leben wollen! Ich frage oft Menschen in Seminaren und in der Praxis, ob sie denn überhaupt leben wollen, ob ihre Motivation zum Leben geklärt, beziehungsweise bewußt ist – oder ob sie sich auf diese Art und Weise aus dem Leben schmuggeln wollen. Jeder von uns kann diese Entscheidung für sich treffen, um sich ganz leise mit einer begründeten medizinischen Diagnose in der Tasche aus dem alltäglichen Leben zu schleichen.

Wenn ein Mensch leben will, wird es der inneren Bereitschaft und dem Lebenswillen möglich sein, die Lebenskräfte wieder zu beleben. Man wird das Leben als ein Ausprobier- und Trainingsfeld der Seele sehen können, auf dem es *auch* einmal Schwieriges zu integrieren gilt. In der nicht-ängstlichen und vorsichtigen Bewegung noch vorne wird man sehen, welche Gesundheitschancen sich in großer Zahl anbieten. Was man alles tun kann, um sich zu öffnen, offen zu werden und zu sein für die unzähligen Möglichkeiten der Hilfe und Unterstützung.

Gehörst Du zu den Menschen, die ihr Herz zwar ständig beobachten und dennoch nicht richtig zuhören? Siehst Du nur die Krankheitsrisiken oder auch die Gesundheitschancen? Wo und in welche Richtung zeigend würdest Du Dich selbst auf der Lebensschiene einordnen? Wirst Du auch die dunkle Seite beachten, was Du alles nicht geschafft hast, was Dir schon alles Schlimmes passiert ist; oder auf die helle Seite und dahin, was Du schon alles erreicht hast und was das Schöne in Deinem Leben ist.

Ein Fallbeispiel aus meiner Praxis. Eine sehr attraktive junge Frau, Mutter von drei Kindern im Alter von eineinhalb bis neun Jahren, wurde von ihren Ehemann vor einiger Zeit *verlassen*. Er zog zu einer anderen Frau. Ihr ist bewußt, daß einiges in der Ehe nicht so lief, wie es hätte sein sollen. Dennoch stand sie von heute auf morgen vor der neuen Lebenssituation, alleinerziehende Mutter zu sein. Sie versuchte, so gut sie konnte, sich mit der neuen Situation anzufreunden, entdeckte viele neue Seiten in sich als Frau und empfand die Kinder einerseits als Kraftquelle, aber auch als sehr fordend. Sie glaubte, relativ gut über die Runden zu kommen. Nun rief sie mich sehr betroffen an, sie glaubte, sie habe ein schweres Herzleiden. Das Herz schmerze im ganzen Brustraum mit ausstrahlenden Schmerzen bis in den linken Arm. Dazu komme ein starker Druck unter dem Brustbein – und sie habe Angst. Ich bat sie, bei einem Internisten ihr Herz untersuchen zu lassen. Wenn der EKG-Befund und andere Untersuchungen ohne pathologischen Befund seien, könnten wir beruhigt weiter auf der Basis von psychosomatischen Symptomen behandeln. Ich vermutete, daß sie den Gefühlen ihrem Mann gegenüber keinen Raum ließ; sie liebte ihn noch immer sehr und hoffte, er käme zu ihr und den Kindern zurück. Da war einerseits Wut *gegen* ihn, andererseits Kränkung und ihr Liebesgefühl *für* ihn. Als er dann ziemlich rasch die

Scheidung einreichen wollte – es war zunächst anders besprochen – steigerten sich ihre körperlichen Symptome, und ihr Herz schlug Alarm.

Ist es nicht verständlich, wie ihr Herz reagierte? Sie wurde ohne ihre bewußte Mitentscheidung vor neue Tatsachen gestellt. Sie wollte sehr rational mit allem umgehen, und dabei stolperten ihre Gefühle; sie war außerhalb ihres eigenen Rhythmuses. Es war nicht überraschend, daß sie Druck (psychischen Druck) empfand; und daß ihr Gefühlszentrum schmerzte, war erst recht verständlich. Sie wollte ihre Lebenssituation als tolle Frau meistern und ließ ihren Gefühlen wenig Raum.

Ich gab ihr ein homöopathisches Mittel, einen unterstützenden, energiespendenden Edelstein und ein Bachblütenmittel. Wir besprachen ihre Lage, und ich legte ihr nahe, ihren Gefühlen ebenso wie den rationalen Aspekten Beachtung zu schenken.

Die Angina pectoris

Der Schmerz ist ein heiliger Engel,
und durch ihn sind Menschen größer geworden
als durch alle Freuden der Welt.

Adalbert Stifter

Zu der häufigsten Herzerkrankung gehört die Angina pectoris. Der Name *pectoris* leitet sich von dem großen Brustmuskel – Pectoralmuskel – ab, das Wort *angina* hat allerdings nichts mit der eitrigen Halsentzündung zu tun. Der *Angina pectoris* liegt eine Koronarinsuffizienz zu Grunde, das bedeutet, daß die Koronargefäße (die Gefäße, die das Herz versorgen) nicht voll funktionsfähig sind.

Das kann zwei Hauptgründe haben. Erstens können sich die Querschnitte in den Gefäßen durch Ablagerungen aufgrund falscher oder übermäßiger Ernährung verringern. Angina pectoris erscheint oft im Zusammenhang mit zu hohen Cholesterinwerten (dem Cholesterinthema habe ich ein spezielles Kapitel gewidmet), Diabetes mellitus, allgemeiner Übergewichtigkeit, Ablagerungen durch Gifte und vom Körper nicht ausscheidungsfähige Schwermetalle oder deren Verbindungen. Fett- und Kalkablagerungen an den Wänden der *Hochleistungsgefäße* erschweren den wichtigen Sauerstofftransport.

Zweitens können Verengungen durch narbiges Bindegewebe entstehen. Gefäße sind nun einmal keine geradlinigen Plastikröhren, sondern sie haben eine dünne, bewegliche muskulöse Wand, die mit verschiedenen Häutchen ausgekleidet ist. In ihrem Verlauf verzweigen sie sich und schlängeln sich stellenweise kurvenreich am Herzgewebe entlang. Durch lange anhaltenden, zu hohen Blutdruck oder Verkrampfungen entstehen in den beweglichen Wänden kleine Verletzungen, eventuell kleine Risse. Die Selbstheilungskräfte des Körpers bilden über diese Mikroverletzungen einen kleinen Schutzfilm, wie ein Pflaster. Zuviele aufeinanderliegende Wundpflaster verengen den Querschnitt der Gefäße so stark, daß das Blut mit immer größerem Druck durch die verengten Gefäße gepreßt werden muß. Der höhere Druck provoziert wieder neue Verletzungen. Ganze Pflasterverbände (bindegewebiges Narbenmaterial) können gerade im kurvigen Verlauf der kleinen Gefäße abgerissen werden und eine noch engere Stelle verstopfen. Solche abgerissenen Teile der Gefäßinnnenwand nennt man Blutgerinnsel oder Thromben. Sie sind die Mitverursacher der Herzkrankheit, die ich im nächsten Abschnitt beschreibe – dem Herzinfarkt.

Die Symptome der Angina pectoris sind Anfälle von drückenden Schmerzen hinter dem Brustmuskel und hinter dem Brustbein, meistens begleitet mit Angstzuständen. Manche Patienten beschreiben nur ein unangenehmes Druckgefühl im Brustbereich. Häufig strahlt der Angina pectoris-Schmerz in die Unterseite des linken Armes aus. Er kann aber auch über Nervenbahnen weitergeleitet werden und sich im rechten Arm, im Unterkiefer oder zwischen den Schulterblättern am Rücken zeigen. Solche Schmerzanfälle werden oft durch körperliche und psychische Anstrengungen, ebenso durch reichliche Nahrungsaufnahme (danach Mehrbelastung des Bluttransportes) ausgelöst. Sie können einige Minuten (drei bis zehn) dauern, die aber für den Betroffenen wie eine Ewigkeit erscheinen.

Neben der Ursachenbehandlung gibt es einige medizinische Methoden, um eine Linderung im Akutfall beziehungsweise einen Zeitgewinn für die längerfristigen Heilungsprozesse zu erzielen. Das am meisten angewandte Medikament ist das Nitroglyzerin. Fast alle Angina pectoris-Patienten haben die Gelatinekapseln, die Nitroglyzerin enthalten, griffbereit in der Tasche. Sie werden im Bedarfsfall zerkaut und schnell über die Mundschleimhaut aufgenommen. Ein Medikament, das geschluckt und über die Magen-Leberpassage absorbiert wird, würde viel zu lange dauern. Nach ein bis zwei Minuten wirkt das Mittel, indem es die Gefäßquerschnitte erweitert und regelrecht aufsprengt, denn Nitroglyzerin ist Sprengstoff. Begleitende Langzeitbehandlungen sind medikamentöse Blutdruck- und Cholesterinsenkung.

Auch eine chirurgische Maßnahme ist zeitgewinnend, nämlich die sogenannte Bypass-Operation. Zunächst wird versucht, operativ die Gefäßengstelle mit einem kleinen, im Gefäß aufblasbaren Ballon zu weiten oder die *Wundpflasterpakete* zu zertrümmern (Angioplastie). Wenn sich die erweiterte Gefäßstelle wieder verengt, wird das verstopfte Stück des Koronargefäßes durch ein Stück Beinvene des betreffenden Patienten ersetzt. Fachärzte schätzen nach ihren Erfahrungen, daß cirka achtzig Prozent der operierten Gefäße nach einem Jahr wieder verstopft sind. Das ist also wirklich nur eine Notmaßnahme. Die wirkliche Heilung erfolgt über die verschiedenen Maßnahmen, die von bewußter, gesunder Ernährung bis zum Verständnis dessen reicht, was der Körper damit ausdrücken will. *Angus* heißt Enge – im Angina pectoris-Anfall macht sich der Mensch dicht. Er verschließt sich, er ist nicht mehr bereit, etwas hereinzulassen. Anscheinend ist der innere psychische Schmerz so groß, die innere Verwundung so schmerzlich, daß der Körper keine andere Reaktionsmöglichkeit mehr kennt.

Ich mag im folgenden einige Impulse anbieten, wie man mit der Herzenge umgehen könnte. Eine Möglichkeit ist es zum Beispiel, in Dir zu erkunden, was Dich bedrückt. Schreibe es auf oder zähle es für Dich auf. Alles, was Dir gerade dazu in den Sinn kommt. Bewerte nichts. Bitte den Verstand, eine Weile zu schweigen. Auch wenn es Kleinigkeiten sind, traue Dich, sie zu äußern, und dann schaue, welche Möglichkeiten und Fähigkeiten Du hast, mit den einzelnen bedrückenden Gegebenheiten verändert umzugehen. Du wirst sehen, der zunächst erdrückend erscheinende Stapel wird kleiner werden. Wahrscheinlich sind auch Anteile dabei, die Du akzeptieren mußt, die Du als

Person nicht ändern kannst. Sie sind kollektiv verursacht. Werde Dir bewußt, was daran so schlimm für Dich ist.

Weitere helfende Vorstellungen für eine Ursachentherapie bei Angina pectoris-Leiden sind es, *weit* zu werden, sich zu weiten, sich Raum zu schaffen, der Enge aktiv etwas entgegen zu setzen, sich nicht erdrücken zu lassen; sein Herz zu öffnen; Verantwortung für sich selbst aktiv zu übernehmen. Das heißt, sich nicht passiv von immer zahlreicher werdenden Übeln erdrücken zu lassen, sich angstvoll ins Innerste zurückzuziehen, sondern seine Fähigkeiten bewußt einzusetzen.

Du hast dazu die Fähigkeiten, manche sind Dir schon vertraut, andere sind dazu da, sie jetzt zu beleben. Isolationsgefühle und Mangel an sozialen Kontakten lassen sich in der Passivität nicht verändern. Gehe hinaus! Vollbringe etwas, was Dein Selbstwertgefühl stärkt.

Angina pectoris-Schmerzen sind so gesehen für Dich, wenn Du betroffen bist, *notwendig*. Sie fordern Dich auf, Deine Sichtweise zu wenden – weg aus der Passivität in die Aktivität. Habe dabei keine Angst vor Kummer und Schmerz. Du und Dein Körper, ihr habt ein unglaublich großes Repertoire, etwas Schlimmes auszuhalten – solange, bis der Kummer oder das Erdrückende gehen will. Es ist keine Lösung, im Leben den Schmerz und den Kummer vermeiden zu wollen. Wenn Du das Negative ausschließt, wirst Du auch das Positive mitausschließen. Beides existiert nebeneinander. So wie eine Münze ihre zwei Seiten hat. Habe Mut, durch den Kummer hindurchzugehen, und Du wirst Dich gestärkt für das Schöne öffnen.

Der Versorgungsaspekt im Herzen enthält auch den Hinweis auf die Ernährung der Seele und der Psyche. Analog dazu, was körperlich geschieht, sind auch die feinstofflichen Verbindungen zu eng. Das geistige Herz bekommt zu wenig Nahrung – zu wenig Gefühl.

Dr. Dean Ornish ist Arzt an verschiedenen Krankenhäusern in San Francisco und Dozent an der Universität in Kalifornien. Er hat sich ganz besonders der Behandlung von Herzkrankheiten gewidmet und erzielt enorm große Erfolge mit seiner kombinierten Therapie. Sein Therapiemodell beinhaltet eine fett- und cholesterinarme Diät, ein Körpertrainingsprogramm, Nikotin- und Alkoholverbot, Entspannungsübungen und eine psychologische Gruppenbetreuung. Nach vierundzwanzig Tagen Betreuung mit diesem Programm konnten oft mehr als die Hälfte der Medikamente eingespart werden. Das subjektive Wohlbefinden der Patienten veranlaßte ihn, die erlernten Programme in seinen Alltag einzubauen. Dr. Ornish legt großen Wert darauf, den Patienten durch weitere Übungen nicht zu belasten, sondern zu entlasten. So schlägt er nur dreißig Minuten flottes Spazierengehen täglich vor, auch die Meditations- und Visualisierungsübungen dauern nicht lange. Sein Motto heißt: Das Herz öffnen! In den Visualisierungsübungen (bildlichen Vorstellungen) lädt er die Patienten dazu ein, sich in ihrer Phantasie vorzustellen, wie ihre Versorgungsgefäße gereinigt werden können. Manche beschreiben dann kleine Putzmaschinchen, einige lassen sanfte Lösungsmittel durchspülen, andere ließen Bergleute arbeiten.

Im letzten Teil des Buches wirst Du ein großen Angebot von Visualisierungsmöglichkeiten vorfinden und anderes mehr. Ich bin sicher, Du wirst dabei das finden, was für Dich stimmt, was Dir Mut macht, Dein Herz selbst öffnen zu wollen.

Der Herzinfarkt

Ich bin die Tür,
die Deine Verschlossenheit auftut,
die Dich einläßt
aus dem Gefängnis Deiner Selbstsucht.
Selbst eine schwere Tür
hat nur einen kleinen Schlüssel nötig.

Charles Dickens

Der akute Herzinfarkt ist häufig die Folge oder Komplikation einer in der Regel schon chronischen Erkrankung der Herzkranzgefäße. Viele der Betroffenen hatten vorher an Angina pectoris gelitten, beziehungsweise in irgendeiner Form an Verengungen im Herzbereich. Der Herzinfarkt wird – durch eine Unterbrechung in den Gefäßen – ein bestimmter Teil des Herzens nicht mehr versorgt. Meistens ist es ein Thrombus (Blutgerinnsel), der den Gefäßquerschnitt verstopft, manchmal bewirken auch Ablagerungen an den Gefäßwänden eine kritische Herabsetzung des Durchflusses. Wenn dies in einer kleineren, schon verzweigten Koronararterie geschieht, fällt *nur* ein kleiner Muskelbezirk aus, und es besteht die Chance, den Infarkt zu überleben. Betrifft es einen einige Zentimeter großen Bereich, kann sofort der Tod eintreten. Im Herzen ist jede Muskelzelle lebenswichtig. Fallen einige aus, ist der Mensch in seiner Belastbarkeit stärkstens eingeschränkt. Für die Behandlung des Herzinfarkts sind die Erfahrungen und Meßmethoden der Intensiv-Medizin über Wochen notwendig. Es gibt nach dem akuten Herzinfarkt verschiedene kritische Stadien, die unbedingt eine medizinische

Überwachung erfordern. Mit Hilfe des Elektrokardiogramms (EKG) ist es möglich, das genaue Ausmaß des Herzmuskelausfalls zu erkennen. Danach richten sich alle weiteren medizinischen Maßnahmen.

Das Leitsymptom eines akuten Herzinfarktes ist bei etwa siebzig Prozent ein heftiger Schmerz im Herzbereich. In der Lokalisation und Ausstrahlung entspricht er dem Schmerz der Angina pectoris. Im Unterschied dazu dauert er aber länger als eine halbe Stunde an und wird nicht durch Ruhe oder Nitroglycerin gebessert. Der Betroffene ist unruhig, schwindelig, in Verbindung mit Schwäche treten auch Schweißausbrüche auf, manchmal verbunden mit Sterbegefühlen. Ein Herzinfarkt an der Herzhinterwand kann auch Schmerzen im Oberbauch auslösen, der mit Übelkeit und Erbrechen einhergeht.

Es gab eine Zeit, in der propagiert wurde, daß die tägliche Einnahme von Aspirin (häufig angewandtes Schmerzmittel, das die Gefäße aufreißt) das Herzinfarktrisiko senken würde. Es kamen bei den Probanden zwar weniger Herzinfarkte vor, dafür aber doppelt so häufig Magen- und Darmgeschwüre sowie ein erhöhtes Risiko von Schlaganfällen und Gehirnblutungen, da das Blut dadurch auch verdünnt wurde.

Nach einem Herzinfarkt ist eine medizinische und vor allem psychotherapeutische Nachbetreuung wesentlich. Eine solche Körperreaktion war mehr als ein erhobener Zeigefinger zur Warnung. Jetzt hat man noch eine Chance, mit den Lebensumständen verändert umzugehen. Es gibt allerdings Menschen, die – *medizinisch* gesagt – *lernresistent* sind, sie haben sogar mehrere Herzinfarkte überlebt, sind aber nicht bereit – abgesehen davon, daß sie sich mehr Ruhe gönnen – an ihrer Einstellung zum Leben etwas zu ändern.

Es ist eine große Hilfe für das Herz, wenn sich die betroffenen Menschen ihr soziales Umfeld und ihren Gefühlsbereich anschauen und überlegen, welche Streßfaktoren vermeidbar und welche unvermeidbar sind. Die riesige Informationsüberflutung und daraus resultierende Verunsicherung, Lärmstreß, die ständige Eile, vieles gleichzeitig tun zu wollen, Konkurrenzstreß und finanzielle Belastungen sind sicherlich Faktoren, an denen ganz konkret etwas geändert werden kann. In familiären Angelegenheiten ist die innere Bereitschaft nötig, über Aussprachen etwas zu klären. Oftmals liegen der privaten Überlastung Generationsstreitigkeiten zugrunde. Es hilft manchmal, in solchen Schwierigkeiten zwei oder mehrere Lebensansichten oder Verhaltensweisen nebeneinander stehen zu lassen. Dazu ist es wichtig, sich seiner eigenen Gefühle bewußt zu werden und sich zu trauen, diese auch zu äußern. Es erweist sich immer wieder, daß bestimmte Lebensweisen nicht für alle Menschen gleich richtig sind. Heilende Maßnahmen sind hier sicherlich – wie bei Angina pectoris beschrieben – Weite zuzulassen, der Enge entgegenzuwirken, sich von Gefühlen bewegen zu lassen. Wer sein Herz wirklich öffnen will, dem werden sicherlich Aspekte ans Tageslicht kommen, die lange Zeit versteckt oder verdrängt wurden.

In den USA ergaben Nachuntersuchungen in einer speziellen Form der Betreuung von Herzinfarktpatienten erstaunliche Ergebnisse. Wenn sich Patienten mit Tieren beschäftigten, ergaben sich erstaunlich weniger Rückfälle und wesentlich bessere Heilungsverläufe. Beschäftigung mit Tieren bedeutete, daß nicht nur über Tierexpeditionen gelesen wurde und sie sich über Art und Lebensweise informierten – sondern daß sie Tiere *streichelten* oder *selbst ein Haustier versorgten*. Mehr als fünfzig Prozent dieser Patienten waren weniger re-infarktgefährdet. Die Streicheleinheiten, die sie den Lebewesen gaben, beziehungsweise das, was die Herrchen und Frauchen an Liebesbeweis von den Tieren bekamen, heilten das Herz. Es gibt auch in Deutschland eine Kurklinik, in der aufgrund dieser Ergebnisse Tiere zum Beschäftigungsprogramm der Patienten angeboten werden. Dort gibt es ein Gehege mit Eseln, mit Schafen und Ziegen, im Gelände tummeln sich Katzen. Es wurde berichtet, daß so mancher älterer Patient auf ein weiteres Päuschen im Zimmer verzichtete und dafür lieber das neugeborene Eselchen streichelte oder die lebenslustigen kleinen Zicklein beobachtete.

Wie schön, wenn das weiche, kuschelig sanfte Fell und die lebensoffenen, *streßfreien* Augen eines Tieres auf diese Weise die Heilung eines Menschen unterstützen.

Die Arteriosklerose

Hände, die nicht streicheln, erstarren.
Ruth Cohn

Die Arteriosklerose ist so alt wie die Menschheit. Schon Leonardo da Vinci hatte krankhafte Veränderungen im Bereich der Gefäße beschrieben. Durch unsere Lebensweisen (Denk-, Verhaltens- und Ernährungsweisen) haben wir es eskalieren lassen.

Das Wort Arteriosklerose drückt aus, daß die Arterien sklerosiert sind und das bedeutet, die Gefäßwände sind verhärtet. Meist sind zuviele Ablagerungen durch zuviel oder falsche Ernährung und Stoffwechselerkrankungen die körperliche Ursache. Auch Diabetes mellitus-Patienten sind durch ihren veränderten Fett- und Kohlehydrat-stoffwechsel besonders häufig von arteriosklerotischen Beschwerden betroffen.

Ein weiterer Risikofaktor ist der Bluthochdruck, zu dessen Bedeutung ich etwas aushole. Unser Körper ist von Kopf bis Fuß durchzogen von einem Gefäßnetz, bestehend aus den Arterien und Venen in den verschiedensten Größen. Der darin wirkende Blutdruck ist ein Symbol für unseren Lebensfluß. Das rote Blut ist unser Lebenssaft, und in einem Tropfen Blut ist die gesamte Information über das ganze Wesen des Menschen enthalten. Deshalb ist auch eine ganzheitliche Diagnose aufgrund der Untersuchung von einem Tropfen Blut möglich. Wenn nun ein Tropfen Blut unser Wesen symbolisiert, dann sind die Gefäßwände unsere Widerstände und Grenzen, unsere Herausforderungen. Der niedrige Blutdruck steht in diesem Sinne für das Vermeiden von Konflikten, für das Verhalten, den Widerständen auszuweichen, seine Grenzen gar nicht erst erfahren zu wollen. Menschen, die zu niedrigen Blutdruck haben, rät man, sich viel in frischer Luft zu bewegen und aktiv Sport auszuüben, damit sie ihre Grenzen erfahren und ihre Leistungsfähigkeit kennenlernen. Hier hilft es oft, unterstützend das Mutzentrum zu stärken, denn es braucht Mut, Ausdauer und Standhaftigkeit, den niedrigen Blutdruck ins Gleichgewicht zu bringen.

Das andere Extrem ist der zu hohe Blutdruck, in dem die Gefäße sehr gefordert werden. Wenn wir kurz vor einer *Tat* stehen, ist unser Blutdruck ganz physiologisch höher als sonst. Während des Handelns sinkt er wieder auf den normalen Pegel ab. Beim dauerhaften Bluthochdruck fällt der Druck nicht ab; der Mensch erlöst seine körperliche Spannung nicht, weil eine Handlung auf der entsprechenden Ebene ausbleibt. Ständig hält er/sie sich in Konflikt-nähe auf, steht kurz vor der Aktivität, handelt aber dann doch nicht. Die gehemmte Aggression, diese Art der Selbstbeherrschung führt zum krankmachenden und gefäßstrapazierenden Dauerdruck. Der Druck wird nicht losgelassen, weil man sich letztendlich doch nicht zu handeln traut, den Konflikt tatsächlich zu lösen. Im täglichen Leben sind das oft Menschen, die vor Tatendrang sprühen und dennoch ihr tief verborgenes, wahres Thema meiden. Auch im Falle des Bluthochdrucks rät man zu viel Bewegung und körperlichem Ausarbeiten, zu Laufen, Schwimmen, Radfahren – denn durch Aktivitäten senkt sich der Adrenalinspiegel (Adrenalin ist das Streßhormon), wenn auch nicht genügend.

Oft treten hoher Blutdruck, zu hohe Blutfettwerte und Arteriosklerose gemeinsam auf – ähnlich dazu überlagern und beeinflussen sich auf der psychischen Ebene familiäre und berufliche Themen. Da sind die Ablagerungen durch falsche und übermäßige Ernährung einerseits, und da sind die Schutzfilme, manchmal als ganze Pflasterpakete, die die Selbstheilungskräfte des Körpers über Verletzungen an den Gefäßwänden bildeten. Beide Arten verengen den wichtigen Blutdurchfluß, was im Herzbereich schnellere und tiefere Folgen hat als zum Beispiel in Gefäßen der Organe oder der Extremitäten (Arme und Beine). Die Wandablagerungen in Gefäßen bringen eine Steifheit und Unbeweglichkeit mit sich. Die Gefäße und analog die psychischen Verbindungskanäle werden unflexibler. Sturheit und Widerstand zeigen sich auf der emotionalen und geistigen Ebene. Alte, vielleicht längst überholte Verhaltensmuster werden festgehalten und *verbauen* die Wege. Fasten kann ein idealer Einstieg in neue Denk- und Verhaltensweisen sein. Im Fasten setzt man sich mit den alten, abgelagerten Aspekten noch einmal auseinander, überprüft sie auf ihre Gültigkeit und entscheidet neu, ob man sie behalten will oder sich auf Neues und Verändertes einläßt. Fasten bedeutet so gesehen, den inneren Mülleimer auszuleeren.

Das leidige Thema mit dem Cholesterin

Wenn jemand hungert, gib ihm keine Fische.
Lehre ihn zu fischen.
Chinesisches Sprichwort

Man hört es aus aller Munde. Das Cholesterin ist Schuld an der Arteriosklerose, an den vielen Herzinfarkten und überhaupt... – was könnte man dem Cholesterin denn noch in die Schuhe schieben. In den letzten Jahren ist regelrecht eine Cholesterin-Hysterie ausgebrochen, die allmählich wieder eingedämmt wird, weil wissenschaftliche Untersuchungen statistisch signifikant (wie wir das so brauchen) zeigen, daß die mit Hilfe von Medikamenten erreichte Senkung des Cholesterinspiegels im Blut nur minimal positive Auswirkungen auf den Zustand der Herzkranzgefäße hat. Die Ergebnisse der Untersuchungen sind für die Mediziner frustrierend: Einnahme der Medikamente, radikale Einschränkung im Eßverhalten für nichts? Man erhoffte sich wesentlich mehr Erfolg bei den Kampagnen gegen zu hohe Cholesterin-Werte.

Da man durch das Cholesterin nun endlich einen meßbaren Faktor hatte, stürzte man sich mit zu vielen Erwartungen darauf. Zu hohe Cholesterinwerte im Blut sind ohne

Zweifel ein Mitfaktor für Arteriosklerose und die damit verbundenen Risiken für Herzinfarkte. Dennoch haben sie nicht mehr den Stellenwert in der Vermeidung von Herzkrankheiten wie noch vor kurzer Zeit.

Zu den hoffnungsvollen Cholesterin-senkenden Arzneimitteln gehörten die Mittel, die die sogenannten Omega-3-Fettsäuren enthalten. Diese Fettsäuren kommen besonders hoch im Blut der Eskimos auf Grönland vor, die keinerlei Probleme mit zu hohen Cholesterinwerten haben und deren Nahrung dennoch auf reichlich fetthaltigen Fischen besteht. Man gab demnach Menschen mit zu hohen Cholesterinwerten konzentrierte Gaben dieser Omega-3-Fettsäuren, doch leider blieb die erwünschte Reaktion aus, daß diese das Zuviel an Cholesterin abbauen würden. Es zeigte sich bei wissenschaftlichen Untersuchungen immer wieder, daß man solche Phänomene nicht von einer Kultur in eine andere übertragen kann; noch dazu wollte man ja *nur* den Cholesterin-senkenden Stoffwechselvorteil übernehmen und nicht die dazugehörigen Neigungen und Konstitutionen des Eskimo-Volkes. Bei ihnen findet man zum Beispiel eine enorm hohe Rate an Gehirnblutungen. Sie leben in ganz anderen Denk- und Verhaltensmustern, ihre Gefühle und ihr Verständnis von Liebe sind durch ihre Traditionen und Lebensumstände anders, die ihre körperliche und geistige Verfassung aber mitprägen. Sie sind und leben nicht besser oder schlechter, sondern eben anders; und das ist nicht nur in den positiven Anteilen, wie niedrige Cholesterinwerte, übernehmbar.

Was ist überhaupt Cholesterin, wozu braucht es unser Körper? Im Cholesterin-Thema zeigt sich, wie in allem, deutlich die Polarität der Dinge. Es gibt nicht nur das *böse* Cholesterin, das es zu bekämpfen gilt, sondern es gibt auch das *gute*. Das Cholesterin kommt im Körper in verschiedenen Formen vor, man spricht von Cholesterinfraktionen. Das sogenannte HDL – High Density Lipoprotein – ist ein Fett-Eiweißkörper mit hoher Dichte und ein lebenswichtiger Baustein für eine Vielzahl von Hormonen und Vitaminen. Das körpereigene Cortison und das Vitamin D werden zum Beispiel aus dem HDL-Cholesterin gebildet. Die Gallensäuren werden damit aufgebaut. Auch sorgt es für die Stabiltität der Zellmembranen, besonders für Hirn- und Nervenzellen. Der *Bösewicht* des Cholesterins und der Schurke für unsere Gefäße ist die LDL-Fraktion, das Low Density Lipoprotein. Dieses baut unter anderem die Plaques auf, das sind die vom Körper selbstgebauten Schutzpflaster über den Gefäßverletzungen, und ist insofern mitbeteiligt an der Entstehung der Arteriosklerose.

Es gibt eine erbliche Komponente in der Cholesterin-Thematik. Manche Menschen haben von Geburt an mehr oder weniger Rezeptoren im Körper und somit ganz physiologisch höhere Werte. Die Werte, sowohl Normal- als auch Grenzwerte, sind seit eh und je Streitpunkte.

Alle Cholesterinfraktionen werden in der Leber gebildet. Sie ist als die Wiege unseres Stoffwechsels ein besonders wichtiges Organ des Körpers. Alles, was der Leber nützt, was ihre Arbeit erleichtert oder unterstützt, hilft auch dem Herzen. Nur so, im harmonischen Zusammenwirken vieler Organe mit spezifischen Aufgaben, kann der Körper gesund sein. Nur im Miteinander und gegenseitigen Aufbauen können verschiedene Therapien einen kranken Körper wieder ins Gleichgewicht bringen. Eine gesunde, ausgewogene Ernährungsweise, viel Bewegung und Flexibilität und der Abbau emotionaler Ablagerungen (Kummer, falsche Lebensansichten) bringen die Herzgefäße wieder in einen heilenden Zustand. Wenn diese Komponenten den Cholesterin-Stoffwechsel optimieren, sinken die Blutfettwerte *automatisch* auf ein zuträgliches Maß. Ein Rat hinsichtlich des Fetts ist keineswegs hinfällig geworden – weniger davon zu verzehren, ist fast immer ein gesundheitlicher Gewinn. Achten wir mehr und mehr auf den Wert unserer Lebensmittel, dann werden die toten, cholesterinhaltigen Nahrungsmittel ganz automatisch und selbstvertändlich den frischen, ballaststoffreichen und eben vollwertigen Lebensmitteln weichen.

Die Herztumore

Eine Stelle der Welt,
ein winziges Teilchen wenigstens
können wir verändern:
das ist das eigene Herz.

Reinhold Schneider

Das Herz ist das einzige Organ des Körpers, das keinen bösartigen Krebstumor zuläßt. Eher bekommt es einen Herzinfarkt oder Herzstillstand. Nach dem bisher Erläuterten ist es auch vorstellbar, daß ein Tumor, auch wenn es ein *gutartiger* wäre, in den Hochleistungsbereichen des Herzens schlimme Konsequenzen zeigte. Je nach Entstehungsort würde er an den Herzklappen, den Koronararterien oder im Muskel Raum fordern und damit die Funktion einschränken.

Krebsartiges Tumorwachstum bedeutet, daß sich Körperzellen selbständig gemacht haben. Sie haben sich aus dem gemeinsamen Zellverband ausgegliedert und expandieren nun auf eigene Faust. Beim Tumorwachstum wird das harmonische Zusammenwirken aller Zellen mißachtet und das Eigenleben der neugebildeten Zelle allem vorangestellt. Dr. Carl O. Simonton, ein amerikanischer Tumorspezialist erklärt dazu aus seiner Sicht, daß Tumorzellen an sich *schwache* Zellen sind, die sich in einer *geistigen Kurzsichtigkeit* vermehren. Ein geklärter und gefestigter Lebenswille sei die Voraussetzung, daß eine Harmonie körperlich und geistig wiederhergestellt werden kann. Unser Herz ist *das* Zentrum der Liebe, wenn Tumorzellen ein Zeichen von nicht-gelebter Liebe sind, wäre es der absolute Widerspruch, wenn das Herz bösartige und wuchernde Zellen zulassen würde. Weitere Erläuterungen zum Krebsgeschehen und Tumorwachstum sind in meinem ersten Buch sowie bei den Beschreibungen der Visualisationsübungen zu finden.

Die Herzklappenfehler

Jeder wirkt sich das Wunder seines Lebens
aufs neue.

Adalbert Stifter

Im Kapitel über das organische Herz habe ich die verschiedenen Herzklappen beschrieben. Schwer verlaufende oder nicht richtig ausheilende eitrige Anginen im Rachenbereich oder auch rheumatische Fieberschübe können Auswirkungen auf die Beschaffenheit der Herzinnenhaut und der Herzklappen haben. Wenn eine Entzündung im Herzbereich ablief, bleiben in schweren Fällen bindegewebige Vernarbungen zurück, die verhindern, daß sich die Herzklappen dicht schließen. Die am meisten vorkommende Herzklappenkrankheit ist die Mitralstenose. Die Mitralklappe befindet sich zwischen dem linken Vorhof und der linken Kammer. Das Wort Stenose bedeutet, das sie zu eng ist, das heißt, sie öffnet und schließt sich nicht physiologisch korrekt. Die enstehenden Blutströmungs- und Klappengeräusche hören die erfahrenen Internisten mit dem Stethoskop. Oft stimmen dann die Druckverhältnisse in den davor und nachfolgenden Gefäßen nicht, was Rückstauungen in den Lungenkreislauf oder den großen Körperkreislauf zur Folge hat.

Die Konsequenz aus allen Herzklappenfehlern, ob angeboren oder durch eine frühere Erkrankung erworben, ist eine verminderte Belastbarkeit – körperlicher und psychischer Art. Im Falle angeborener Herzklappenanomalien ziehe ich als persönliches Erklärungmodell die mehrfachen Inkarnationen heran. Nach meiner Auffassung gibt es eine feinstoffliche, unsterbliche Seele, die in Verbindung mit einem materiellen Körper verschiedene Aufgaben während eines Erdenlebens erfüllen will. Die Seele entscheidet vor der Inkarnation über die bestmöglichen Chancen zur Ausführung der Lebensaufgaben oder des zu Erlernenden, über die Umgebung (Land, Zeit) und über die Eltern. Dadurch sind bestimmte Gen-Kombinationen vorgegeben, von der die Seele weiß. Wenn ein Neugeborenes eine Behinderung oder einen Herzklappenfehler *mitbringt*, so hat das einen karmischen Grund, den die Eltern wahrscheinlich zunächst nicht verstehen. In solchen Fällen sind die Betroffenen sehr gefordert, der inneren Führung zu vertrauen. Es mag sein, daß die verminderte Belastbarkeit des Kindes zu den zu meisternden Aufgaben gehört; oder der Umgang mit den Risiken und die Akzeptanz aller Schwierigkeiten, die eine eventuell mögliche Operation mit sich bringen würde.

Der Herzstillstand – Gedanken zu Leben und Tod

Am Ende meines Weges

Am Ende meines Weges ist ein tiefes Tal.
Ich werde nicht weiterwissen.
Ich werde mich niedersetzen und verzweifelt sein.

Ein Vogel wird kommen und über das Tal fliegen,
und ich werde wünschen, ein Vogel zu sein.
Eine Blume wird leuchten jenseits des Abgrundes,
und ich werde wünschen, eine Blume zu sein.
Eine Wolke wird über den Himmel ziehen,
und ich werde eine Wolke sein wollen.

Ich werde mich selbst vergessen.
Dann wird mein Herz leicht werden
wie eine Feder,
zart wie eine Margerite,
durchsichtig wie der Himmel.

Und wenn ich aufblicke,
wird das Tal nur ein kleiner Sprung sein
zwischen Zeit und Ewigkeit.

Wolfgang Poeplau

Im Herzstillstand begegnen wir dem Tod. Mit dem Beginn des Lebens steht uns der Tod bevor; man könnte sagen, er ist ein *Teil* des Lebens. Ein letzter Atemzug, ein letzter Herzschlag – und der Übergang in eine andere Welt beginnt. In diesem Zusammenhang will ich ganz bewußt auf das Leben *vor* dem Tod hinweisen. So viele Menschen haben solche Ängste vor dem Tod, denken und phantasieren darüber, beschäftigen sich in der Reinkarnationstherapie mit den Leben vor diesem Leben oder sorgen sich über ihre Vorbereitung für die Lichtwelt nach dem Tod – und verpassen dabei, das jetzige Leben zu leben. Verschenken damit die Chance, ihr heutiges Leben aktiv zu gestalten. Ein Satz von Conte Vittorio Alfieri drückt dies passend aus: „Oft ist es der größere Mutbeweis, nicht zu sterben, sondern zu leben."

Dennoch sind Gedanken über den Tod wesentliche Gedanken zum Leben – nämlich in dem Zusammenhang des *Loslassens an sich.* Der Tod ist das große Loslassen. Täglich gibt es in unserem Leben unzählige Variationen des Übens. Ein gesunder Boden zum Loslassen ist das Vertrauen. Wenn ich der Liebe meiner Seele vertraue und mich geduldig von ihr führen lasse, wird es mir *leichtfallen, mich fallen zu lassen.* Das bedeutet ja los-lassen wörtlich. Ein spiritueller Lehrer, Swami Satchidananda, antwortete, als er nach seinem Glauben gefragt wurde, folgendes: „Ich glaube an das Loslassen. Ich versuche, Menschen beizubringen, wie sie die Verhaltensmuster auflösen können, durch die sie ihrem Geist und ihrem Körper Schaden zufügen. Danach kann die Heilung beginnen."(2)

Es gibt Zeiten, in denen es sinnvoll sein mag, sich mit dem Sterben und dem Tod auseinanderzusetzen. In der Zeit, in der ich in der Strahlentherapie arbeitete und viele Krebskranke sterben sah, las ich alle Bücher von Elisabeth Kübler-Ross. Ich konnte ihre geschilderten Erlebnisse und

Erfahrungen mit Sterbenden und über den Wechsel vom Leben zum Tod tief in mich aufnehmen. Es prägten sich für mich innere Bilder vom Lichtkanal und von der Silberschnur, die erst gelöst wird, wenn der Hinübergehende sich von liebenden Wesen (eventuell vorher verstorbene Angehörige) in Empfang genommen fühlt. Ich glaube an diese Vorstellung, Gewißheit werde ich irgendwann bei meinem Hinübergehen in die andere Welt erlangen – und ich vertraute auf diese Bilder und integrierte sie in mein Leben, als meine Schwester und mein Vater starben.

Der Tod ist ein Teil des Lebens – ein Teil, und nicht das, worauf wir hinsteuern sollten. Unsere Seele wird unser jetziges Leben abstreifen wie ein Gewand. Es gibt Seelen, die sehr schnell die Kleidung wechseln. Andere tragen ein Kleidungsstück, bis es wie von allein abfällt und ganz *abgetragen* ist. Dann, wenn Deine innere Lebensuhr abgelaufen ist, wenn Deine Lebensaufgaben erfüllt sind, wird auch Dein Herz stehenbleiben dürfen. Nicht früher und nicht später.

Ich schaue sehr gerne Blumen in der Natur an. Was empfinden wohl Blüten, wenn sie einen Tag in aller Schönheit und Pracht erblühen? Denken sie da an ihre Vergänglichkeit, an das Loslassen, oder genießen sie den Tag der Blüte, auf den sie vorbereitet wurden, ohne Angst und voller Lebensfreude? Sie locken mit ihren Farben unsere Blicke, unsere Aufmerksamkeit an und schenken uns ihren Duft. Natürlich locken sie auch die Bienen – um für ihre Nachkommenschaft und unseren Honig zu sorgen. So geht eines in das andere über; und wir Menschen dürfen üben, üben und nochmals üben, jeden Tag als Geschenk des Lebens anzusehen und jeden Tag aktiv mit Lebensfreude auszugestalten.

6

Das seelisch — geistige Herz

Als man einmal den Zen Meister Po-Chang über
die Suche nach der Buddha-Natur befragte,
antwortete er: „Es ist so, als ob man,
auf dem Esel reitend, nach dem Esel sucht."

Po-Chang

So wie der grobstofflich materiell-dichte Körper ein organisches Herz hat, mit Muskeln, Klappen und Gefäßen, so gibt es nach meiner Auffassung auch ein *Herz der Seele*. Die Begriffe seelisch, geistig und psychisch fließen hier ineinander. Es wird immer komplizierter, hier noch zu trennen. Die seelischen Symptome und Krankheiten, die uns quälen, sind letztendlich falsch verstandene Geisteshaltungen. Wenn sie nicht im Einklang mit den seelischen Lernaufgaben stehen, wird die Seele die Verhaltensweise korrigieren – ja korrigieren müssen, um nicht zu weit weg vom Weg in das heilende Einssein zu geraten.

Die einzelnen Begriffe und Lebensqualitäten, die ich im folgenden beschreiben werde, gehen ineinander über und sind oftmals nicht getrennt zu beschreiben. So wie sich zum Beispiel ein Sisalfaden aus vielen einzelnen dünnen Fäden zusammensetzt, so sind Liebe, Lebensfreude, Leid, Dominanz und so weiter auch nur Bestandteile eines großen Ganzen und nur bedingt einzeln zu betrachten.

Das Herz bringt uns selbst über das Blut auf den Weg. Dazu braucht es Verbindungen, es führt kein Eremitendasein. Über das Blutkreislaufsystem ist es mit den anderen

Organsystemen (Hormon-Nervensystem, Magen-Darm-system, Abwehrsystem und so weiter) verbunden. Als Zentrum der Gefühle fließt mit jedem Pulsschlag Kraft, Licht und Liebe zu den anderen Organen und den damit verknüpften psychischen Entsprechungen. So bringt es Liebe und Kraft in das psychische Verdauen, Liebe und Kraft in die psychische Flexibilität, Liebe und Kraft in die psychische Abwehr. Was wäre das Zentrum von Mut im Solar-Plexus, wenn das Herz zur rechten Zeit nicht kräftiger und schneller schlagen würde und so den Körper regelrecht anfeuerte.

Das Herz braucht den Wechsel, den Rhythmus von *Nehmen und Geben.* Das bezieht sich auf alles, sowohl auf die positiven und angenehmen als auch auf die schwierigen Seiten des Lebens. Das Herz nimmt Zärtlichkeit auf und gibt − hoffentlich − Zärtlichkeiten weiter. Es nimmt Lebensfreude und Lachen auf und gibt weiter. Es nimmt Traurigkeit und Kummer auf und gibt auch das wieder ab. Das Leben bietet ein reichhaltiges Angebot, und das Herz braucht von allem, um die einzelnen Qualitäten zu erkennen und das Handhaben damit zu üben. Wir müssen verstehen, daß wir beides − die Liebe und den Schmerz − aufnehmen, ihn wahrnehmen und ihn dann abgeben.

So wie eine Münze zwei Seiten hat − ist es nicht möglich, nur eine Seite sehen zu wollen. Das Herz braucht den Rhythmus von *Anspannung und Entspannung.* Beides gehört zu einer Lebensschiene. Wir dürfen uns zutrauen, eine Spannung auch einmal auszuhalten, einem Druck standzuhalten. Die Entspannung, als der Gegenpol des anderen, kann als solche erst begriffen werden, wenn ich beides zulasse und erlaube.

Das Herz braucht den Rhythmus von *Weite und Enge.* Es könnte nicht funktionieren, bliebe es in der Weite stehen.

Es würde platzen, blieb die Enge immer gleich fest. Das Herz zu öffnen ist wundervoll – ein sprudelnder Lebensquell, der überlaufen würde, wenn es die Regelung des Schließens, des Verarbeitens und des Ausschüttens nicht gäbe.

Mit diesen Beispielen will ich Dich einladen, für den Wandel des Lebens offen zu sein. Seine Polaritäten erschrecken uns so manches Mal. Aber Traurigkeit gehört zur Liebe nun einmal dazu, das Grenzen setzen genauso wie das Grenzen öffnen. Ich erlebe auf meinem persönlichen Weg und in der Praxis immer wieder Mißverständnisse im Umgang mit diesen Polaritäten.

In meinen Seminaren sehe ich mich in einer bildlichen Vorstellung als das Herz an, die Seminarteilnehmer sind die Organe und Organsysteme. Als Impulsgeber bin ich darauf angewiesen, daß die Organe = Teilnehmer/innen mitschwingen oder nicht. Wenn nicht, dann muß ich schauen, wo der Stop oder die Blockade liegt, sonst platze ich mit meiner für das Thema aufgenommenen Energie. Sind die Teilnehmer/innen gleich offen dafür, entsteht im kreativen Zusammenspiel eine enorm starke Gruppenschwingung, die etwas Schwieriges mitreißen kann – und so wird einiges, was zunächst unmöglich schien, ganz leicht und geht von selbst. Ich arbeite sehr gerne mit mehreren Menschen zusammen. Es löst in mir eine sehr tiefe Freude aus, zu spüren, Teil eines Ganzen zu sein, und ich genieße es auch, Impulse weiterzugeben.

Das Herz-Chakra

Zärtlichkeit und Freude sind Geschwister,
deren Mutter die Liebe
und deren Zuhause das Herz ist.

Volksweisheit

In der Beschäftigung mit dem geistigen Herz erscheint mir der Bezug zum Herz-Chakra nahe. Ich erwähnte das Herz-Chakra schon als ein feinstoffliches Energiezentrum, das unter dem Brustbein in der Körpermitte und vor der Wirbelsäule zu finden ist. Die Chakras sind Kraftzentren oder Brennpunkte nicht-materieller Energien aus dem Universum und der Erde. Man kann sie auch als energetische Umschlagplätze, als wichtige Treffpunkte zwischen Körper und Geist verstehen.

Im Herz-Chakra, dem Zuhause des seelisch-geistigen Herzens, werden die geistigen Themen, denen ich mich im folgenden widmen werde, eingelassen und wieder abgegeben – analog der Herzfunktion. Das Hauptthema, das wie ein roter Faden alles durchzieht, ist die Liebe. Hier wird verarbeitet, was Herzeleid und Kummer macht. Hier sind Glaube und die Weisheit des Herzens zu Hause. Es ist der Ort von Lebensfreude, Beweglichkeit und Leichtigkeit. Friede, Mitgefühl, Vergebung und seelische Reinigung haben hier ihren Ursprung. Hier liegt der Grundstein für die spirituelle Entfaltung und die hohe Schule der selbstlosen Liebe.

Nicht zu vergessen oder zu verdrängen sind die Gegenpole des Schönen, die ebenfalls vom Herz-Chakra ausgehen, das sind die Themen wie Besitzergreifung, Eifersucht und die Gier nach Geld, Macht und Manipulation.

In Kurzfassung gebe ich einen Überblick über die anderen Chakras, die mit ihren Lebensprinzipien auch das Herz-Chakra beeinflussen. Das erste oder Wurzel-Chakra liegt in der Genitalregion. Seine Energien wirken auf die Lebensprinzipien von Verwurzeltsein in der dichten materiellen Welt, es ist Sitz der Lebenskraft, der Fruchtbarkeit und der Motivation zum Leben überhaupt. Das zweite oder Kreuzbein-Chakra, im Unterbauch, wirkt auf den Lebensfluß und auf die Vitalität. Das dritte oder Solar-Plexus-Chakra, kurz oberhalb des Nabels, ist das Zentrum unserer inneren Sonne und Ausdruck von Mut, Vertrauen und Individualität. Das vierte oder Herz-Chakra wurde oben schon beschrieben. Ihm folgt das fünfte oder Kehl-Chakra, dessen Energie auf die Stimme, die Kommunikation, den Ausdruck und die innere Belastbarkeit wirkt. Das sechste oder Augenbrauen-Chakra ist Sitz des Dritten Auges (Auge der Einsicht), die damit verbundenen Lebensprinzipien sind Orientierung und inneres Gleichgewicht, die Ausrichtung der Gedanken und der Gedankenkontrolle. Das siebte und letzte der Hauptchakras – auch Kronen-Chakra genannt – ist oberhalb des Scheitels zu finden und verbindet uns mit der Inspiration, der Bewußtseinserweiterung und dem Höheren Selbst. Es unterstützt höchste Erkenntnis durch inneres Schauen.

Der Herz-Meridian

Das Leben ist nur eine Brücke,
überquere sie,
aber baue kein Haus darauf.
Chinesische Weisheit

In der chinesischen Medizin stehen die Organe durch Energiebahnen (Meridiane) miteinander in Verbindung. Auf ihnen liegen die sogenannten Akupunkturpunkte. Der Herz-Meridian ist ein Yin-Meridian (nach der weiblichen Yin- und männlichen Yang-Lehre). Vom Herzen aus verläuft er in drei Richtungen. Er beginnt in einem inneren Verlauf am Herzen und zieht durch das Zwerchfell zum Dünndarm, mit dessen Meridian er gekoppelt ist. Ein weiterer innerer Ast verbindet das Herz mit dem Auge. Vom Herz zieht der dritte innere Ast zur linken Achsel. Ab hier tritt er an die Oberfläche und zieht von der Achsel an der inneren Oberarmseite entlang der Unterarmseite (Ellenseite) bis zum Nagelwinkel des Kleinfingers. Also dort entlang, wo die typischen, vom Herzen her ziehenden Schmerzen beschrieben werden.

Dem Meridian werden nach der traditionellen chinesischen Medizin die Funktionen des Gehirns, speziell des Bewußtseins, der Gedankenaktivität und der Gefühle zugeordnet. So haben die Punkte des Herz-Meridians eine ausgeprägte psychische Wirkung. Es heißt, das Herz *öffnet sich zum Mund* und bestimmt so die Farbe der Zunge. Die Öffnung des Herzens zum Munde hin könnte im übertragenen Sinne auch so verstanden werden, daß das Aussprechen der Gefühle dem Herzen hilft. Eine Aussprache bedarf eines Zuhörers, eines Gegenübers – und so kommt immer wieder für mich zum Vorschein, daß das Herz das Organ ist, das ein *Du* braucht.

Die Liebe

Wenn ich in den Sprachen der Menschen und Engel
redete, hätte aber die Liebe nicht,
wäre ich ein dröhnendes Erz
oder eine lärmende Pauke.

1. Kor. 13,1

Die Liebe ist die Kraftquelle und Essenz des Lebens. Falsch verstandene Liebe und das, was unter dem Deckmantel der Liebe schon alles geschah, verwirrt uns und treibt uns manchmal dazu, von der Liebe Abstand zu nehmen. Aber das geht nicht. Wenn wir uns aus der Motivation heraus, *der Liebe und den Gefühlen nicht begegnen zu wollen*, isolieren, wird unser Körper Symptome hervorbringen, die uns zwingen, mit den Gefühlen in Kontakt zu kommen. Unsere Seele läßt ein Ausweichen nicht zu.

In einem anthroposophischen Buch las ich dazu:

„Manchmal bin ich Feuer, will brennen, leuchten, mich verzehren, will gut sein und Wärme spenden.

Dann wieder bin ich Wasser, will ruhig fließen und strömen, Klarheit gewinnen und Tiefe, will auf ein Ziel zu.

Immer lebe ich im Zwiespalt. Unvereinbare Widersprüche und Gegensätze beherrschen mein Denken:

Jäger oder Gejagter, Fisch oder Angel, Feuer oder Wasser…

Ich möchte Grenzen überwinden, Widersprüche lösen,

105

Gegensätze vereinen. Was getrennt ist, möchte ich zusammenführen, was im Streit liegt, versöhnen. Das Fremde möchte ich vertraut werden lassen, vom Vertrauten Abschied nehmen können.

Immer will die Liebe das scheinbar Unvereinbare vereinen. Alles strebt nach Harmonie, nach dem Miteinander-Eins-Sein.

Die ganze Schöpfung liegt im Schmerz der Trennung: die Wüsten rufen nach Wasser, um blühende Gärten zu werden, die Gletscher sehnen sich nach Sonne, um aus ihrer Starre zu erwachen. Wo sich Gegensätzliches berührt, da entsteht aufregend neues Leben.

Noch lebe ich im Zwiespalt, bin uneins mit mir selbst. Ich muß verwandelt werden, die Taufe empfangen von Wasser und Geist, die Taufe zu einem neuen Leben, das alle Gegensätze überwindet – Feuer und Wasser, Himmel und Erde, Leben und Tod." (3)

Diese Zeilen berühren mich immer wieder von Neuem. Sie drücken das aus, was ich oft fühle. Dieses Vereinen von Gegensätzen, von Polaritäten ist das, was das Leben aufregend und interessant macht, gleichzeitig auch schwer und manchmal schmerzlich.

Die Liebe des Herzens meint die Liebe zu sich selbst, zum Nächsten und zu allem, was geschaffen ist.

Die Liebe zu sich selbst kann zum heiklen Thema werden, wenn sie nicht im gesunden Maß gelebt wird. Das Wort aus der Bibel: „Liebe Deinen Nächsten, wie Dich selbst" drehe ich manchmal um: „Liebe Dich selbst, wie Deinen Nächsten." Wenn die Selbstliebe nicht echt ist, wenn man sich selbst gar nicht so annimmt, wie man ist, dann wird die Nächstenliebe zur Lüge. Ich erlebe es oft, daß Menschen die liebenswürdigen Wesenszügen der anderen mehr wertschätzen als ihre eigenen. Sie verleugnen ihren eigenen Wesenskern, sie verleugnen ihren heiligen Tempel, den sie selbst in ihrem Herzen tragen. Es braucht die gleichbedeutende Wertschätzung für sich selbst wie für den Menschen gegenüber. Im übertriebenen Maße kann das über einen *gesunden* Egoismus hinausgehen und zu Egozentrik und Narzißmus werden.

Auf der *Eros*-Ebene der Liebe haben wir für den Gesichtspunkt der Nächstenliebe ein sinnvolles Übungsfeld. Im Kapitel der Herzensbotschaft erwähnte ich diese verschiedenen Ebenen der Liebe erstmals. Die *Eros*-Ebene ist die, auf der sich die Menschen in ihrer Körperlichkeit begegnen, zum Beispiel in der Begegnung zwischen Mann und Frau. Hier wird immer eine erotische Anziehung Bedingung sein. Eros war der griechische Gott der menschlichen Liebe, Sohn der Aphrodite und dargestellt als nackter, geflügelter Jüngling mit Fackel oder Pfeil und Bogen. Er hatte es auf das Herz der Auserwählten abgesehen, wollte mit dem Licht der Fackel oder dem Pfeil das Herz treffen als Symbol der geistig-seelischen Seite des Liebeserlebens. Hat Eros getroffen, dann schlägt unser Herz schneller und …

Der Körper reagiert auf eine erotische Ausstrahlung, gleich ob es sich um eine verschieden geschlechtliche oder um eine gleichgeschlechtliche Beziehung handelt. Erotik ist als Keim in jedem Menschen angelegt und wird von der Lebenskraft versorgt. Sie kann, je nach Bereitschaft und Wunsch des Menschen, zu einer starken Qualität gefördert werden, oder sie kann irgendwo schlummern oder verkümmern. Je besser ich die Liebe verstehe, je bewußter ich mit vielem umgehe, um so mehr genieße ich es, meine Erotik zu erleben und zu leben.

Ganz wesentlich in diesen Liebesenergien ist, daß das Herz beteiligt ist. Ich meine damit, daß die körperliche Liebe nicht nur eine Aktion der unteren ersten beiden Energiezentren im Becken-Bauchbereich bleibt, sondern daß die Energien über den Solar-Plexus zum Herz-Chakra und darüber hinaus zu noch höheren Ebenen fließt; denn so wird sie zur erfüllten Liebe. Wenn Liebe nur im Bauch gelebt wird, bleibt das Herz leer und unbefriedigt (=ohne Frieden). Auf der *Eros*-Ebene der Liebe ist der Mensch noch im Zwiespalt, er empfindet noch sein Un-Eins-Sein (Mann oder Frau zu sein) und versucht, über sinnliches Liebesleben die Körper miteinander zu vereinen.

Die zweite Ebene der Liebe – die *Philia*-Ebene – spricht die geistig-seelische Liebe an. Sie ist ihrer Wesensart nach nicht mehr an die Körperlichkeit gebunden. Hier ist nicht die körperliche Vereinigung das Wesentliche, sondern die Begegnung, Achtung und Vereinigung seelischer Aspekte. Hier geht es um feinstofflichere Energien und ein höheres Verständnis von Akzeptanz, Toleranz und Unterstützung.

Zur *Philia*-Ebene gehört nach meinem Verständnis die Eltern-Kind-Beziehung. Sie ist zwar durch die gelebte Zärtlichkeit zwischen Elternteil und Kind nicht frei von Körperlichkeit, und dennoch berührt sie eine feinere seelische Ebene der Liebe. Gerade die Vater-Tochter- oder Mutter-Sohn-Beziehungen zeigen manchmal Parallelen und Analogien zu dem von den Eltern bisher erlebten Verständnis von Mann und Frau auf. In dem Eltern-Kind-Verhältnis begegnen sich zwei Seelen, die nur allzu oft durch das Gesetz von Ursache und Wirkung, das karmische Gesetz, verknüpft sind. Manchmal sind es Herausforderungen an das Verständnis, an das Verzeihen oder auch Geschenke des Lebens, wenn es einfach eine Freude ist, der aus anderen Leben bekannten Seele wieder zu begegnen. Die *Philia*-Ebene betrifft ebenso unsere Liebe zu geistigen und religiösen Lehrern und zu Mutter Natur, zur Tier- und Pflanzenwelt.

Die höchste Form der Liebe erleben wir in der *Agape*-Ebene, wenn wir sie überhaupt erleben. Oft sind die Erlebnisse und Beziehungen zu anderen und zur Umwelt von Erfahrungen auf allen drei Ebenen geprägt, wobei die *Agape*-Form die ist, die die Liebe letztendlich anstrebt. Es ist das Ziel der Liebe an sich. Sie ist die rein-geistige, die universelle und selbstlose Liebe. Sie geht in die göttliche Liebe über und bringt uns in Kontakt mit dem Eins-Sein – eins mit allem zu sein. Keine Trennung mehr von irgend etwas, sondern bedingungslose Annahme und höchste Glückseligkeit. Es ist die Liebe, die uns durch erleuchtete Meister und Meisterinnen begegnet. Wer dies im Leben und in Meditationen schon selbst erlebt hat, weiß, wovon ich rede. Von einem unbeschreiblichen Zustrom, einer Überflutung von Liebe, für die mir die Worte des Beschreibens nicht ausreichen. Es ist *Fülle*, man ist erfüllt von allem, wonach man sich sehnte; und tiefstes Vertrauen breitet sich aus, das sich in allen Zellen einprägt – angeschlossen zu sein an den göttlichen Strom der Liebe.

Agape ist ein griechisches Wort für Liebe und bezeichnet das Liebesmahl einer frühchristlichen Gemeinde, in dem die Armen gespeist wurden. Ich sehe in der *Armenspeisung* ein Symbol für das Nähren derer, die Hunger haben. Im Mahl nimmt der Körper die lebensnotwendige Nahrung auf. Die göttliche, allumfassende Liebe nährt unser Leben über unsere Seelen.

Die hohe Form der Liebe ist voller Zärtlichkeit und Sanftheit. Es ist so heilend für Körper, Geist und Seele, sich der Zärtlichkeit der bedingungslosen Liebe in Meditationen zu öffnen, sie anzunehmen und sie über das Herz und den Kreislauf in den ganzen Organismus fließen zu lassen. Im Kapitel über die Heilungs-Meditationen wirst Du mehrere Impulse zur Durchführung finden.

Die starke Kraft der Zärtlichkeit wird im folgenden Gedicht sehr schön beschrieben:

> *„Zärtlichkeit –*
> *nie werden die Wellen müde, den Strand zu netzen.*
> *Langsam, die Jahrhunderte vergessend,*
> *wäscht die Flut die Kiesel glatt.*
> *Zärtliches, immerwährendes Spiel.*
> *Steter Versuch, Land zu betreten,*
> *Fuß zu fassen im Unbekannten.*
> *Wer das könnte: mit leichtem Herzen fassen und lassen,*
> *festhalten und wieder freigeben*
> *Niederlagen ohne Resignation ertragen,*
> *Neuanfang ohne Verbitterung,*
> *Kämpfen ohne Lärm,*
> *Siegen ohne Übermut.*
> *Eine Hoffnung durchhalten, die zu Langmut befähigt,*
> *zu Duldsamkeit, zur Milde und zum Lächeln.*
> *Zärtlichkeit als Widerstand gegen das Unverrückbare,*
> *das Festgefügte, das Verhärtete.*
> *Zärtlichkeit als Antwort auf Zwänge und Bedrohungen.*
> *Frei werden im liebevollen Umgang mit der Welt,*
> *mit den Menschen."* (4)

Eine für mich bedeutend gewordene Liebeserklärung fand ich einmal auf einer Meditationskarte. Sie lautete: „Ich glaube an Dich. Ich glaube an Dich, daß Du den Weg zu

Dir in Deine innerste Quelle finden wirst. Denn Du besitzt als menschliches Wesen alle Fähigkeiten, um zum Innersten vorzudringen, wo Du als Krönung Deines Seins sagst: ICH BIN."

Der Glaube

Jesus streckte sofort die Hand aus,
ergriff ihn und sagte:„ Du Kleingläubiger,
warum hast Du gezweifelt?"

Matt. 14,31

Ich glaube an die Liebe, auch wenn ich sie nicht *beweisen* kann. Ich glaube an das Gute im Menschen, denn ich habe es erlebt. Ich glaube an vieles. Mein Glaube ist etwas Wesentliches von mir. Glauben bezeichnet das Fürwahrhalten einer Mitteilung. Viele Mitteilungen sind nicht unmittelbar überprüfbar, und vieles liegt ohnehin im Grenzbereich physikalischer Nachweisbarkeit. Die Wirkung von Edelsteinen und Kristallen gehört zum Beispiel auch in diesen Bereich. Man versucht, ihre Ausstrahlungen zu messen und zu vergleichen. Es ist noch schwierig und für viele nicht *glaubhaft* genug. Ich habe die Wirkungen von Edelsteinen persönlich erlebt. Ich erlaube mir zu sagen, daß ich es als mein persönliches Wissen erlebt habe und bin darin ohne Zweifel. Die Heilwirkungen auf Kinder und Tiere, die nicht *willentlich daran glaubten*, bestätigen meine Erfahrungen. Meiner persönlichen Wahrheit nach muß man an die Wirkung von Edelsteinen und Kristallen nicht glauben, sondern ihnen nur eine Offenheit entgegenbringen, damit sie ihre Wirkung selbst *beweisen* können. So, als ob man ihnen eine Chance einräumte.

Eine Volksweisheit besagt, daß der Glaube Berge versetzen kann. Für mich heißt das, daß Wunder geschehen können, wenn ich mich mit meiner ganzen Energie und ohne Zweifel für etwas einsetze. Glauben heißt für mich, einer Lebensqualität, einer Sache, einem Menschen oder was auch immer, eine Chance zu geben, eine Offenheit anzubieten, Raum zu eröffnen für eine Entfaltung. Zu glauben, kann auch ein Wagnis sein. Wenn Erwartungen vorhanden waren, können sie enttäuscht werden – die Täuschung wird aufgehoben, welch ein Glück! Ohne Risiken wäre unser Leben fade. Es betrifft die Sprünge im Leben, die das Herz dauernd macht (siehe Reizleitungssystem des Herzens).

Die Lebensfreude und das Glück

Im tiefen Erleben wahrer Freude
spürst Du die unerschütterliche Kraft Deiner Seele,
eine Kraft, welche Zeiten überdauert...

L. Rouge

Das Thema der Lebensfreude ist ein sehr offenes oder formbares Thema, sie ist so relativ. Ich freue mich mehrmals täglich am Leben. Es gibt Tage, da wache ich schon in Freude auf, daß ich die Chance des Lebens überhaupt habe. Ich freue mich, wenn ich eine schöne Blüte sehe; oder wenn der Duft einer aromatischen Tasse Tee meine Nase reizt, dann liebe ich es, diesen Duft einzuatmen und freue mich, daß es diese Möglichkeit gibt. Wenn ich ein älteres Paar auf der Straße händchenhaltend laufen sehe, dann freue ich mich. Ein Kinderlachen erfreut mich. Wenn ich einem Augenpaar begegne und sich ein herzliches Lächeln auf dem

Gesicht zeigt, das freut mich. Wenn ich am Ende eines Seminars die Teilnehmer berührt von den Kräften der Edelsteine oder durch Worte nach Hause gehen sehe, so freut mich das.

Es gibt eine Freude, die oberflächlich sein kann und die die kleinen Dinge des Alltags berührt. Dennoch kann sie auf unser Erlauben und Wollen hin bis in unsere tiefsten Tiefen gehen, denn die wahre, echte und dauerhafte Freude sitzt dort. Die Lebensfreude wohnt in der Tiefe des geistigen Herzens und verteilt sich in Körper und Geist mit jedem Pulsschlag. Wenn Du die Freude nicht in Dir selbst findest, wirst Du sie im Außen vergebens suchen. Sie ist mit dem Keim des Lebens in Dich eingepflanzt worden. Vielleicht ist sie eine Zeitlang verschüttet gewesen, dann lege sie wieder frei, belebe sie. Du allein kannst das wollen. Ich weiß von Menschen, die in schweren, depressiven Phasen ihre Lebensfreude verloren glaubten – sie war nur verschüttet, etwas anderes in ihrem Leben wurde mit Vorrang beachtet. In einer solchen Lebenssituation tut eine helfende Hand wohl, die den Suchenden unterstützt, mitfühlt und gemeinsam mit ihm nach neuen Sichtweisen schaut. Wenn dann die schwere Zeit vorbei ist, kommt das gesunde Lachen von alleine wieder. Wenn der Lebenswillen wieder erwacht und gestärkt wird, kann auch die Lebensfreude wieder lebendig werden.

Es gibt sogar einen Zweig der Psychotherapie, der sich mit der Heilkraft des Lachens beschäftigt; da wird in Therapiestunden und Seminaren rumgekugelt vor Lachen. Es gibt eine schöne chinesische Redewendung, die heißt: „Lächeln ist ein Tor zum Herzen, durch das viel Gutes hinein kann – und die schönste Art, jemanden zu streicheln."

Analog zur Lebensfreude suchen manche Menschen das Glück vergebens im Äußeren, sie warten auf glückliche

Zufälle. Das Glück kann nicht von außen kommen, es kann nur im Inneren empfunden werden. Zwischen Glück haben und glücklich sein besteht ein seltsamer Zusammenhang. Die, die Glück haben, sind sich ihres Glücks oft nicht bewußt. Die, die wirklich glücklich sind, sehen dafür nicht äußere Ursachen an. Die uns angeborene Fähigkeit, Glück zu empfinden, kann sich zu Glückseligkeit steigern. Wer den Zustand der Glückseligkeit kennt, wird mit heiterer Gelassenheit allen Lebensumständen begegnen. Man wird über sich selbst lachen können – und das verändert jede Situation.

Die Beweglichkeit und die Ekstase

Selbst ein Weg von tausend Meilen
beginnt mit einem kleinen Schritt.
                                        Japanische Weisheit

Meine Lehrerin in der Heilpraktikerschule sagte einmal: „Wehe, ich erwische euch auf dem Totenbett ohne Buch!" Im übertragenen Sinn hat sie recht, es ist nie zu spät, etwas zu lernen – und sei es für das nächste Leben. Ich freue mich, wenn ich alten Menschen in die Augen schaue und darin ein junges Lächeln erblicke. Es gibt Menschen, denen es möglich ist, bis in das hohe Alter geistig wach, beweglich und aktiv zu sein. Was geschah mit denen, deren Augen im Alter trostlos und leer sind? Eine Erklärungsmöglichkeit ist, daß die körperliche und analog die geistige Beweglichkeit verlangsamt wurde. Oft ist Lebensmüdigkeit ein Grund dafür. Zu müde, zu leer immer hinterherzusein.

114

Wenn dem so ist, war der/diejenige vielleicht den falschen Zielen hinterher? Waren die Ziele zu sehr nach außen orientiert, waren äußere Werte maßgebend? Nach außen orientierte Ziele sind leer, sie vermitteln keine neue Energie, wenn man nicht die damit verbundenen inneren Werte anerkennt; während Ziele im Innern des Menschen immer wieder mit Kraft auffüllen und damit zu neuen Taten auf den inneren Wegen einladen. Der Lebenswille und die Motivation zum Leben sind immer wieder die Kraft, die zum Wandel einlädt.

Wenn wir beweglich sein und bleiben wollen, werden wir *freiwillig* und gerne dafür etwas tun. Mit der Gewißheit, die Quelle der Liebe und somit der Kraft *in uns selbst* zu haben, wird uns vieles leichter. Die Leichtigkeit wiederum beschwingt uns noch mehr, und so kann es sein, daß wir so empfinden, als bewegten wir uns auf einer Glückssträhne. Das geistige und analog das körperliche Herz wird immer beschwingter. Alles im Leben ist Schwingung, und das kosmische Gesetz der Resonanz liegt allem zugrunde. Wenn wir uns selbst in eine bewegliche, leichte Schwingung begeben, müssen wir uns nicht wundern, wenn diese Schwingung kontinuierlich schneller wird. Damit verändert sich auch die Schwingungsfrequenz der Organe, sie wird höher und höher, und wir nähern uns ekstatischen Energien. Ekstase als die Schwingung, die uns vorbereitet auf die höchste Schwingung der Liebe.

Habe keine Scheu vor dem Wort Ekstase. Auf der körperlichen Ebene hast Du vielleicht schon ekstatische Energien im Zusammenhang mit einem Orgasmus erlebt. Entweder im Zusammensein mit einem Menschen oder allein, als kosmischer Orgasmus. In der Zeit kurz vor dem Höhepunkt erlebst Du und Dein Körper solche hohen Energieformen. Es sind schöne Erfahrungen, diese Energien im ganzen Körper zu verteilen – so, als wollte man den Körper trainieren, mit den ekstatischen Energien umzugehen und sie, wie im indischen Tantra, für eine Bewußtseinserweiterung zu nutzen. Auch auf der geistigen Ebene gibt es das Erleben ekstatischer Energien. Es können tiefste Erfahrungen geschehen, wenn wir mit unserer ganzen Achtsamkeit in Meditationen die Flut von immer kraftvoller werdenden Energiewellen durch unser Wesen hindurchrauschen lassen, beziehungsweise von ihnen getragen sind. In dem Zustand der Ekstase haben wir die Chance, unseren Körper und Geist höhere Schwingungen als gewöhnlich erfahren zu lassen.

Der Frieden und die Harmonie als innerer Reichtum

„Dies ist so, weil jenes ist.
Dies ist nicht, weil jenes nicht ist.
Dies ist so, weil jenes so ist. "
Buddhistische Lehre

Krieg und Frieden bestehen nebeneinander, das eine ergibt sich aus dem anderen – das eine ist, weil das andere ist. Der vietnamesische Zen-Meister Thich Nhat Hanh lehrt die Wichtigkeit des *LEER-machens*; er sagt, daß Menschen, die voller Kampf im Herzen sind, den wahren Frieden nicht empfangen können, weil kein Raum dafür da ist. Wie könnte Harmonie im Herzen sein, wenn der Herzensraum mit Wut und Haß erfüllt sind.

Wer mit sich zufrieden ist – sich geleert hat, um dem inneren Frieden Raum zu geben – wird sich seines inneren

116

Reichtums bewußt sein und in Harmonie schwelgen. Diese Begriffe Frieden und Harmonie gehören für mich untrennbar zusammen. Den Frieden wird man nie im Äußeren finden, wenn er nicht *in* den Menschen gelebt wird. So hat es schon immer Kriege gegeben, und es wird sie so lange geben, bis jeder von uns verstanden hat, daß Frieden und Harmonie in unseren Herzen entsteht und nicht an den Verhandlungstischen von Politikern. Wir müssen auch gar nicht weit weg schauen, in Länder, in denen grausame Bürgerkriege toben. Ganz in der Nähe, zum Beispiel in der Firma nebenan, kann ein leistungsorientierter Macht- und Konkurrenzkampf herrschen mit erniedrigenden Unterdrückungen mancher Angestellten. Er ist nicht so offensichtlich grausam, unter der Haut oder im Herzen aber schon.

Mit sich selbst zufrieden zu sein, heißt, sich dem Gleichgewicht von Licht- und Schattenseiten, von starken und schwachen Wesenszügen bewußt zu sein und sie zunächst so anzunehmen, wie sie sind. Zufrieden zu sein bedeutet, sich der Fähigkeit der Wandlung dann zu bedienen, wenn es sinnvoll ist – und auch ruhen und reifen zu lassen, wenn es sinnvoll ist.

Frieden und Harmonie haben Bezug zu der inneren Ruhe, in die wir immer wieder einkehren sollten. Die innere Einkehr ermöglicht das innere Schauen und damit die Selbsterkenntnis. Daraus ergibt sich meist der nächste Schritt auf dem Lebensweg, dem Ziel der eigenen Vollkommenheit entgegen. Die wahren Quellen liegen im Inneren. Wer das erkennt, wird sich mit Zuversicht dem inneren Frieden nähern.

Der innere Reichtum hat nichts gemeinsam mit dem äußeren. Innerlich reich ist der, der um seine Fähigkeiten und den Zugang zu seinen Kraftquellen weiß. Äußerlicher Reichtum und Besitz können sich von heute auf morgen verändern. Ich habe auf Reisen in sogenannte *arme* Länder immer wieder erkannt, daß wir in den westlichen *reichen* Ländern eigentlich die Armen sind. Die Herzlichkeit und Gastfreundlichkeit als Zeichen der inneren Werte verliert sich leider oft mit dem materiellen und finanziellen Aufstieg.

Die Weisheit des Herzens

Der Weise benutzt sein Herz wie einen Spiegel.
Er sucht die Dinge nicht und geht ihnen auch nicht
entgegen. Was auf ihn zukommt, nimmt er in seinen
Spiegel auf, tut aber nichts dazu,
es dort zu halten. Das aber ist es eben,
was ihn fähig macht, über alles zu siegen
und selbst nie verletzt zu werden.

Dsuang Dsi

Die Weisheit des Herzens ist ein Wissen, das ebenso tief in der irdischen Realität verwurzelt ist, wie im Glauben an einen göttlichen, übergeordneten Plan. Alte Kulturen waren sich der Weisheit des Herzens bewußt. Sie ist zeitlos. Wenn der Mensch von seiner Verwurzelung abgeschnitten ist, orientiert er sich aus Sicherheitsgründen an der Mehrheit der ihn umgebenden Menschen, die wiederum oft beeinflußt ist von der materiellen Macht und geblendet von dem falschen Schein des äußeren Reichtums. Ein Ausdruck dafür ist das heute oft vorherrschende Konsumdenken. Um die innere Weisheit des Herzens zu berühren, bedarf es der inneren Verwurzelung mit den unendlichen Quellen der Kraft und der Weisheit.

Die Weisheit des Herzens ist einfach. Sie ist ein *Sich-erinnern*! Alles ist schon da. Sobald sich ein Problem oder eine Schwierigkeit formt, formt sich analog die Problemlösung. Wenn wir einen Konflikt erkennen, liegt es an uns, uns der Konfliktlösung *zu erinnern*. Der Weg in die Einheit der Liebe geht nur über Erinnerung.

Wir brauchen den Mut, der Weisheit des Herzens Raum zu geben, damit sie sich klar und unmißverständlich zeigen kann. Wir brauchen den Mut, ihrer Stimme zu lauschen. Es ist die Stimme des Herzens. Sie ist nicht laut. Sie kann warten, bis wir still werden und bereit sind, ihr zuzuhören. Sie ist eine starke, wenn auch stille Kraft. Sie wird dennoch nie in irgendeiner Form der Gier nach Macht über uns herrschen wollen. Sie kennt keine Besessenheit, keine Besitzgier. Es ist so einfach, zum Beispiel in Meditationen und Übungen der Stimme des Herzens zuzuhören, beziehungsweise zu üben, sie wahrzunehmen. Erst die Einkehr in die Stille erlaubt den Kontakt mit der inneren Weisheit. Ich staune oft, wie einfach und klar die Impulse der Stimme des Herzens sind. Weise Worte sind schlicht. Lama Anagarika Govinda schrieb in seinem Buch „Der Weg der weißen Wolken":

"Ein Weiser ist nicht der, der vieles weiß
Und seinen Blick verschließt dem inneren Schauen;
Der Weise folgt dem inneren Geheiß
und weiß des Herzens Rat zu trauen."(5)

Das Verzeihen

In einem Zwiespalt zwischen dem Herzen
und dem Verstand folge dem Herzen.

Vivekananda

Was ist denn bloß so schwer am Verzeihen? Was hält uns ab, jemandem, der uns kränkte, uns weh tat, zu vergeben? Wie oft schleppen wir unnötigen Ballast mit uns herum und erschweren uns unser Dasein. Das habe ich mich schon oft gefragt. Das Verzeihen oder das Vergeben ist eine Sache, die nur im Herzen geschehen kann, im geistigen Herzen. Der Verstand kann nicht verzeihen. Er kann etwas klarstellen, Zusammenhänge aufzeigen, eine Entwicklung berichtigen – aber das echte Vergeben ist eine Herzensangelegenheit. Wenn der Akt des Vergebens noch mit Wut und Schmerz bedeckt ist, wird es keine dauerhafte Freisprechung sein, dann wird noch etwas hängenbleiben und in einer Variation wieder auftauchen. Ich habe persönlich an mir erlebt, das eine vom Verstand her ausgesprochene Verzeihung nicht echt war, weil die noch vorhandene Wut nicht ausgelebt war, noch kein Ventil gefunden hatte und immer wieder blockierte. Solange ich zögerte, jemandem zu verzeihen, hatte ich noch einen *Bösewicht*, auf den ich alle möglichen Schlechtigkeiten projizieren konnte. Als ich das Phänomen der Projektion, der Spiegelung eigener Anteile durch das Gegenüber erkannte, blieb mir nichts anderes übrig, als *den anderen* freizulassen. Vergebung hat etwas mit *frei-lassen* zu tun. Es ist die größte und tiefste Vergebung, sich selbst zu vergeben.

Was vergibt man sich eigentlich, wenn man sich selbst vergibt? Es gibt auf den Inseln von Hawaii ein bestimmtes Ritual, das Hooponopono-Ritual, das dort als das größte Heilungsritual bekannt und ausgeübt wird – es ist ein Ritual, in dem man sich aus der Tiefe seines Herzens selbst vergibt. Sich selbst und anderen zu vergeben, trägt ganz wesentlich zum inneren Frieden und zur inneren Harmonie bei. Wesentlich ist, daß es aus reinsten Gefühlen geschieht und nicht aus verstandesorientierten Motiven.

Wenn wir manchesmal überschauen könnten, aus welchen karmischen Gründen sich zwei Menschen Schmerz zugefügt haben, würde es uns womöglich leichter fallen, zu verzeihen. Jemand, der uns verletzte, zeigte uns damit unsere wunden Stellen. Wir könnten das sinnvollerweise so zu unserem Nutzen verwenden, daß wir dem *Übeltäter* eigentlich danken könnten. Aus diesem Blickwinkel ist das Verzeihen nicht nur ein Freilassen des Schmerzes, sondern auch eine Danksagung des Herzens.

In diesem Zusammenhang spricht man auch von der Eigenschaft des *Nachtragend-seins*. Ein Mensch, der nachtragend ist – man beachte die Doppeldeutigkeit der Sprache – erschwert sich sein geistiges Herz, in dem er lange etwas mit sich herumträgt.

Der Kummer

Aus geistiger Kurzsichtigkeit stammt der Kummer.
Die Heilung ist der auf Weisheit beruhende Glaube.
Paul Brunton

Wolfgang Poeplau hat in seinem sehr schönen Bildband mit indianischer Weisheit einen Text, der den Kummer eines Vaters beschreibt, der in *geistiger Kurzsichtigkeit* handelte:

„Du wirst es zu nichts bringen", sagte der Vater. „Ungeschickt bist Du beim Jagen, langsam beim Laufen, schwach beim Kampf mit Deinen Gefährten. Du hast nichts im Kopf, als dem Gesang der Vögel zu lauschen." Der Sohn schwieg und senkte den Blick. „Oben, in der Einsamkeit der Berge, werde ich für Dich ein Zelt bauen. Dort wirst Du bleiben, bis Du ein Mann geworden bist." Die Tage vergingen. Der Sommer eilte dahin und der Herbst. Da reute es den Vater, und er machte sich auf zum Zelt seines Sohnes. Er fand es verlassen und leer. Soviel er auch suchte und rief, sein Sohn blieb verschwunden. Allein kehrte der Vater ins Dorf zurück. Trostlos und dunkel waren fortan seine Tage. Seine einzige Freude war ein Rotkehlchen, das neben dem Zelt in einem Busch sein Nest gebaut hatte und jeden Morgen und Abend ganz wunderbar sang. Der Vater wurde alt und einsam. Da hörte er im Traum die Stimme seines Sohnes: „Mein Vater, als ich ein kleiner Junge war, liebte ich Dich und wollte Dich glücklich machen. Aber ich vermochte es nicht. In den Bergen habe ich meinen Weg gefunden. Ich bin ein Vogel geworden, Vater, und singe für Dich. Mein Lied wird Deinen Schmerz besiegen und Deine Tränen trocknen." (6)

Oft bereitete uns das, um das es im Verzeihen geht, die Schmerzen und das kummervolle oder sorgenvolle Herz. Der Vater in dieser Geschichte kann seinen Sohn nur im geistigen Verständnis um Verzeihung bitten.

Ist Dir bewußt, was Du als Kummer empfindest? War es ein Geschehen in Deinem Leben, das Du Dir anders gewünscht hättest oder Dir im Verlauf anders vorgestellt hast?

Ich habe persönlich Kummer gespürt und weiß, wie er sich anfühlt, wie sich der Schmerz ins Herz eingräbt. Es tat unbeschreiblich weh, als meine Schwester so früh aus dem Leben ging; ich wollte das nicht glauben, wollte es nicht wahrhaben. Heute ist diese Wunde zu einer Narbe in meinem Herzen verheilt, ich habe akzeptiert, welchen Weg ihre Seele wählte. Als mein Vater starb, tat es so weh, weil ich mich verlassen fühlte. Heute verstehe ich den dadurch eingeleiteten Prozeß. Ich spüre, daß mich mein innerer Vater nie verlassen wird, empfinde große Wertschätzung für das, was mir mein *körperlicher* Vater geschenkt hat und sehe es als Lern- und Übungsaufgabe, diese Geschenke als solche anzusehen und im alltäglichen Leben einzusetzen. Ein Herzenskummer ist es auch für mich, als Frau keine leibliche Mutter zu sein. Bestimmte Lebensumstände zwangen mich, meine mütterliche Fürsorge und Liebe anders zu leben als in meiner Vorstellung. Heute gelingt es mir immer leichter, Babys in den Arm zu nehmen, ohne daß es mir im Herzen schmerzt.

Ich habe mich in Menschen einfühlen können, wenn sie ihr Herz öffneten und von ihrem Kummer erzählt haben. Ich konnte und wollte mit ihnen fühlen, um ein kleines Stück ihres Weges das „Paket" mitzutragen. Fast immer ist Kummer etwas, das die eigenen Vorstellungen und Wünsche kreuzt. Sei es nun ein Unfall, eine Krankheit oder irgendeine Form einer Lebenswende. Die Gefahr im Kummer liegt im Festhalten. Alles hat seine Stunde, das Empfinden von Glück ebenso wie das Ertragen eines Leids. Beides verändert sich. Beides geht – wenn wir es lassen.

Wenn Du Kummer spürst, gehe mit aller Liebe und Deiner ganzen Kraft hinein. Erkenne, wenn das in dem Zustand möglich ist, wofür er gut ist, wozu er Dich zwingt. In fast allen Fällen von schwerem Kummer und Leid ist es wesentlich, innerlich von den bestehenden oder vorgefaßten Vorstellungen loszulassen und nicht im Selbstmitleid hängenzubleiben. Lerne, einen neuen, veränderten Zustand zuzulassen. Je mehr Kraft Du hineingibst, um so leichter wird er sich wandeln.

Eine große Gefahr für das Festigen eines Kummers ist das Selbstmitleid. Sich selbst zu bedauern, ist eine Möglichkeit, es sich noch schwerer zu machen. Die Energiepfeilrichtung geht beim Selbstmitleid in die negative, hemmende Richtung. Es gibt Menschen, die ihren Kummer nicht freilassen, weil sie ihn benützen, um Aufmerksamkeit von anderen zu erhalten.

Wenn Du Kummer über materiellen Verlust empfindest, dann verdienst Du wirklich Mitgefühl; denn dann hast Du kurzfristig vergessen, das alles Materielle, jeder Besitz ohnehin nur geliehen ist. Vom Leben geliehen. Erinnere Dich der Vergänglichkeit von allem Grobstofflichen und daran, daß Du beim Hinübergehen in die geistige Lichtwelt nichts als Deine Erfahrungen und Seelen-Qualitäten mitnehmen wirst. Mit den Seelen-Qualitäten meine ich die starken und schwachen Anlagen, die Deiner Seele mitgegeben wurden, beziehungsweise die, die Du in Deinem jetzigen Leben stärken oder verändern konntest.

Im Kapitel über die vor- und nachgeburtliche Herzentwicklung habe ich schon die Thematik der Trennung von etwas Vertrautem angesprochen. Im Kummer werden wir oft von etwas getrennt, wir selbst haben das nicht aktiv eingeleitet und erleben Schmerz jetzt in der Passivität. Deshalb minderst Du den Kummer, wenn Du aktiv wirst. Dazu zählt auch schon das Verstehen des Vorganges und daß Du Dich der Veränderung nicht in den Weg stellst. Der Stoiker Marc Aurel sagt dazu: „Alles Vorhandene ist nur der Same des Größeren, das aus ihm werden soll. Darum ist es kein Übel für die Wesen, Veränderungen zu erleiden. Auch ein Verlust ist nichts weiter als eine Wandlung, durch die die Gottheit Raum schafft für Besseres." (7)

Wenn ein Samenkorn zum Keimling wird, dann stirbt der Same. Die Samenschale platzt auf, und der Keimling wird geboren. Des einen Tod ist des anderen Geburt. Der Same erleidet den Schmerz und überschaut in dem Prozeß des Wandels noch nicht, was er bedeutet. Der Keimling versteht es dann. Wir müssen das Leid und den Kummer durchleben. Wir müssen bereit sein, die Veränderung zu erlauben, dann werden wir verstehen.

Eine alte Weisheit besagt: Wenn sich Dir eine Tür schließt, werden Dir andere Türen geöffnet. Für manche Menschen ist eine solch verschlossene Tür auf ihrem Lebensweg ein schmerzliches Gewahrwerden. Selbstmitleid und Selbstbedauern wäre das passive Stehenbleiben; eine Umorientierung, welche Türen, beziehungsweise Möglichkeiten das Leben von nun an bietet, wäre eine Bewegung zu den offenen Türen hin. In meiner persönlichen Wahrheit schließen sich immer die Türen hinter dem vergangenen, schon zurückgelegten Lebensweg, so daß wir nicht ein zweites Mal den gleichen Schritt tun könnten. Die Türen für Gegenwart und Zukunft stehen uns offen. Es mag vielleicht wie ein Zwang wirken, sich nur den geöffneten Türen zuwenden zu dürfen; und dennoch ist es zu unserem Vorteil, nicht rückwärts zu gehen, sondern weiter den Lebensweg nach vorne zu beschreiten. Wir *kleinen Menschen* empfinden darüber manchmal Kummer, weil wir den großen Lebensplan nicht immer überblicken.

Wenn Dein Kummer in einer Trauer besteht, weil ein Mensch in die geistige Welt hinüberging, kann es sein, daß der Veränderungsprozeß durch seine *Plötzlichkeit* schmerzlich ist. Die Lebensaufgaben dieses Menschen sind erfüllt, seine Lebensuhr ist abgelaufen und er wurde, von seiner Seele begleitet, heimgeführt. Der Trauerprozeß kann wirklich ein schmerzlicher Prozeß sein, er hängt von dem Bewußtseinsgrad und von der inneren Lebensweisheit ab. In fast allen Kulturen ist Trauer mit Weinen und Tränen verbunden, dennoch gibt es Kulturen, die nach dem Tränenvergießen und Beweinen das Begräbnis als Freudenfest feiern. Trauern ist eine Art verkleideter Dankbarkeit gegenüber denen, die gingen. Auf der Seelenebene gibt es den Tod als solchen nicht. Das bedeutet, daß wir mit den Verstorbenen durch unsere Seele immer in Verbindung sind. So können wir zum Beispiel über unsere Seele den Verstorbenen noch etwas mitteilen, was wir ihnen zu Lebzeiten vielleicht noch nicht sagen konnten; oder wir können die *Toten* von Herzen grüßen und ihnen innerlich danken. In vielen Kulturen ist es ein tiefverwurzelter Brauch, bei jedem Familienfest auch den Toten und Ahnen zu gedenken. Sie sind Teil unseres Universums – zu allen Zeiten.

Wenn Du Kummer und Sorgen hast, so schaue Dir an, was daran so schwer zu ertragen ist. Dann setze es in Relation von Zeit und Raum. Erinnere Dich der Unendlichkeit und der Kraft Deiner Seele. Vertraue darauf, daß Deine Seele Dich jederzeit nur in die Lebenumstände führt, für die Du auch die Kraft hast, sie zu meistern. Deine Seele prüft Dich, sie schult Dich. *Deine inneren Kräfte sind allen Äußerlichkeiten überlegen.* Wir müssen diese Kräfte erst einmal *annehmen*, bevor wir sie einsetzen und gebrauchen. Wundere Dich nicht, wenn immer schwerere Themen auf Dich zukommen. Das ist Gesetz auf dem Weg zu höheren Sphären. Wir ernten, was wir irgendwann einmal ausgesät haben. Wir werden abgehärtet und geprüft, ob wir den

Stürmen des Lebens standhalten. Wir unterstützen unsere See-lenreifung nicht, indem wir aus Angst Kummer und Schmerz meiden. Freude und Leid, beides bedeutet geistige Nahrung für unser Herz. Wir verhungern oder bekommen nicht genügende Lebenserfahrungen, wenn wir das eine, meistens das Leid, meiden wollen. Dazu paßt das Bild des Segelbootes: Ein Boot ist im Hafen sicher, aber dafür ist es nicht gebaut. Im Sturm draußen auf dem Meer erweist sich der gute Steuermann. Je nach Wind- und Wellenverhältnis-sen wird er das Segel vergrößern oder verkleinern.

Das Mitgefühl

Der Stimme des Herzens folgen

Voller Aufregung kehrte der junge Adler ins Nest zurück. Er hatte seinen Vater gefunden, verletzt, mit gebrochenem Flügel; und Mutter Adler warf sich in die Luft und eilte zu ihrem Mann. Sie fand ihn in einem jammervollen Zustand.

„Morgen müßt ihr nach Süden aufbrechen!" befahl der alte Adler unter Schmerzen. „Der Winter kommt. Es ist Zeit!" Aber davon wollte seine Frau nichts wissen. „Wir werden warten, bis es Dir besser geht."

„Nein", sagte der Adler, „es ist aussichtslos. Der Flügel wird nicht heilen. Wenn ihr euch retten wollt vor dem ersten Schnee, dürft ihr nicht einen Tag zögern."

„Nie werden wir Dich im Stich lassen!" rief die Adlerfrau.

„Manchmal muß man der Pflicht gehorchen", sagte der
Adler, „manchmal darf man der Stimme des Herzens
folgen. Unser ganzes Leben müssen wir lernen, daß
eine vom anderen zu unterscheiden."
Da befahl die Adlermutter ihren Kindern: „Fliegt
morgen, wenn die Sonne aufgeht, nach Süden."
Und die jungen Adler jammerten und klagten, aber sie
gehorchten schließlich. Der alter Adler und seine
Frau blieben zurück – und der Winter kam und der
erste Schnee fiel…
Im Frühjahr, als die Sonne die Erde zu neuem Leben
weckte, kehrten die jungen Adler zurück und suchten
die Stelle, wo sie Vater und Mutter verlassen
hatten. Sie fanden nur einige schmutzige, zerfetzte
Adlerfedern.

Wolfgang Poeplau

Die Stimme unseres Herzens ist mit dem Mitgefühl in
Kontakt und eine der geistigen Herzensqualitäten. Es ist
verbunden mit Zuhören-können, mit gefühlsmäßigem
Nachempfinden dessen, was uns ein anderer Mensch –
oder auch ein anderes Wesen der Natur – mitteilt. Es hat
mit Verständnis und Toleranz zu tun. Ein mitfühlendes
Herz ist ein offenes, zugängliches Herz – an einem un-
barmherzigen Panzerherz wird eine schwierige Lebenssituation eines anderen Menschen eher abprallen. Echtes
Mitgefühl zeigt sich darin, daß der Zuhörer nicht seine eigenen Leidensgeschichten dazu erzählt. Wenn Frau A Frau
B ihren Kummer mitteilen will und Frau B daraufhin ihren
ja noch *viel größeren* Kummer erzählt, dann hat Frau B
nicht gerade Mitgefühl Frau A entgegengebracht. Zum
richtigen Zuhören gehört es oftmals, das eine oder andere

nachzufragen, um zu überprüfen, ob man es auch wirklich so verstanden hat, wie es der oder die Erzählende meint. Es passieren erstaunlich viele Verständigungsfehler im Aufnehmen dessen, was das Gegenüber wirklich gesagt hat. Hier wird oftmals der Raum für *Interpretationen* genutzt anstatt nachzufragen. Überprüfe einmal in Deinen Erzählungen, wie oft Du falsch verstanden wirst, beziehungsweise wie sich durch Dein eigenes Empfinden das verändert, was Dir andere erzählten.

Mitgefühl ist also die Herzensqualität, mit einem anderen Menschen eine Erfahrung mitzufühlen, beziehungsweise nachzufühlen. Es hat nichts mit Bedauern und Mitleid zu tun. Das sind Eigenschaften, die zwar auf der gleichen Lebensschiene anzutreffen sind, aber mit der Energiepfeilrichtung in die Negativität. Niemand kann das Leid eines Menschen *übernehmen*, denn die Seele des Leid- oder Kummervollen hat diese Lebensumstände nicht für jemand anderen konstruiert, man muß selbst hindurchgehen, den Lebensprozeß verstehen und mehr oder weniger leicht von einer Lebenseinstellung loslassen. *Mitfühlende Seelen können die Leidtragenden begleiten* – das ist die auf der Seelenebene wichtige Hilfe. Es wäre falsch verstandenes Mitgefühl, wenn Du das Leid der anderen zu Deinem machst. Ich lernte das in der Zeit, in der ich mit krebskranken Menschen arbeitete. Da hätte ich die Möglichkeit gehabt, mich von Schmerz und Leid erdrücken zu lassen. Ich lernte, ich selbst zu bleiben, und erkannte, daß ich den Kranken nur dann eine echte Hilfe sein kann, wenn ich in meiner Kraft bleibe und ihnen dann meine Hand zum Halt anbiete. Ich verstand den Unterschied von Mitgefühl und Mitleid.

Es kann auch passieren, das man im bedauernden Mitleid dem Kranken vermittelt: „Oh, das tut mir aber leid, das *Du* krank bist; *ich* bin gesund." Diese darin enthaltene non-verbale Botschaft fördert eher Distanz. Sie wird noch verstärkt, wenn man den Leidtragenden Ratschläge und Tips zur Problemlösung gibt. Das ist zwar oft gut gemeint, bewirkt aber meist das Gegenteil. Die Kluft zwischen denen, denen es schlecht geht und denen, die es gut haben, wird immer größer. Manchmal ist ein mitfühlender Händedruck oder der Satz „Ich verstehe Dich" viel mehr wert als eine belehrend wirkende Erklärung, wieso der andere leidet. Es gibt eine wirklich hilfreiche Möglichkeit, indem man gemeinsam nach Auswegen und Lösungen schaut und überlegt, was jeweils das Leichteste oder Schwierigste wäre. Kommentare, Interpretationen und Ratschläge, wenn auch gut gemeint, passen nicht zum Mitgefühl. Wenn Du aus Deinem mitfühlenden und anteilnehmenden Herzen heraus helfen willst, dann frage denjenigen Menschen, welche Unterstützung er sich jetzt wünscht. Ich frage sehr oft in meiner Praxis, was genau und wie sich der Patient oder die Patientin eine Hilfe vorstellt und welche er oder sie annehmen will.

Kennst Du auch das sogenannte *Helfersyndrom*? In der heutigen Zeit der überall propagierten Nächstenliebe hilft man nur allzuoft den anderen, *weil man sich selbst* diese Hilfe wünscht, und ist dann enttäuscht, wenn die anderen sie nicht geben. Im Helfersyndrom leidet man unter dem falsch verstandenen Helfen. In den Ratschlägen schwingt oft unausgesprochen mit: „Ich meine es ja nur gut mit Dir, ich will doch nur Dein Bestes." Schau Dir besonders den letzten Satzteil einmal unter dem Aspekt der Doppeldeutigkeit der Sprache an. Wenn jemand mein Bestes will, was bleibt mir dann noch?

Hier haben wir ein großes Übungsfeld für die echte

Nächstenliebe. In diesem Zusammenhang erinnere ich an den Bibelspruch: „Liebe Deinen Nächsten, wie Dich selbst." Habe auch Mitgefühl mit Dir selbst. Für Deine dunklen und schattigen Seiten und für Deine Schwächen. Wenn wir das Mitgefühl nicht auch für uns selbst leben, wird es auch im Erleben mit anderen unecht, weil es nicht in uns selbst verwurzelt ist.

Die seelische Reinigung

Sowenig wie die Sonne
ihre Strahlen zurückhalten kann,
wenn der Wind den Himmel
von den Wolken gereinigt hat,
ebensowenig kann Gottes Liebe
sich zurückhalten,
ein menschliches Herz zu erfüllen,
welches sich von allen
irdischen Gedanken und Bildern
gereinigt zu ihm wendet.

Philip Otto Runge

Das organische und das seelisch-geistige Herz braucht Raum für seine Aktionen. Es nimmt auf und gibt ab. Allzuleicht passiert es, daß beim Abgeben noch ein Rest, wenn auch nur ein kleiner, an den Wänden hängenbleibt. Feinste Ablagerungen sammeln sich mit der Zeit an. Zum Beispiel Restbestände von altem Kummer, Andenken an schmerzliche Erkrankungen, ballastvolle Erinnerungen an schwer zu lösende Konflikte und so weiter. Es tut dem Herzen so wohl, von Zeit zu Zeit gereinigt zu werden. Das

wirkt erleichternd und befreiend. Es beeinflußt unsere
Energie im Hier und Jetzt der Gegenwart, das erlebte Negative mit- und weiterzutragen. Seelisch-geistige Reini-
gungen verstärken unser Energiepotential für das *Jetzt*.
Jetzt ist die wichtigste Stunde in Deinem Leben. *Jetzt* aus
der Fülle des Lebens schöpfen. Du hast tausend und mehr
Möglichkeiten, Dein Leben *jetzt* aktiv mitzugestalten; und
diese Fülle, die Dir das Leben bietet, braucht Platz, braucht
Raum in Deinem weiten Herzen.

Vertraue darauf, daß Du gar nichts abgeben kannst, was
Du für Deinen Entwicklungsweg und Deine Lebensaufgaben brauchst. Was wichtig für Dich ist, kommt ohnehin
wieder auf Dich zu. Da paßt Deine Seele schon auf – und
die Helfer Deiner Seele. Je tiefer der Kontakt zu Deinem
Höheren Selbst wird, je konkreter und klarer Du Deine innere Stimme hörst, um so mehr wächst auch Dein Vertrauen und Dein Zugriff zur inneren Weisheit, daß alles
nach einem übergeordneten kosmischen Plan abläuft. Unterschätze dabei nicht den Raum für Deine Aktivität und
Dein kreatives Mitgestalten Deines Lebensplans. Nutze
Deine Chancen.

Das seelisch-geistige Reinigen ist ein feinstofflicher Vor-
gang auf der Gedanken- und Gefühlsebene. Dazu ist Deine
innere Bereitschaft und Deine innere Erlaubnis nötig,
sonst fangen die feinstofflichen Arbeiter in Dir die Arbeit
erst gar nicht an. Ich stelle mir bildlich vor, daß unzählige
kleine Gedanken- und Gefühlsheinzelmännchen (und
–frauchen) in mir sind, die bereitwillig etwas tun, wozu sie
den konkreten Auftrag bekommen. Sie scheuen sich davor,
Arbeiten durchzuführen, die mit Aufträgen wie „eigentlich solltet ihr mal…", „vielleicht könntet ihr mal…anfan-
gen", und so weiter. Denn sie wissen, daß solche Arbeiten

oft unnütze Arbeiten waren, da noch etwas geändert wurde oder das Ziel oder der genaue Zweck noch nicht klar feststand. Das ist eine Aufforderung zum klaren und konkreten Auftrag-erteilen in uns. Das ist eine gedankliche Arbeit, die wichtig ist.

Erlaube Deine innere Reinigung. Unternimm etwas dafür.

Da es eine geistige Arbeit ist, muß der erste Schritt auch im Geistigen getan werden. In den Meditationsanleitungen und Visualisierungsübungen wirst Du dafür einige Impulse bekommen.

Die spirituelle Entfaltung

Man muß selbst ausdauernder sein
als die Schwierigkeiten –
es gibt keinen anderen Ausweg.

Sri Aurobindo

Der geistig-spirituelle Entwicklungsweg beginnt nach meiner persönlichen Wahrheit schon vor der Empfängnis. Davon ausgehend, daß meine Seele schon einige irdische Menschenleben gelebt hat und schon einige Lebenserfahrungen integrieren konnte, hat sie vor der Empfängnis schon vor dem universellen kosmischen Computer einen neuen Lebensplan zusammengestellt. Sie gab mir Fähigkeiten mit, die schon ausgeprägt sind und solche, die ich noch entwickeln kann, und sie gab mir auch Schwächen mit, die ich ebenso in meinen Lebensweg integrieren soll. Es gibt eine mehr oder weniger große Liste von Lebensaufgaben, für die ich ausgerüstet bin und deren Lösungen ich nun herausfinden kann. Wie ein Kind, das das Laufen erlernen will, werde ich wohl einige Male hinfallen, und es tut gut, wenn mir so manches Mal jemand helfend die Hand hinhält. Gehen lernen muß ich allerdings schon alleine. Schritt für Schritt. Ich kann das mürrisch tun, verzweifelt, weil es nicht gleich so klappt, oder freudig und über mich selbst lachend.

Die spirituelle Entfaltung verläuft parallel mit der persönlichen Entwicklung und hat den Schwerpunkt in der Ausprägung der geistigen Qualitäten. Fähigkeiten wie Intuition, Inspiration, Verständnis für Zusammenhänge und der Zugang zur inneren Weisheit gehören in diesen Bereich. Den *kleinen menschlichen Geist* an den *großen Geist des Universums* anschließen. Die Spiritualität strebt die höchste Form der Liebe auf der *Agape*-Ebene an, nämlich die selbstlose, reine, göttliche Form der Liebe. Es gibt geistige Führer, Gurus und Lebenslehrer, die uns auf unserem Weg der spirituellen Entfaltung unterstützen und uns sinnvolle Hinweise geben. Sie können uns eine große Hilfe in verworrenen Lebenssituationen sein und uns Antworten auf unsere inneren Fragen geben. Ein wirklich spiritueller Lebenslehrer wird achtsam sein, daß sein Schüler nicht in eine Art der Abhängigkeit zu ihm gerät und er seinen Entfaltungsweg in seinem individuellen Tempo geht.

Ich erlebe Menschen, die sich auf ihrem geistigen Weg sehr im Zeitdruck befinden. Jede einzelne Seele hat die Zeit, die sie für ihre Entwicklung und Lernerfahrungen benötigt. Ich wiederhole, daß Zeit und Raum im geistigen Sinne Illusionen sind. So wie der Inhalt eines Buches zur gleichen Zeit da ist, wir aber Seite für Seite lesen, um es zu verstehen.

Die spirituelle Entfaltung trägt zur Erweiterung des Bewußtseins bei und läßt uns zum Beispiel in Meditationen und Schauungen ahnen, welche Fülle und welche geistigen Schätze uns erwarten. Auch wenn sie sich äußerlich in den alltäglichen Kleinigkeiten zeigt, ist sie für mich persönlich oft mit dem Bild einer wunderschönen Rosenblüte in meinem Herzen, tief in meinem Inneren, verbunden. Eine Rosenblüte, die ihre zarten Blätter langsam, aber dennoch stetig entfaltet, mit jedem sich auffaltenden Blatt eine veränderte Einsicht kundgibt und dabei selbstlos ihren bezaubernden Duft verströmt. In der innersten Mitte der Rose, im Herzen der Rose, finde ich ein strahlendes Juwel, das in einer unbeschreiblichen Schönheit den Glanz der göttlichen Liebe, der inneren Weisheit dann verströmen kann, wenn sich alle Rosenblätter entwickelt haben.

Die Eifersucht

Nicht gestillt wird die innere Gier durch Geld,
sowenig wie der Durst durch Salzwasser.
Das Leid der Geizigen ist ersichtlich noch größer
als das Leid der Besitzlosen.

Ksemendra

Neben solch *schönen* Fähigkeiten des geistigen Herzens wie Liebe, Lebensfreude und Mitgefühl, gibt es auch die *unschönen* Lebensqualitäten, wie zum Beispiel Eifersucht, Haß, Gier nach Geld und Macht. Ich erkenne immer wieder im alltäglichen Umgang mit mir selbst und den Menschen, daß es Begriffe gibt, die zu einer Linie passen oder auf eine gleiche Ebene des geistigen Verständnises gehören. Ich nenne das gerne Lebenslinie oder Lebensschiene. Die Lebenschiene der Liebe umfaßt zum Beispiel solche

Qualitätsstationen wie Haß, Eifersucht, Neid, Akzeptanz, Liebe (*Eros*-, *Philia*-, *Agape*-Ebene). Alle Begriffe gehören zur einer Linie, wobei ich den Haß in meiner bildlichen Vorstellung ganz an einem Pol sehe, am negativen Pol, und Liebe am gegenüberliegenden positiven Pol. Dazwischen kommen die verschiedensten Variationen der oben genannten Lebensqualitäten vor. Während Haß die absolute Abwehr gegen einen Menschen ausdrückt, die Verneinung selbst ist, bedeutet die Liebe die Vereinigung. Im Haß sind zwei Menschen getrennt, isoliert und richten sogar Energien gegeneinander, während auf dem Weg der Liebe von der Annäherung, über Akzeptanz bis hin zur Einswerdung sich die Lebensenergien verbinden. Nach dem Haß weiter in die negative Richtung gesehen, kommt nur noch die dunkle Sackgasse. Im Haß verstricke ich mich immer mehr in die dunklen Lebensseiten. Ich habe mir den Spruch „Hassen soll man nur den Haß" sehr zu Herzen genommen. Als mir deutlich wurde, wohin Haß führt und ich mir sicher war, daß ich diesen Weg nicht gehen wollte, konnte ich von der Vorstellung loslassen, als einzigen Ausweg hassen zu müssen. Es gab eine Lebenssituation, in der ich glaubte, eine bestimmte Person hassen zu müssen. Ich fühlte mich ohnmächtig (ohne Macht!) darüber, mitzuerleben, daß jemand mir etwas wegnahm, was ich aber im geistigen Sinne gar nicht besitzen konnte. Meine einzige Möglichkeit war, meine ganze Abwehr gegen die Person auszudrücken, sie zu hassen. Heute verstehe ich, welche Prozesse damals abliefen. Ich übte das Loslassen, auch bezogen auf solche alten Geschichten in mir. Ich ließ meinen Anspruch auf den verlorenen Menschen los und akzeptierte, daß jeder Mensch sein eigenes Leben lebt. Wenn jemand eine Entscheidung in seinem Leben trifft, dann ist das nicht eine Entscheidung *gegen* mich, sondern *für* dessen Leben. Ich legte die *größenwahnsinnige* Idee ab, daß alle Menschen sich nach meinen Wünschen und Vorstellungen orientieren sollten; und so konnte ich allmählich von den hassenden Gefühlen loslassen und mich bei dem Begriff der Akzeptanz einordnen. Es wäre nicht echt zu sagen, daß ich diese Person gerne um mich hätte, dennoch akzeptiere ich die damalige Lebenssituation.

Eifersucht hat aus meiner Sicht verschiedene Gründe. Einmal kann ein noch ungestillter Hunger offensichtlich werden. Ein Beispiel dafür wäre, wenn ich auf die Frau eifersüchtig bin, mit der mein Ehemann gerade zum Essen ausging und fröhlich mit ihr über Gott und die Welt plauderte. Dann kann ich eifersüchtig sein, weil ich gerade auf seine Gesellschaft und Aufmerksamkeit Hunger habe, womöglich nicht *satt* oder befriedigt bin.

Ein weiterer Grund kann sein, daß ich ihn allein besitzen will und ihm keine Freude außer mit mir gönne. Das wäre mehr als ein gesunder Egoismus. Besitzergreifung in zwischenmenschlichen Beziehungen sind ein ganz heikles Thema und kommen dennoch immer wieder vor. Ich ertappe mich selbst immer wieder einmal bei solchen Gedanken beziehungsweise Gefühlen. Von meinem Verstand her weiß ich natürlich, daß ich niemals einen Menschen ganz oder in Anteilen *besitzen* kann, doch vom Gefühl her spürte ich schon oft den Wunsch oder gar den Anspruch.

Die Eifersucht kann auch ein Hinweis auf eine Angst vor Trennung und Isolierung sein, wobei eifersüchtige Szenen natürlich der beste Weg sind, den oder die Betreffende/n wirklich zu *verlieren*. Die Angst, verlassen zu werden, wird solche Lebensumstände wie ein Magnet herbeiziehen. Auch hier liegt deutlich der Besitzanspruch zugrunde.

Liebe läßt sich nicht besitzen. Sobald sie das merkt, wird sie als *Lehrerin des Lebens* Situationen schaffen, in denen man zum Loslassen gezwungen wird.

Der Neid ist das Eifersuchtsthema auf der materiellen Ebene. Haben-wollen, Besitz-ergreifend sein, besessen von etwas sein, werden Lebensschulungen von Prozessen nach sich ziehen, in denen wir eventuell gezwungen sind, *los-zu-lassen*. Wer im Herzen an Gefühlen reich ist, wird einen gewissen Besitz zwar nicht verachten, dennoch wird er nicht davon besessen sein, wird in rechter Einstellung davon loslassen können, denn er weiß, daß er nichts, aber auch gar nichts außer Erfahrungen mit in die Lichtwelten nehmen wird.

Die Gier nach Macht

Nicht die Liebe macht blind,
sondern Besitzgier.
Die Menschen werden durch
sinnliche Begierden geblendet.
Wahre Liebe befreit von Besitzgier
und macht sehend.
Ramakrishna

Jeder Reiz ist ein Stimulus und hat Einfluß auf unser Leben. Vieles davon wird im Unbewußten bearbeitet. Ein starker und lange wirkender Einfluß kann zu einer Kraft werden, die auf uns prägend sein kann, das sich positiv wie negativ ausdrücken kann. Eine langanhaltende Kraft kann dominieren über andere Einflüsse. Dominanz heiß *Raum-fordern*. Im bestimmten Maße eine absolut gerechtfertigte

Art, seinem Lebensrecht Raum zu schaffen. Wir werden täglich gefordert, in einer gewissen Weise dominant zu sein. Die Arbeit der weißen Blutkörperchen zeigt uns zum Beispiel, daß täglich eine Dominanz über bestimmte, sich ausbreitende Mikroorganismen, wie zum Beispiel Bakterien, lebensnotwendig ist. Es gibt ein gesundes Maß an Dominanz, so wie es ein gesundes Maß an Skepsis, ein gesundes Maß im Geben und Nehmen gibt. Ebenso gibt es auch eine Dominanz, die in ein negatives Extrem abrutscht und die ein echtes Teilen von Lebensraum verhindert. Ich sehe eine Lebensreihe, ähnlich wie die Reihe von Haß – Akzeptanz – Liebe, die da heißt: Dominanz – Teilen – Selbstlosigkeit.

Wenn die Dominanz über das Bewußtsein kontrolliert wird, kann sie zur Macht werden, wieder im positiven wie im negativen Sinn. Eine Macht kann von der Liebe geleitet werden. Wenn die Liebe im Machtbewußtsein und in der Ausübung der Macht fehlt, wird sie zum gefährlichen Instrument. In der Gier nach Macht ist die Energierichtung zum dunklen Pol klar und deutlich. *Wo die Liebe herrscht, gibt es keinen Machtwillen – und wo die Macht den Vorrang hat, fehlt die Liebe.*

Ich übe mich darin, mir *meiner Macht über mich selbst* bewußter und klarer zu werden. Wenn ich merke, daß ein anderer Mensch Macht über mich bekommt, dann frage ich mich: Was hat dieser Mensch, was ich nicht habe, und brauche ich das? Ich entziehe einem anderen Menschen die Macht über mich, wenn ich nicht brauche, was der andere hat oder was ich in mir auf meiner inneren Suche selbst gefunden habe. Dies stärkt mich im Glauben daran, daß wirkliche Macht, als die Kraft, Einfluß zu nehmen, uns nicht gegeben wird. Ja, sie wird nicht einmal in uns geschaffen, sondern wir können uns ihrer lediglich bewußt werden und sie bewußt handhaben. Sie kommt aus dem Bewußtsein des inneren Friedens, der Würde des eigenen Selbst und der inneren Harmonie.

7

Heilungsmeditationen und Visualisationsübungen

Allgemeines zu Heilungsmeditationen

Zärtlichkeiten sind wie Vitamine für das Herz!

Nach den vielen Seiten des Wissens über das Herz kommt nun zur Sprache, was Du selbst für Dein Herz tun kannst. Ich betone gleich zu Anfang, daß es leicht ist, zu sich selbst zärtlich und liebevoll zu sein. Es mag für manche von uns ungewohnt sein, und dennoch ist es nicht schwer. Um unsere in uns vorhandenen Selbstheilungskräfte sinnvoll anzuwenden, müssen wir sie in unserem geistigen Verständnis *annehmen*. Erst wenn wir sie wirklich annehmen, im tiefsten Anteil von uns auf sie vertrauen, werden wir sie *gebrauchen*. Es geht nicht in umgekehrter Reihenfolge.

Ich beschreibe eine Reihe der verschiedensten Übungen und bin sicher, daß Du einen oder vielleicht auch mehrere Impulse findest, die Du in Deinen Alltag integrieren kannst. Die Übungen sind einfach, und man benötigt keinerlei Vorkenntnisse oder Fertigkeiten in Meditationspraktiken. Es ist nur Deine Bereitschaft, Deine Aufmerksamkeit auf eben *eine* Sache lenken zu wollen nötig, um dann ganz dabei zu sein. Ich weiß, es geschieht immer wieder, daß man in Phantasiereisen *abgleitet* oder auftauchende Gedanken die Wahrnehmungen während der Meditation überfluten. Die einfachste und effektivste Maßnahme ist es dann, *seine Aufmerksamkeit immer wieder liebevoll und mit Ge-*

duld auf das Meditationsthema zu lenken. So wie in manchen Angelegenheiten des Lebens, so stellt sich auch hier der Erfolg mit geduldigem Üben ein; manche Menschen müssen auch gar nicht geduldig üben, bei ihnen klappt es von Anfang an. Es lohnt sich, die „Flinte nicht ins Korn zu werfen" oder zu glauben, man könne es nicht. Du wirst es können, wenn Du es wirklich willst.

Bevor ich mich der Vielzahl der verschiedenen Meditationswege zuwende, möchte ich über mein Verständnis von Meditation schreiben. In den verschiedenen Kulturen und den vergangenen Zeitaltern sind viele Variationen von Meditationen beschrieben worden. Das Wort Meditation kommt aus dem Lateinischen und eine mögliche Auslegung bedeutet das *In-sich-selbst-versenken zum Zwecke der Selbsterkenntnis.* In der Meditation wende ich mich meinem inneren Reich zu. Ich lenke die Aufmerksamkeit in mein Innerstes. Manche nennen es *innere Einkehr.* Für mich ist es wichtig, das Bewußtsein und alle mir verfügbare Aufmerksamkeit auf etwas Bestimmtes zu lenken. Noch vor einigen Jahren mied ich das Wort Meditation und ersetzte es mit dem einfachen und allen vertrauten Wort *Übung.* Ich übte mich darin, meine Wahrnehmung auf ein Thema, eine Idee oder ein körperliches Symptom zu lenken. Heute sehe ich darin mehr als nur eine Übung. Meditation ist für mich zu einem Geschenk geworden. Im Wort Übung schwingt für mich die Assoziation von zu wiederholenden Ausführungen mit. *In der Meditation ist es ein Frei-werden von der Außenwelt, ein Einstieg in die innere Welt und das Erleben des Inneren.* Ich mag Deine Lust wecken, Deine Neugier und Deine Freude, damit auch Du − sofern Du willst − Erkenntnisse aus Dir selbst erfährst und Deine wahren Lebensquellen in Dir kennenlernst.

Das Allerwichtigste für eine Meditation ist die Motivation, die Gründe, warum Du meditieren willst. Das zugrunde liegende Motiv ist bei allen Lebensentscheidungen von größter Bedeutung. Willst Du bespielsweise in Deinen Körper gehen, um ihm etwas zu befehlen? Er habe bitteschön so zu funktionieren, wie Du es willst. Oder willst Du in den Körper hineinhören und hineinspüren, um zu erfahren, was in ihm vorgeht und wie Du Deinen Einfluß auf den Lauf der Dinge ausüben kannst?

Jemand prägte einmal den Satz: In Meditationen könne man schlafende Riesen wecken. Ja, ich finde, das stimmt. Dabei wird sofort klar, daß die Motivation für das Wekken und Beleben des Riesen ausschlaggebend sein sollte. Wenn Du ihn nur weckst, um ihn zu ärgern oder zu foppen, ist es besser, Du läßt ihn schlafen. Weckst Du ihn aber, um mit ihm gemeinsam zur rechten Zeit an eine bestimmte Arbeit zu gehen, dann wird es sinnvoll sein, sich solche Riesenkräfte zunutze zu machen. Werde Dir also über Dein Motiv zur Meditation klar, wähle dann stimmig für Dich Zeit und Raum und beginne, Deine Erfahrungen zu sammeln.

Die Bedeutung der Wortwahl
bei inneren Gesprächen und Meditationen

*Du kannst den Menschen wohl
auf den guten Weg bringen,
doch kannst Du ihn nicht zwingen,
darauf zu bleiben.*

Konfuzius

Ich will in diesem Kapitel auf die Wichtigkeit der Wortwahl in Meditationen und inneren Gesprächen hinweisen. Beobachte Dich selbst, und höre Dir selbst im Alltag zu, welche Redewendungen oder welche Worte Du in Deiner Sprache wählst. Worte sind Energieträger. Sie sind stärker als Gedanken. Die Gedanken sind eine erste Energieform, deren Stärke und Macht beachtenswert und nicht zu unterschätzen sind. Werden Gedanken dann zu Worten geformt, erfahren sie eine Energieverstärkung.

Ich erfahre in meiner persönlichen Arbeit mit mir selbst und in der Praxis- und Seminartätigkeit, daß die Wort- und Begriffswahl von großer Bedeutung ist. Mein Ohr ist geübt, beziehungsweise wird geschult, welche Ausdrücke benutzt werden, um einen Zustand zu beschreiben. Das zeigt mir, wo sich die Erzählenden mit ihrem Energieschwerpunkt aufhalten. Es gibt Patienten, die ihre Krankheitsgeschichte und die Art der Symptome sehr dramatisch beschreiben. Da ist alles mühsam, quälend, ein grauenvoller Kampf. Andere erzählen, daß die überstandene Krankheit von pulsierenden Schmerzen begleitet war oder sie im Denken und der Wahrnehmung blockiert waren. Ich will hier betonen, daß es kein richtig und falsch gibt, sondern daß die Art und Weise des Erzählens ein Hinweis ist, wo sich der Mensch befindet – noch in den Qualen festhaltend oder schon lebensenergiemäßig auf dem Weg der Regeneration und Stabilisierung.

Die Wortwahl sagt auch viel über die Erzählenden aus. In Meditationen und Heilungsgesprächen wähle ich bewußt positiv und angenehm belegte Wörter und Begriffe. Ich verwende die nach meinem Empfinden negativ belegten Wörter erst gar nicht, weil ich weiß, *wie genau das Unterbewußtsein solches registriert und innerlich Querverbindungen herstellt.*

Beispiele für negativ belegte Begriffe gibt es sehr viele. Dazu gehört beispielsweise das Wort *Kampf.* Durch das Wort Kampf erscheint die gedankliche Verbindung zu Sieger und Verlierer. Das Leben ist kein Kampf in diesem Sinne, denn es gibt keinen Verlierer im geistigen Sinne. Das Leben ist vielmehr ein Spiegel dafür, wie man sich einsetzt, womit man zufrieden ist und wie man die gemachten Erfahrungen auswertet. Ich ersetze also das Wort Kampf gerne mit Einsatz. Kämpfen heißt dann – sich für etwas einzusetzen. Das leidige, niederschmetternde Thema des Verlierens entfällt damit.

Ein weiteres Beispiel ist das Wort *Angst,* das negative gedankliche Verbindungen wie Gefahr, Gewalt oder Horror nahelegt. Sich ängstigen bedeutet, wie gelähmt, gehemmt stehenzubleiben. Gehst Du aber mit einer gesunden Vorsicht an etwas heran, bleibst Du in Bewegung nach vorne. Vorsichtige Menschen werden langsamer vorwärts kommen als ein mutiger Springer. Es ist dennoch besser, sich vorsichtig voran zu bewegen, sich dabei ab und zu am Geländer festzuhalten und zu sichern, als ängstlich stehenzubleiben und vor mächtigen negativen Gedankengespenstern zu erschrecken. Ich selbst habe gelernt, meine Angst als Kompaß einzusetzen. *Dort, wo die Angst ist, ist es wert, hinzuschauen und die Aufmerksamkeit darauf zu richten.* Das Gedankengespinnst wird sonst nur immer größer und mächtiger. Das Vertrauen, mit allen im Leben erforderlichen Fähigkeiten ausgerüstet zu sein, sich der Angst zuzuwenden, daraus Vorsicht und Achtsamkeit werden zu lassen − das verändert die Einsicht stark und gibt Energien frei in die positive Richtung eines Lebensprozesses.

Ein weiteres Wort, das ich wegen der negativen Assoziationen meide, ist das Wort *Schuld.* Es steht in Verbindung mit Schwere, sich von einer Last erdrückt zu fühlen bis zum energetischen Stillstand. Mit den positiven Ausdrükken wie „Anteil haben" oder „Mitverantwortung tragen" kommt man ohne negativen Druck weiter. Ich sehe die Aussage „Ich bin schuld daran, daß.." mit einer Energiepfeilrichtung zum Negativen hin versehen. Dagegen verbinde ich die Aussage „Ich habe Anteil an...", „ich bin mitverantwortlich für...und trage die Konsequenzen mit..." mit einer Energiepfeilrichtung zum Positiven.

Die Beiwörter *eigentlich, vielleicht, wahrscheinlich* und *eventuell* fallen mir dann auf, wenn sich die Erzählenden vom Sinn her noch etwas offen lassen. Zum Beispiel „Eigentlich will ich das so und so..." ist keine eindeutige Aussage. Ich frage dann bei dem Aufkommen des Wortes *eigentlich* nach ...und uneigentlich? Oder: Welches *aber* kommt danach? Oft fehlt bei den Erzählenden die innere Entscheidung oder der Mut zur Entscheidung. Wenn Dir jemand sagt: „Eigentlich mag ich Dich." Wie wirkt das auf Dich? Da ist doch ein Haken dabei. Achte selbst auf Deine Wortwahl und ob Du Dir mit dem Wort *vielleicht* und *eigentlich* nicht ein Hintertürchen offenläßt und Dich in dem bestimmten Punkt nicht festlegen willst.

Ich verwende gerne das Wort *Zumutung*. Es ist ein ehrliches Wort, man mutet dem Gegenüber etwas zu. Ich spreche Dir den Mut zu, daß Du die Kraft hast, für Dich zu entscheiden, gegebenenfalls Dich zu wehren.

Das Wort *können* ersetze ich gerne mit *wollen*. „Ich will … nicht mehr" ist oft ehrlicher als das häufig verwendete „ich kann … nicht mehr". Es ist erstaunlich, was zum Vorschein kommt, wenn man die beiden Wörter austauscht.

Ich verbinde auch gerne zwei Satzteile mit dem Wörtchen *und* anstatt mit *aber*. Vergleiche die beiden Sätze „Ich mag Dich, aber Du hast mir weh getan" mit „ich mag Dich, und Du hast mir weh getan". Im ersten Fall bekommt der zweite Teil des Satzes mehr Gewicht und droht den ersten Teil zu vernichten, beziehungsweise läßt er vermuten, daß man nun nicht mehr gemocht wird, *weil* man wehgetan hat. Im zweiten Fall behält der erste Teil des Satzes seine Aussagekraft, bleibt gewissermaßen gleichwertig stehen. Auch wenn man einmal jemandem wehgetan hat, wird man trotzdem noch gemocht. Das Unterbewußtsein registriert solche Feinheiten der Sprache.

Meditationsformen

Es gibt nur eine Religion – die Religion der Liebe.
Es gibt nur eine Sprache – die Sprache des Herzens.
Es gibt nur einen Gott – er ist allgegenwärtig.
Sathya Sai Baba

Eine ganz einfache Form der Meditation ist das Lenken der Aufmerksamkeit von außen nach innen. Ein bewußtes Abwenden der Wahrnehmung von der Außenwelt in die Welt des Inneren. Wenn der Wille und die Bereitschaft dazu da sind, wird es leicht sein, sich vom äußerlichen Trubel *zu leeren* und der heilsamen Stille Raum zu geben. Doch es ist wichtig, zuvor für einen geschützten Raum zu sorgen. Es ist nicht sinnvoll, gar unachtsam, zum Beispiel im Straßenverkehr oder bei anderen die Aufmerksamkeit erfordernden Arbeiten meditieren zu wollen. Mit geschütztem Raum meine ich, die richtige Zeit und den richtigen Ort zu wählen, wobei das Wort *richtig* für jeden von uns etwas anderes bedeuten kann. Manch einer kann gut morgens früh, gleich nach dem Erwachen meditieren und sich auf etwas konzentrieren, einem anderen gelingt dies viel besser vormittags um elf Uhr oder wieder einem anderen nachmittags oder abends, nachdem der Alltag vorbei ist. Wenn ein Mensch gerne eine bestimmte Ordnung in seinem Leben einhält, ist es sinnvoll für den oder diejenige, sich möglichst immer die gleiche Tageszeit zu bestimmen. Noch intensivere Ergebnisse werden erzielt, wenn eine gewisse Wiederholung oder eine Gleichmäßigkeit eintritt. Viele erfahrene Therapeuten/innen bestehen auf Regelmäßigkeit, denn in den meisten Menschen gibt es einen *Schlendrian*, der nach einer gewissen Zeit die Erfolge in Frage stellt und aus Faulheit, Bequemlichkeit oder aus anderen Motiven heraus von weiteren Meditationen abhalten will. Die Frage ist dann, wieviel Gelegenheit wir diesem Wesensanteil des Schlendrians in uns geben wollen.

Es ist sinnvoll, sich zu Anfang einen Zeitraum vorzunehmen, zum Beispiel nicht länger als fünfzehn Minuten. Wenn Du es schaffst, von den vierundzwanzig Stunden Deines Tages, das sind eintausendvierhundertvierzig Minuten, cirka fünfzehn Minuten für solche Übungen zu verwenden, dann leistest Du einen weiteren Beitrag zu Deiner

Gesunderhaltung oder heilenden Genesung. Es ist wesentlich, daß solche Meditationen in einer einfachen Art und Weise und ohne großen Aufwand in den alltäglichen Ablauf einzugliedern sind. Falls Du das möchtest, ist es natürlich eine Bereicherung und Verstärkung, wenn Du Dir mehr Zeit dafür einräumst. Gerade dann, wenn Du wegen irgend eines Grundes mehr Zeit als sonst für Dich hast, wird es Dir leichter sein, für ein paar Minuten oder länger in Deine Innenwelt zu reisen und Deinen inneren Ratgeber um Unterstützung zu fragen. Wenn ein älterer oder herzgeschwächter Mensch öfters am Tag eine Erholungsphase einlegt, kann er das leicht mit einem Auftanken an einer inneren Kraftquelle verbinden. Der Phantasie sind in der Anwendung keine Grenzen gesetzt, außer Du setzt Dir selbst welche.

Die Dir passende Zeit ist eine erste Voraussetzung für das Gelingen einer Meditation, der örtliche Raum der zweite. Wähle Dir für diese Zeit einen für Dich stimmigen Ort. Du solltest in dieser Zeit nicht von außen gestört werden. Es sollte niemand dazukommen, es könnte Dich ablenken, wenn sich während der Übung ein Mensch, auch wenn er Dir vertraut ist, in Deine Nähe begibt. Es wird eine Energieveränderung sein. Sorge dafür, daß Dich keine Klingel, kein Telefon stört, beziehungsweise bestimme, daß Du Dich nicht davon stören läßt. Es wird immer Geräusche um uns geben, auf die wir keinen Einfluß haben – und wir können bestimmen, ob sie auf uns Einfluß haben! Wir haben die Wahl, ob wir sie aufnehmen oder nicht. Wähle, wie Du sitzen willst oder wie Du Dich hinlegst, ob es Dir warm genug ist oder ob Du noch irgend etwas vorher dafür tun kannst, damit es Dir wohl ist. Unterstützend kann es auch sein, daß Du eine Duftlampe oder ein Räucherstäbchen anzündest, um Dir eine angenehme und entspannungsfördernde Atmosphäre zu schaffen. Eine brennende Kerze ist für mich persönlich ein weiteres Symbol des Lichtes, das ich verwende. Solltest Du aber zu vorsichtig sein und nicht ruhig entspannen können, wenn eine Kerze brennt, während Du die Augen geschlossen hast, dann unterlasse es lieber. Wenn Du die Möglichkeit hast, Dir einen Meditationsplatz, zum Beispiel einen Teil eines Raumes oder gar einen Meditationsraum selbst einzurichten, hast Du noch eine Erleichterung geschaffen. Ein Meditationsraum speichert solche Energien, die wiederum können Dir bei weiteren Meditationen den Einstieg erleichtern oder Deine Erfahrungen intensivieren. Ich will betonen, daß dies keine Vorraussetzung ist, sondern nur eine weitere unterstützende Maßnahme. So, wie es am Anfang hilfreich sein kann, in einer kleinen Gruppe mit anderen Menschen zusammen zu meditieren. Wenn alle die gleiche Motivation ausstrahlen, entsteht eine sogenannte Gruppenenergie, die den einen oder anderen mittragen kann.

Im Kapitel 7 beschreibe ich die Meditationsformen von Anfang bis zum Ende ausführlich und gebe dabei verschiedene Einstimmungsmöglichkeiten an. Im darauffolgenden Kapitel 8 werde ich den Meditationseinstieg nur noch verkürzt beschreiben.

Eine erste Entspannungsübung

Die einfachste Form der Meditation ist eine Art Entspannungsübung. Es ist sinnvoll, wenn Du den *roten Faden* der Entspannungsübung, wie ich ihn vorgeschlagen habe, eventuell nochmal durchliest. Klebe aber nicht an meinen Worten, sondern erlaube Dir, die Redewendungen auf Dich und Deine Bedürfnisse umzugestalten. Wenn Du Dir passende Rahmenbedingungen von Zeit und Raum geschaffen hast, dann beginne wie folgt:

- *Nimm eine bequeme Sitzhaltung ein oder lege Dich so hin, wie es jetzt für Dich stimmig ist.*
- *Kontrolliere noch einmal, und schaue Dich mit Deinen Augen um. Nimm das Außen um Dich herum bewußt wahr.*
- *Dann schließe Deine Augen, und wende Deine Aufmerksamkeit nach innen. Spüre nach, wo Du aufsitzt oder aufliegst und wie Du dadurch getragen bist. Spüre die Wärme, die Dich umgibt, so daß Dein Gefühl von Geborgenheit und Wohlbefinden wachsen kann.*
- *Erlaube Dir nun, ganz in Deinem Körper anzukommen. Lade alle Wesensanteile von Dir ein, alles, was bis zu diesem Zeitpunkt noch abwesend von Dir war, möge ganz und vollständig in Dir vereint sein. Deine Aufmerksamkeit und Deine ganze Achtsamkeit ist jetzt auf Dich gerichtet.*
- *Lenke Deine Aufmerksamkeit auf Deine Atmung. Begleite ein paar Atemzüge lang das regelmäßige Ein- und Ausatmen. Es geschieht von ganz allein, ohne Dein willentliches Zutun.*
  Du atmest ein: Frische Luft und Lebensenergien strömen in Dich ein und füllen Dich auf.
  Du atmest aus: Altes und Verbrauchtes strömen aus Dir heraus. Dein Brustraum hebt und senkt sich von ganz allein. Welch ein segensreicher Austausch. Du wirst mit frischen Kräften versorgt, ohne daß Du etwas dafür tun mußt.
- *Erlaube Deinem ganzen Körper zu entspannen. Lade ihn ein, von allen Spannungen loszulassen. Ein Teil Deines Gehirnzentrums übernimmt solange die innere Wache für Dich.*

- *Du kannst dieses innere Entspannen und Loslassen begleiten und genießen. Gehe dazu mit Deiner Aufmerksamkeit zu Deinem Kopf. Spüre Deine Kopfhaut, wie sie ganz leicht und locker Deinen Kopf umgibt. Solltest Du noch leichte Anspannung spüren, dann spanne Deine Muskulatur dort bewußt an, bis sich Deine Stirn in Falten legt – und dann lasse los!*
- *Verfahre ebenso im Gesicht. Spanne Deine Gesichtshaut bewußt an – und dann lasse los. Folge der wohltuenden Entspannung bis in alle Zellen Deines Gesichtes, von der Stirn über die Wangen bis zum Kinn. Auch der Mundinnenraum ist locker, Deine Zähne berühren sich locker, ohne das sie etwas fest oder verbissen halten müssen. Alles ist wohltuend durchblutet, alle inneren Gänge sind frei durchgängig.*
- *Gehe dann zu Deinem Nacken und Deinen Schultern. Spanne eventuell zuerst an und dann lasse los. Alle Hartnäckigkeit ist jetzt aufgelöst, die Schultern sind frei und entlastet.*
- *Lenke dann Deine Aufmerksamkeit über Deine Schultern in die Arme. Erlaube, daß sich jede Muskelzelle und jede Nervenzelle entspannt, zunächst im Oberarm, dann über den Ellenbogen zum Unterarm, bis hin zu allen Fingerspitzen. Je nach Meditationshaltung hängen Deine Arme ganz locker und leicht neben Deinem Körper oder liegen ganz locker und leicht neben ihm und ruhen auf der Unterlage, auf der Du liegst. Für Deine Arme gibt es jetzt in diesem Moment nichts zu tun.*
- *Entspanne Deinen Kehlkopf und Deinen Brustraum. Die Atmung geschieht im Brustbereich von ganz allein. Dein Brustkorb hebt und senkt sich, spannt und entspannt sich in seinem eigenen, freien Rhythmus. Dein Herz schlägt ruhig und gleichmäßig mit der Kraft, die Dein Körper jetzt gerade benötigt.*
- *Lenke Deine Aufmerksamkeit auf die Entspannung Deines Bauchraumes. Spanne zum Verdeutlichen die Bauchmuskula-*

tur zunächst an – und dann lasse los. Wohltuende Entspannung
dehnt sich aus – auch auf Deine inneren Bauchorgane. Magen,
Leber, Bauchspeicheldrüse und Dein Darm funktionieren nach
einem übergeordneten Plan, auf den Du dennoch Einfluß hast.
Lade alle Bauchorgane ein, in ihrem jetzigen Zustand so weich
und locker wie möglich zu sein, so frei und entspannt wie die
Muskulatur Deiner Bauchdecke.

- Erweitere Deine Entspannung auf Deinen Beckenraum. Du
kannst die Beckenbodenmuskulatur anspannen, den Damm
ganz fest zusammenkneifen – und dann loslassen. Wohltuende
Entpannung breitet sich dort auf alle Organe aus, auf Blase und
die Genitalorgane.

- Erlaube, daß sich die Entspannung auf die Hüften ausdehnt,
dann auf die Oberschenkel über die Knie und die Unterschenkel
bis zu Deinen Fußsohlen hin. Auch hier kannst Du zuerst anspannen, die Muskulatur in ihrer einen Aktion spüren und
dann die zweite Aktion des Loslassens wahrnehmen. Wie eine
Welle der Ruhe und des Friedens dehnt sich die Entspannung
aus. Alles ist locker und frei von irgenwelchem Tun-müssen
oder Zwang.

- Wandere mit Deiner Aufmerksamkeit wieder Deine Beine hinauf und wende Dich Deinem Gesäß und dann Deinem Rücken
zu. Spanne auch hier zunächst ganz intensiv an und lasse dann
mit aller Kraft los. Spüre, wie sich das wohltuende Gefühl ausbreitet, vom Gesäß nach oben den ganzen langen Rücken entlang. Alle Gefäße und Lymphwege in der Muskulatur, alle
Energiebahnen in und um den Körper sind frei durchgängig.

- Zum Abschluß genieße Deine körperliche Entspannung auf allen Ebenen. Zusammen mit Deinem Körper kann sich auch
Dein Geist und Deine Seele entspannen. Nimm diese Entspannung bewußt wahr. Halte diesen Zustand fest, bis alle Zellen
von Dir davon erfahren haben.

- *Dann beende allmählich diese Übung. Runde sie für Dich innerlich ab mit einem Gefühl der Dankbarkeit an alle Muskeln und Organe Deines Körpers – empfinde Dankbarkeit für alles Geschaffene und den Schöpfungsgeist.*
Meditationsende

Diese einfache Entspannungsübung kann allen anderen Meditationen vorangestellt werden. Du wirst sehen, wenn Du sie erst ein paar Mal erlebt hast, geht Deine Aufmerksamkeit *wie von allein* den Körper hinauf und hinunter und registriert, wo etwas in Dir noch verspannt ist, um es zu lösen, um ganz tief zu entspannen.

Eine erste Meditation

Die Motivation für diese Meditation liegt darin, Körper und Geist zu trainieren, *leer* zu sein. Dadurch kann es erst möglich werden, *Raum für Neues* zu schaffen. Auf der Körperebene übernimmt das autonome Zentrum des Gehirns die *innere Wache* über die lebensnotwendigen Körperfunktionen. Entspannung, als das willentliche Loslassen von Anspannung, unterstützt jede weitere Form einer tiefen Meditation.

Wenn Du für Dich den stimmigen Zeitpunkt gewählt und Dir Deine räumlichen Meditationswünsche erfüllt hast, beginne wie folgt:

- *Nimm mit Deinen Sinnesorganen Deine Außenwelt bewußt wahr, das, was sich jetzt in Deiner nächsten Umgebung abspielt. Dann schließe Deine Augen und wende damit Deine Aufmerksamkeit nach innen. Schaue Dich innerlich an und und*

spüre Dich innerlich. Lade Deinen Körper ein, sich zu ent-
spannen. Erlaube Dir Entspannung in Deinem Körper.

- *Das, was sich noch spürbar in Deinem Körper bewegen wird,*
sind Deine Atmungsorgane und Dein Herz. Deine Lungen
werden gleichmäßig, ohne Dein willentliches Zutun, ein- und
ausatmen. Dein Brustkorb wird sich heben und senken, wird
Raum einnehmen und Raum geben, wird im rhythmischen
Wechsel Energie und frische Luft einströmen lassen und dann,
nach dem inneren Austausch, Verbrauchtes ausatmen. Dein
Herz wird ruhig und gleichmäßig mit seiner Kraft Deinen Kör-
per mit Blut oder der Energie versorgen, die er jetzt gerade
braucht.

- *Spüre Dich eine Weile ganz locker, frei und entspannt in Dei-*
nem gesamten Körper. Einfach so, wie Du jetzt bist, ist es in
Ordnung.

  – Lasse Dir einige Minuten Zeit dazu –

- *Wenn Dich noch Gedanken auf der geistigen Ebene überfluten*
wollen oder sich ein Schmerz oder sonstiges auf der Körper-
ebene meldet, dann erlaube Dir, Deinem Körper oder Deinem
Kopf mitzuteilen, daß Du zu einem anderen Zeitpunkt darauf
eingehen wirst, jetzt aber Priorität dem gibst, Dich leer und frei
zu lassen. Dann atme solche Gedankenimpulse aus oder lasse
körperliche Impulse über Deine innere Verwurzelung abfließen.

- *Empfinde ganz und gar den Zustand dieser inneren Einkehr.*
So stellst Du den inneren Raum für Ruhe und Frieden her.
Ohne daß Du diesen Raum mit etwas anderem füllen willst,
genießt Du auf ganz leichte Art und Weise dieses Frei-sein in
Dir. Du erlaubst jetzt nichts anderes als diese Art der Gelas-
senheit – diese Art der Stille.

  – Lasse Dir einige Minuten Zeit dazu. –

- *Nachdem Du nun eine Zeit lang Deinen inneren Raum der*
Ruhe und der Stille zur Verfügung gestellt hast, entscheide in

einem für Dich stimmigen Tempo, dies zu beenden. Runde es in Dir ab und erlaube Dir wieder, die Aufmerksamkeit Deiner Wahrnehmungsorgane so auf Körper und Geist zu lenken, daß sie die innere und äußere Welt wieder aufnehmen.

- *Dazu lenke Deine Aufmerksamkeit zunächst in Deinen Körper, recke oder strecke Dich sanft, atme bewußt in Deinen Körper und fülle ihn mit Deiner ausgeruhten, gestärkten Lebenskraft.*

- *Dann lenke Deine Aufmerksamkeit Deiner Gedankenebene zu, und belebe Deine Gedanken mit Deinen aufgetankten Energien und entscheide nun, was Du nun mit aller Kraft im äußeren Leben tun wirst.*

- *Sei zum Abschluß in Kontakt mit Deiner inneren Dankbarkeit für alles, was möglich ist, für alles, wie es in Dir und um Dich herum ist; und finde mit tiefen Atemzügen wieder bewußt in das Außen zurück und öffne Deine Augen, um ganz wach und klar da zu sein.*

Meditationsende

Diese einfache Meditation kann, ebenso wie die Entspannungsübung, als *Vorläufer* für weitere Übungen dienen. Mit mehrmaligem Üben wird es Dir immer leichter werden, innerlich *leer* zu sein, und Du wirst so aufnahmefähig für etwas Neues oder bist offen für eine Botschaft Deiner Selbstheilungskräfte.

Das Prinzip der Visualisation

Das Wort *visuell* kommt aus dem Lateinischen und bedeutet „das Sehen betreffend". Die Visualisation ist ein *sichtbar machen* von etwas Bestimmtem. In meinem Verständnis ist es eine Form des Sichtbarmachens, die ich sehr gerne in Meditationen und Übungen verwende. Wenn es sich um eine reine Vorstellung handelt, kann man es auch Imagination nennen. Meiner persönlichen Wahrheit nach, gehören Bilder zu der Sprache der Gefühle und zur Seele. So wie die Worte und Begriffe zur Sprache des Verstandes und zum geistigen Prinzip gehören. Die Seele drückt sich in Bildern aus, sie verständigt sich mit uns in der universellen und internationalen Bildersprache. Nehmen wir zum Beispiel das Bild einer aufblühenden Rose, es vermittelt etwas ganz Bestimmtes – auch ohne Worte und die dazugehörigen Übersetzungsschwierigkeiten oder Mißverständnisse wegen unterschiedlicher Bedeutungen in den einzelnen Sprachen. Ich mag die Bildersprache wegen ihrer Eindeutigkeit und ihrer Einfachheit.

Die Visualisation oder das Sichtbarmachen von inneren Bildern kann sich erstens als *Erinnerung an etwas Vergangenes* zeigen. Es gibt Menschen, die sich frühere Begegnungen über die Gesichter visuell merken können, ähnlich wie ein photographisches Gedächtnis. Visuell geprägte Menschen können sich zum Beispiel gut daran erinnern, wo sie etwas gelesen haben, sie sagen auf der und der Seite steht das rechts unten. Es gibt zweitens die *Sichtbarmachung einer bildlichen Vorstellung von etwas Gegenwärtigem.* Es ist dann eine Möglichkeit, daß ein gegenwärtiger Zustand oder ein Konflikt eine konkrete Form annimmt, die eben sichtbar für den oder diejenigen ist. Diese Art nehme ich zu Hilfe zum Beispiel bei den inneren Gesprächen mit Wesen der Organe, die ich in meinem ersten Buch detailliert beschrieb. Es gibt drittens die *Sichtbarmachungen, die sich auf die Zukunft beziehen.* Dazu braucht es manchmal etwas Phantasie. In dem Abschnitt Phantasiereisen gehe ich hierauf näher ein. Ich beschreibe wohl deshalb die Visualisation so ausführlich, weil ich ein visueller Mensch bin und mir ist es wichtig, daß Du verstehst, was ich damit meine. In viele meiner geführten Meditationen fließen immer wieder solche Bilder ein.

Der Weg über die Visualisation ist oft eng verknüpft mit anderen Empfindungsmöglichkeiten. Es gibt zum Beispiel auch den *Weg des Erspürens und Empfindens*, also über die Wahrnehmungen des Gefühls eine Situation nochmals zu erleben oder sie in der zukünftigen Vorstellung zu durchleben. Es gibt die Menschen, die *gut hören* können, das ist der auditive Zugang. Ein Beispiel, wie Du überprüfen kannst, welcher Zugang Dir liegt: Schließe nach diesem Satz für ein paar Minuten die Augen und denke an Deine Mutter. –

Wie hast Du sie in Deiner Vorstellung erlebt? Hast Du ihr Bild vor Dir gesehen, so richtig leiblich, wie sie ist. Hast Du sie lachend oder ernst gesehen? Dann wäre es eine rein visuelle Wahrnehmung gewesen. Oder hast Du ihre Stimme gehört? Vielleicht das, was sie oft zu Dir sagte, und konntest genau ihre Tonmelodie erkennen. Das wäre der auditive Zugang. Oder hast Du sie gespürt? Irgendeine Berührung von ihr wiederempfunden, ihre Wärme oder sonstiges von ihr. Diese dritte Möglichkeit wäre der Empfindungszugang. Weitere Wahrnehmungsmöglichkeiten beziehen sich auf das Riechen oder das Schmecken. Es ist sehr oft so, daß sich zwei oder mehrere Wahrnehmungsarten vermischen, und dennoch kann eine dominant sein.

Visualisation und Imagination sind nichts, was man schwer erlernen muß. Ich bin sicher, daß alle Menschen die Anlage dazu haben, bei dem einen ist sie mehr, beim anderen weniger ausgeprägt. Falls sie bisher verdeckt war, ist es eine Chance, sie wieder zu beleben, denn sie ist sehr effektiv für die Unterstützung aller heilenden Prozesse.

In der Sportpsychologie trainiert man regelrecht mit der Kraft der Vorstellung, um die Leistungen zu steigern. Im mentalen Training erleben Sportler als inneres Bild, wie sie sich zum Beispiel auf einen Hochsprung vorbereiten. *Erleben in ihrer Vorstellung* den Start und den Anlauf in jedem Detail; sie stellen sich von der Atmung bis hin zum Zusammenspiel der Muskelgruppen jeden kleinsten Bewegungsablauf vor, dann den Absprung und damit die Richtungsänderung der Energie bis zum Überqueren der Meßlatte – selbstverständlich ohne Berührung derselben. Ihre Körperzellen registrieren das so, als wäre es wirklich so gewesen. Im Gehirn wurde *vorgeübt*, so wie der Gedanke ja der Ursprung für jede Tat ist.

Du mußt kein Sportler sein, um zu überprüfen, wie stark Dein Körper auf Bilder reagiert. Stelle Dir nur eine Zitrone vor, eine reife, gelbe und saftige Zitrone. Du siehst ganz deutlich die gelbe Schale, die typische Form der Zitrone mit den deutlichen kleinen Erhebungen. Betaste in Deiner Vorstellung die Zitronenschale, rieche an ihr, und dann nimm ein Küchenmesser und schneide sie durch – in Deiner Vorstellung – damit Du die einzelnen, mit weißen Lamellen getrennten, vor Saft triefenden Segmente des Zitronenanschnitts besser erkennst. Spätestens jetzt wird in Deinem Mund ganz real etwas passieren. Durch die Vorstellung und das Erinnerungsvermögen Deines Gehirns wird die Speicheldrüsenfunktion angeregt, die Speicheldrüsen im Mundraum werden sich zusammenziehen und Dir läuft ganz einfach das Wasser im Mund zusammen. Einem Menschen, der noch nie in seinem Leben eine Zitrone geschmeckt hat, wird das nicht passieren, weil der Erinnerungsvorgang als Querverbindung zwischen Vorstellung und Körperreaktion fehlt.

Es ist deshalb sinnvoll, auf der Basis eigener Körpererfahrungen und Erlebnisse aufbauend, harmonisierende und heilungsfördernde Visualisationen zu üben. Was im Bewußtsein geschieht, wird vom Körper als Realität angenommen.

Es gibt zwei verschiedene Wege, heilende Visualisationen anzuwenden. Die eine Art ist *das bewußte Senden von Bildern*, wie es die Leistungssportler in der oben erwähnten Weise als positive Programmierungen anwenden und die in der Vorstellung erlebten Erfolgserlebnisse als Erfahrungen speichern. Der amerikanische Arzt Dr. Simonton arbeitet als Krebstherapeut nach dem gleichen Prinzip. Nach seiner Darstellung sind Tumorzellen an sich schwache Zellen und mit einer in der Visualisation gestärkten Selbstheilungskraft zu besiegen. Er hat außerordentliche Erfolge bei nicht operablen Krebstumoren und als Begleittherapie erzielt.

Die andere Art, mit Visualisationen zu arbeiten, ist *das Empfangen von Bildern*. So, wie man bewußt den Körperzellen etwas senden kann, so kann man auch aus dem gespeicherten Bewußtsein der Körperzellen Erlebtes und Erfahrenes oder Angstvorstellungen verarbeiten. Oder man kann sich darauf vorbereiten, Bilder aus dem Unbewußten und Unverarbeiteten zu empfangen. Der große Vorteil davon ist, daß man zuvor die *Rahmenbedingungen* schafft und so für genügend Schutz und Sicherheit sorgen kann. Wenn dann Bilder auftauchen, die schwierig oder bedrohlich sind, bist Du darauf vorbereitet und wirst aktiv und kreativ Einfluß nehmen können.

Der folgenden ersten Visualisationsübung liegt die Motivation zugrunde, dem Körper ein kraftspendendes Bild

160

zu senden. Das eigene Herz als innere Lichtquelle zu sehen oder als innere Wärmequelle zu empfinden, ist ein sehr starkes Bild, das gedankliche Verbindungen von Versorgtsein und Regeneration aufkommen läßt. Die Übung wirkt unterstützend für alle Formen von Herzkrankheiten und ist auch für jeden *Gesunden* geeignet. Wähle dazu den für Dich stimmigen Zeitraum und sorge für Dein körperliches Wohlbefinden in aufrechter Sitzhaltung oder in bequemer Rückenlage.

Visualisationsübung
Das Herz als innere Licht- und Wärmequelle

- *Nimm mit Deinen äußeren Augen bewußt Deine gegenwärtige Außenwelt wahr. Dann wende Dich mit Deiner Aufmerksamkeit nach innen, indem Du Deine Augen schließt. Erlaube Dir, mit allen Wesensanteilen von Dir ganz in Dir selbst anzukommen. Lenke Deine ganze Aufmerksamkeit auf Dein inneres Reich.*
- *Spüre Deinen Kontakt zum Boden, dort, wo Du sitzt oder liegst. Spüre, wie Du getragen wirst. Spüre Deinem Atem nach, wie er gleichmäßig ein- und ausgeht und wie Dein Herz in Deinem jetzt für Dich stimmigen Rhythmus schlägt. Erlaube Entspannung im ganzen Körper. Lade Deine Muskeln ein, gelöst und locker zu sein.*
- *Erlaube Dir, daß Du Gedanken oder Impulse, die Dich noch beschäftigen, die sich Dir wie angeflogen anbieten, ganz einfach ausatmest oder sie über Deine Verwurzelung abfließen läßt. Halte nichts fest. Erlaube Dir, frei und leer von allem anderen zu sein, wenn Du nun eine bildhafte Vorstellung in Dein Bewußtsein sendest.*

- *Dann wende Dich mit Deinen inneren Augen und Deiner ganzen Aufmerksamkeit und Achtsamkeit Deinem Herzen zu. Stelle Dir bildlich Dein Herz als eine Quelle vor. Es mag sein, daß Du eine Quelle siehst, aus der unerschöpflich reines, klares Wasser sprudelt. Vielleicht stellt sich für Dich das Bild von einer Lichtquelle ein, die ihr Licht nach allen Seiten hin ausstrahlt; oder Du empfindest Dein Herz als eine Quelle von Wärme, deren pulsierende Wärmewellen in den gesamten Körper wirken. Welches Bild sich auch in Deiner Vorstellung zeigt, bleibe mit Deiner ganzen Aufmerksamkeit dabei, nähre dieses Bild, erlaube, daß es noch konkreter wird, noch größer und kraftvoller.*
- *Dein Herz ist eine Quelle von Licht, Liebe und Wärme. Halte dieses Bild solange, bis jede einzelne Zelle Deines Herzens von jedem Muskel und jeder einzelnen Faser soviel Kraft bekommen hat, wie sie braucht, bis sie innerlich durch und durch gesättigt ist.*
- *Erlaube dann, daß Dein ganzer Brustraum mit dieser Energie erfüllt wird, daß die Kräfte Deine Thymusdrüse und Deine Lungen durchströmen. Wenn sich die „Herzensquelle" noch ausdehnt, erreichen pulsierende Wellen Kehle und Nacken und darüber hinaus Deinen gesamten Kopf. Licht, Liebe und Lebenskräfte durchdringen jede einzelne Zelle in diesem Bereich.*
- *Die Energien Deiner „Herzquelle" erfüllen nacheinander Deine Schultern und Arme bis hin zu den Fingerspitzen. Dann strömen sie in Deinen Bauch- und Beckenraum mit allen inneren Organen. Dein Rücken, Deine Wirbelsäule bekommen soviel Licht, Liebe und Wärme, wie sie jetzt benötigen. Deine Hüften und Deine Beine bis hin zu den Fußzehen werden von den pulsierenden Wellen durchströmt. Jedes einzelne Organ, jede Zelle Deines Körpers wird von dem Kraftstrom Deines Herzens beschenkt. Dein Herz ist eine unendlich über-*

sprudelnde Quelle, die nie versiegt, solange du lebst und der göttliche Lebensfunke in Dir lodert.

- Wenn Dein Körper aufgefüllt ist mit der Energie, die er sich jetzt wünschte, dann behalte das Bild der inneren Lebensquelle bei und erlaube, daß Licht, Liebe und Wärme über Deinen Körper hinaus in Deine feinstofflichen Körper fließen. Stelle Dir bildlich vor, daß sich eine helle Lichthülle um Dich herum bildet. Sie wirkt zu Deinem Schutz und Deinem Gefühl von Geborgenheit. Gespeist und immer wieder lichtvoll verstärkt wird sie durch die Liebe Deines Herzens. Konzentriere Dich solange auf diese Lichthülle um Dich, bis Du sie nach allen Seiten hin geschlossen wahrnimmst; hinten am Rücken wie über dem Kopf und unter den Füßen.

- Sende nun noch bildlich Lichtstrahlen von Deiner „Herzensquelle" über Deine Füße hinaus, also über Deine Verwurzelung hinaus in Mutter Erde, als Dank an Mutter Erde, die Dich trägt, nährt und Dich so annimmt, wie Du jetzt gerade bist.

- Zuletzt sende bildlich Lichtstrahlen von Deiner „Herzensquelle" über Deinen Scheitel hinaus zu Deinem Höheren Selbst und von dort zur kosmischen Urquelle von allem Licht und aller Liebe.

- So bist Du mit der Erde und mit dem Geistigen verbunden, Du selbst bist der Vermittler oder die Vermittlerin dieser beiden Pole. Ruhe noch eine Weile in diesem Bild, daß Dein Herz eine unerschöpfliche Quelle von Licht, Liebe und Energie ist. Durch Deine innere Bereitschaft und Deine Hinwendung kannst Du Dir diese Quelle verdeutlichen.

- Wenn Du genug innerlich aufgetankt hast, lasse aus Deinem Herzen Dankbarkeit fließen für alles, was möglich ist, für alles, wie es in Dir und um Dich ist.

- Erlaube dann, daß diese Bilder verblassen. Du kannst, wann immer Du es willst, diese Bilder wieder beleben. Nun wende

*Dich wieder Deinem stofflichen Körper zu, atme bewußt tief
ein und aus, bewege Dich sanft in Deinem Körper, recke und
strecke Dich und finde in Deinem Tempo wieder wach und klar
in die Außenwelt zurück.*

Meditationsende

Diese Visualisationsübung setze ich fast allen intensiveren
Meditationen voran. Nach einem Impuls für Entspannung
sehe ich es als wesentlich an, sich seiner eigenen inneren
Quellen bewußt zu sein. Das Schaffen des Lichtschutzraumes ist ein wesentlicher Beitrag, um beruhigt weiter in
eine tiefere Meditation zu gehen.

Das Herz als Energiequelle zu sehen und dieses Bild im
Bewußtsein zu verankern, ist in allen Genesungsprozessen
hilfreich. Diese Energiequelle dient der Regeneration, dem
Wieder-auftanken und ist damit ein Weg dahin, sich der eigenen Energiequellen bewußt zu werden und sie sinnvoll
einzusetzen.

Innere Gespräche mit dem Wesen eines Organs

Unser Körper ist ein Zusammenschluß von vielen Organsystemen. Die verschiedenen Organsysteme, wie Nerven-
und Hormonsystem, Magen-Darm-System oder Herz-
Kreislauf-System arbeiten in harmonischer Weise zusammen und werden meistens über miteinander kommunizierende Regelkreise gesteuert. Wenn dies nicht mehr der Fall
ist, bemerken wir erstaunt ein Krankheitssymptom, einen
Ausfall oder Ähnliches. In meiner Arbeit lernte ich, wie
man mit dem Körper, beziehungsweise mit Teilen des Körpers, den Organen, bewußten Kontakt aufnehmen kann.

Ich empfinde es als eine ganz einfache Art, dem Organ zuzutrauen, daß es sich zum besseren Verständnis zwischen mir und ihm in ein Wesen verwandelt, das mit mir spricht oder sich in irgendeiner Form verständlich zeigt.

Falls Dir das eine sehr neue oder gar fremde Information ist, will ich daran erinnern, daß wir von den *Wesen der Pflanzen* sprechen. Sensible Menschen sprechen mit dem Wesen eines Baumes. Im schottischen Findhorn-Garten sprachen die dort arbeitenenden Menschen, wie zum Beispiel Dorothy Maclean in „Du kannst mit Engeln sprechen", mit den Naturgeistern und den Wesen der Pflanzen.

Mir ist bewußt, daß diese Art von Meditation ein breites Spektrum von *Projektion* bietet, das bedeutet, daß ich dabei „etwas hinein interpretieren" kann. In einem gesunden Maß kann Projektion ein gutes Hilfsmittel sein. Wesentlich ist, daß ich mir dessen *bewußt* bin, was ich tue. Wenn ich mir klar darüber bin, daß das Organ-Wesen ja ein Teil von mir selbst ist, kann es mir helfen, je nach seiner Art sich darzustellen, mich selbst besser zu erkennen und zu verstehen.

Je nach Phantasie oder zugrunde liegender Thematik kann es auch sein, daß das Wesen eines Organs sich als ein Symbol zeigt. Allein durch die Aussagekraft eines Symbols kann mir eine Information ins Bewußtsein kommen, die im Erkenntnisprozeß von großer Hilfe ist. Es mag auch sein, daß sich das Organ als ein Tier zeigt und dadurch eine symbolhafte Aussagekraft gewinnt. Das Bild einer ängstlich aufgescheuchten Maus hat unmißverständlich eine andere Symbolik als ein zum Kampf aufgerichteter Bär. In den Deutungen und den anschließenden Gesprächen über solche Meditationserlebnisse zeigen sich oft in vielen Eigenheiten der Erzählenden, daß man bilderbuchhaft die

Probleme und die Möglichkeiten zu den Problemlösungen dicht beieinander findet.

Der amerikanische Therapeut Eligio Gallegos arbeitet mit Tiersymbolen auf der Basis von indianischem Heilen. In einzelnen Sitzungen bittet er seine Patienten, innerlich für jedes Energiezentrum ein Tier als Symbol auftauchen zu lassen. Er läßt die Tiere zunächst nur beobachten und eine Beziehung zu ihnen aufbauen. Zu manchen Tieren haben die Patienten gleich ein vertrautes Verhältnis, gegenüber anderen Tieren besteht Angst. Wenn sich dann für alle sieben Chakras Tiere gezeigt haben, schaffen sich die Patienten einen geeigneten Raum, um die Tiere zu einer *Konferenz* zu bitten. Gemeinsam mit den Tieren werden dann anliegende Konflikte oder Ängste erörtert, wobei die Tiere je nach Eigenarten, Fähigkeiten oder Schwächen Impulse dazugeben und den Menschen in den Konfliktlösungen unterstützen. Das ist eine interessante und wirklich praktizierbare Methode. Ich habe solches auch in Seminaren ausprobiert und erstaunliche Erfahrungen gesammelt. Tiere sind uns in irgendeiner Form vertraut, es ist leicht, damit zu *arbeiten*, wenn das für die Betroffenen ein möglicher Zugang ist. In nächsten Kapitel gebe ich dazu einen ausführlichen Übungsvorschlag.

Meditation
Inneres Gespräch mit dem „Wesen des Herzens"

- *Schließe Deine Augen und gehe mit Deiner Aufmerksamkeit nach innen, in Dein inneres Reich. Atme bewußt tief ein und aus. Erlaube Dir, mit jedem Atemzug mehr und mehr zu entspannen, bis Dein ganzer Körper von Kopf bis Fuß gelöst und frei von Spannung ist. Nimm mit jedem Einatmen neue und fri-sche Lebensenergie an und tief in Dich hinein. Mit dem Ausat-men erlaube Dir, noch vorhandene alte Spannungen oder sich Dir aufdrängende Gedanken einfach abzugeben. So entsteht ein wunderbarer Freiraum in Dir, eine angenehme und wohltu-ende Leere.*

- *Lenke nun bitte Deine Aufmerksamkeit zu Deinem Herzen hin. Spüre Deinen Herzschlag und wie Dich Deine vom Her-zen ausgehenden Pulswellen versorgen mit allem, was Du jetzt brauchst. Sei mit Deiner ganzen Achtsamkeit und aller Liebe für Dich im Raum Deines Herzens. Konzentriere Dich immer wieder auf Dein Herz, wenn Dich Gedanken und Impulse weglocken wollen.*

  Wenn sich die Kraft Deines Herzschlages durch Deine Hin-wendung verstärkt und Du Dein Herz bis in die Hals- und Kopfschlagader spürst, dann freue Dich darüber. Nimm es so an, wie es jetzt ist. Es ist völlig in Ordnung und vom Herzen gewollt, so wie es jetzt ist.

- *Wenn Du auf diese Weise Kontakt mit Deinem Herzen aufge-nommen hast, eine Weile mit Deiner Achtsamkeit dorthin ge-spürt hast, dann lade Dein Herz nun ein, in Deinem Bewußt-sein in Form eines Wesens zu erscheinen, daß mit Dir reden kann. Wenn sich nicht gleich ein inneres Bild einstellt, wieder-hole geduldig Deine Einladung mit einer Bitte, und vertraue dem ersten Bild oder dem ersten Impuls, der sich Dir zeigt. Be-grüße in aller Liebe das Wesen Deines Herzens und schaue es genau an, wie es auf Dich wirkt – und wie es Dir begegnet. Es mag sein, daß Eure Begegnung sich von ganz alleine in Form eines Gesprächs gestaltet.*

- *Erlaube Dir, zu fragen, was Du von Deinem Herzen wissen willst. Auch, was Du Gutes dazu beitragen kannst, damit es Deinem Herzen besser geht, damit es gesunden kann, bezie-*

hungsweise gesund bleiben kann. Gibt es einen Wunsch, den Du dem Herzen erfüllen kannst?

- *Nimm alles, was Du durch die Stimme Deines Herzens hörst, an inneren Bildern siehst und an Empfindungen spürst, sehr bewußt auf. Speichere es in Deinem Körperbewußtsein. Wenn Du dann bereit bist, zum Schluß zu kommen, dann danke dem Wesen des Herzens für sein Erscheinen und verabschiede Dich in aller Achtung und Wertschätzung. Erlaube, daß es sich wieder ganz in das physiologische Herz verwandelt, ganz Herz in Dir ist; und begleite Deine Herzfunktion und Deinen Herzschlag noch eine Weile mit Deiner Aufmerksamkeit, Deiner Liebe und Deiner Dankbarkeit.*

- *Lasse zum Abschluß Deine Aufmerksamkeit und Deine Liebe durch Deinen ganzen Körper fließen, so als wolltest Du alle Deine Organsysteme mit Deinem Licht und Deiner Liebe grüßen. Und finde in dem für Dich stimmigen Tempo achtsam und mit tiefen Atemzügen wieder in das Außen zurück. Bewege Dich sanft in Deinem Körper, recke oder strecke Dich. Öffne Deine Augen, um wieder wach und klar im Alltag zu sein. Wenn Du magst, hole Dir das eben Erlebte in Dein Wachbewußtsein und denke darüber nach, was es konkret für Dich bedeutet. Was wurde Dir klar? Welche Schritte der Veränderung (in erreichbarer Größe) sind realisierbar?*

Meditationsende

Diese Visualisationsübung ist für jedes gesunde und erkrankte Herz geeignet. Sie kann jeden Heilungsprozeß unterstützen und ist ohne Bedenken auch häufig anwendbar. Durch sie ist man im tiefen Kontakt mit seinem Gefühlszentrum. Wenn Dir diese Art des Umgangs mit Deinem Körper oder diese Meditationsformen neu und fremd sind, und es beim ersten Mal nicht gleich so toll klappt, dann habe Geduld mit Dir und versuche es wieder einmal. Wenn Du zum Beispiel das Wesen Deines Herzens nicht sehen kannst, mag es sein, daß Deine dominante Empfindungsart das Hören ist. Vielleicht wirst Du besser als ein visuell veranlagter Mensch die *Stimme Deines Herzens* wahrnehmen. Wunderbar, dann nimm dies als Dein Geschenk an. Dann übe und übe und übe das innere Zuhören der Organstimmen. Es mag auch sein, daß Du über Gefühle etwas empfindest und einfach klar und konkret *spürst,* was Dein Herz Dir mitteilen will. Gut, dann trainiere Dich im Spüren. Jede Art wird eine Schulung und Verfeinerung der Wahrnehmungssinne sein. Keine ist falsch oder bedarf der Umschulung. Es kann eine Erweiterung der Wahrnehmungsfähigkeit werden, wenn Du Dich ab und zu darauf einläßt, einmal eine andere, Dir noch neue Ebene zu probieren.

Diese Übung ist natürlich nicht nur für das Herz gedacht, sondern man kann sie sehr wohl auf alle anderen Organe übertragen.

Dialog der inneren Stimmen – Unsere Wesensanteile

Genauso wie sich ein Seil beim näheren Hinschauen in mehrere Fäden aufteilt, so ist auch der Mensch ein Zusammenschluß aus mehreren Wesensanteilen. Eine Körperzelle ist zunächst die kleinste Einheit und ein Bausteinchen unseres Körpers. Durch das Erforschen der Zelle zeigte sich jedoch, daß es die verschiedensten Zellorganellen gibt, Funktionseinheiten innerhalb einer einzigen Zelle, wie zum Beispiel die Mitochondrien als Kraftwerke der Zelle, die Ribosomen als Produktionsorte des körpereigenen Eiweißes und so weiter. Wieder spielt das kosmische Gesetz *„Wie im Kleinen – so im Großen"* eine bedeutende Rolle. Ich mag im Kleinen anfangen mit der folgenden Beschreibung: Die Zelle setzt sich aus den Zellorganellen zusammen, das Organ aus den verschiedenen Geweben, die Organsysteme aus mehreren Organen, der Körper aus den verschiedenen Organsystemen, der Mensch selbst aus den verschieden ausgeprägten Wesensanteilen.

Mit dem Begriff Wesensanteil meine ich solche Anteile oder auch Lebensaspekte, wie zum Beispiel den *inneren Kritiker* oder die *innere Kritikerin* in mir. Ich kenne diesen Wesensanteil sehr wohl; mal in der konstruktiven und sinnvollen Aktionsweise, der gemeinsam mit mir kritisch meine Auswahl vor Entscheidungen mitüberdenkt; mal in der destruktiven oder gar zerstörerischen und ganz pessimistischen Aktionsweise. Je besser ich mich selbst kennenlerne, um so leichter erkenne ich, wenn die innere Kritikerin über das gesunde Maß hinaus agiert. Ich lasse zum Beispiel dem Wesenanteil meiner *inneren Mutter* immer mehr Raum in mir und erfahre dadurch ein Gefühl von Unterstützung und Angenommensein, bis hin zum wohligen Gefühl der Geborgenheit.

Ich bin mir sicher, daß jeder von uns bestimmte Wesenszüge hat, die mehr oder weniger ausgeprägt sind. Sie entstanden und entwickeln sich auf der Basis unserer Lebenserfahrungen. Manche Lebensumstände haben uns gewissermaßen gezwungen, bestimmte Wesensanteile aus ihrem Seelenschlummer zu erwecken und sie auszuprägen. Wieder andere Lebenssituationen erfordern das Verstärken beziehungsweise das Ruhen einiger Wesenszüge. Manche sind bisher vor der Wahrnehmung verborgen geblieben. Manche sind es wert, unterstützt zu werden, anderen sollte immer öfter der Darstellungs- und Ausdehnungsraum entzogen werden.

Es gäbe eine unendlich lange Liste, wollte ich alle aufzählen, die ich in meiner eigenen persönlichen Arbeit kennengelernt habe. Neben der oben erwähnten Kritikerin gibt es die *innere Chefin*, die manchmal ganz schön fordernd ist, die *Angsthäsin*, die ich gerne in Kontakt mit der *Starken* und der *Mutigen* bringe, die *Asketin*, die *Moralapostelin*, die *Zimtzicke*, den *Clown* und so weiter. Ich kenne auch die *innere alte, weise Frau*, die ich schon oft um ihren Rat fragte, und die *innere Tänzerin*, der ich ab und zu gerne die innere Führung meines Körpers beim Tanzen als dem Bewegen der Seele überlasse.

Den Umgang mit diesen Wesensaspekten verstehe ich als eine von vielen Hilfsmöglichkeiten auf dem Weg, mich selbst zu erkennen. Es ist wie eine bewußt-erlebte und damit erlaubte Form der Projektion, die etwas verdeutlicht. Indem ich *einen* Lebensaspekt hervorhebe und ihm eine Gestalt gebe, kann ich ihn intensiver, genauer kennenlernen. Es ist hilfreich zu verstehen, daß man nicht nur der eine Lebensaspekt ist, sondern zu üben, für sich selbst Regie in der Lebensführung zu übernehmen und bewußt zu wählen, welchem Wesensanteil man wann wieviel Raum zur Entfaltung gibt. In Meditationen und entsprechenden Übungen lade ich Wesensanteile ganz bewußt zu einem Gespräch ein, vergleichbar einem Gespräch mit dem Wesen eines Organs. Darin erlaube ich, ja ich lade gerade dazu ein, daß sich ein Wesenszug als eine Persönlichkeit zeigt. Womöglich mag sich die Gestalt einmal aussprechen oder endlich einmal die Aufmerksamkeit für sich haben. Womöglich ist es sinnvoll, einem Wesensanteil, wie zum Beispiel dem *Ängstlichen*, einen weiteren Anteil, eventuell den

Mutigen, gegenüberzustellen. Oder dem *Pessimisten* den *Optimisten* vorzustellen. Das nenne ich Dialog der inneren Stimmen. Du selbst stellst dabei den Raum für diese Aussprache oder die Begegnung. Du selbst sorgst für den Überblick und führst Regie in Dir. Mir macht es mittlerweile große Freude, Wesensanteile von mir auf diese Art und Weise kennenzulernen. Ich übe mich darin, bestimmte, bisher verborgene, unterstützende Aspekte zu erwecken und sie zu stärken; anderen, mich im negativen Sinne Kraft kostenden, stelle ich die positive Ergänzung entgegen.

Meditation
Dialog mit den inneren Stimmen

- *Nachdem Du Deine äußeren Gegebenheiten klar und wach wahrgenommen hast, schließe Deine Augen und wende Dich nach innen. Wende Deine Aufmerksamkeit Dir selbst zu.*
- *Erlaube Dir, ein paar Atemzüge Deiner Entspannung und dem Loslassen zu widmen. Mit jedem Ein- und Ausatmen gelingt es Dir, mehr und mehr in Dir selbst zu sein. Alle Muskeln, auf die Du Einfluß hast, sind locker, frei und entspannt. Die notwendige Versorgung Deiner inneren Organe geschieht durch eigenständig arbeitende, ineinander harmonisch wirkende Regelkreise ohne Dein willentliches Zutun. In dieser Sicherheit kannst Du noch mehr loslassen und Deine Aufmerksamkeit auf anderes lenken.*
- *Widme Dich nun eine Weile Deinem Herzen und sieh oder spüre Dein Herz als eine innere Quelle von Licht, Liebe und Wärme. Aus dieser unerschöpflichen Quelle strömen unbegrenzte neue Kräfte zunächst in Deinen Körper (in jedes Or-*

gan – in jede Zelle), danach auch in Deine Aura, damit Du Dich in einer Hülle aus Licht und Liebe geborgen fühlst. Sende von Deinem Herzen aus bewußt einen Lichtstrahl als Dank und Verbindung zur Erde und über Dein.Höheres Selbst hinaus zum Universum.

- Jetzt finde Dich auf der Ebene in Dir ein, auf der Du einen Raum für eine Begegnung erleben magst. Das kann im Bauchraum sein oder in einem Herzensraum in Brusthöhe oder in Deiner Vorstellung im Kopfbereich. Erlaube, daß aus Deinem Innersten heraus sich der Ort der Begegnung meldet, wie er jetzt für Dich stimmig ist. Dann gehe mit Deiner ganzen Aufmerksamkeit und Achtsamkeit dorthin und finde Dich dort ein. Es mag sein, daß Du Dich selbst in diesem Raum in Menschengestalt siehst.

- Wenn Du dann soweit bist, lade einen Wesensanteil von Dir ein, sich in dem Raum einzufinden. Lade ihn ein, damit er endlich einmal alles aussprechen kann, was er Dir sagen will. Du wirst ihm zuhören, endlich ganz zuhören, bis er sich verstanden fühlt! (Lade jetzt bitte nur einen Wesensanteil ein!)

- Je nachdem, welcher Wesensanteil in Dir eine Stimme haben will und Zeit und Raum zum Reden nutzt, wird sich Deine Kontaktaufnahme oder Dein Eingehen auf diesen Aspekt anders gestalten. Auf den „Ängstlichen" wirst Du anders eingehen als auf den „Wütenden", auf den „Moralapostel" anders als auf den „Pessimisten". Habe Mut und Geduld. Du wirst es richtig entscheiden. Wichtig dabei ist, daß Du einem vielleicht bisher verdrängten Teil von Dir selbst begegnest und Dich nun besser verstehst.

- Meist geschieht es von ganz allein, daß nach der Darstellung des Wesensanteils ein Gespräch zwischen euch beiden beginnt, in dem Du erfahren kannst, was dieser Wesensanteil will und welche Unterstützung er aus Deiner nun neu gewonnenen Einsicht bekommen sollte.

- *Manchmal ist es eine gute Hilfe, einen zweiten, dann in die andere Richtung arbeitenden Wesensanteil dazu einzuladen. Zum Beispiel dem „Entmutigten in Dir" den „Hoffnungsvollen" (ebenfalls vorhanden in Dir) vorzustellen und damit ein Gegengewicht bis hin zum harmonischen Gleichgewicht herzustellen.*
- *Du hast viele Wesensanteile in Dir, die bisher nicht alle gleichermaßen stark ausgeprägt sind. Manche schlafen noch. Erwecke zum Beispiel einen, den Du Dir für Deinen jetzigen Lebensprozeß wünschst. Schenke ihm Kraft durch Deine Aufmerksamkeit und Hinwendung. Es ist einfach und leicht.*
- *Wenn Du nun mit einem oder mehreren Wesensanteilen in Kontakt warst, frage jedesmal, „wo" er in Dir Raum haben will und begleite ihn dorthin.*
- *Zum Abschluß lösche das Bild der vorhin geschaffenen Begegnungsstätte und lasse Licht, Liebe und Dankbarkeit durch Deinen ganzen Körper fließen – als eine Einheit von vielen Organsystemen und Wesensanteilen. Danke und finde wach und klar in tiefen Atemzügen wieder in das Außen zurück.*

Meditationsende

Diese Art von Kontakt und Begegnung mit Wesensanteilen ist ein sehr effektiver Umgang für sehr fest verankerte Verhaltens- und Denkmuster. Es braucht den Mut und die Bereitschaft, etwas lebendig und in Konfrontation erleben zu wollen. Diese Art der geführten Meditation ist als Impuls sehr hilfreich, um mit dem Erlebten im alltäglichen Leben kreativ zu arbeiten und Veränderungen einzuleiten.

Phantasiereisen in die Bilderwelt der Seele

Die nun folgende Beschreibung der Phantasiereisen ist eng verknüpft mit den Visualisationsübungen. Auch hier geht es um das Empfangen von inneren Bildern und das Aussenden von solchen. Phantasiereisen sind Reisen in die Bilderwelt der Seele. Besonders als visueller Mensch wird es Dir leicht fallen, diese Reisen in der *Bildersprache* zu erleben. Die Bildersprache ist uns allen seit unseren Kindertagen vertraut, in denen uns die Erwachsenen mit ersten Bilderbüchern vertraut machten. Wir lernten einen Ball in der Realität kennen, und dann erkannten wir ihn im Bilderbuch – oder in umgekehrter Reihenfolge. Bei dem Begriff *Haus* wird Dir aufgrund Deiner Phantasie entweder eine kleine Holzhütte einfallen, ein weißer, prunkvoller Marmorpalast oder etwas dazwischen. Die Bildersprache ist eine Grundlage für die Phantasiereisen; und selbst wenn Du nicht sehr visuell veranlagt bist, habe Mut und Freude daran, einmal mitzureisen. Schon oft habe ich erlebt, daß mir jemand sagte, er sähe keine Bilder und schilderte mir nach einer sogenannten Gruppenphantasiereise vielerlei Situationen *bildlich*.

Alle Menschen haben Phantasie, manche trauen sich mehr zu, andere weniger, und dennoch ist sie in jedem von uns angelegt. Um zu phantasieren, braucht es ein paar Erfahrungen und eine Portion Mut, das Erlebte und Erlebbare etwas auszuschmücken. Da die Phantasie auf dem Erfahrenen basiert und sich verändern läßt, verbindet sie die Vergangenheit mit der Zukunft.

Es gibt den schönen Satz: „*Das Träumen ist der Sonntag des Denkens.*" In diesem Sinne ist das Phantasieren für den Verstand erholsam und entspannend. In Phantasiereisen vermischen sich geprägte Erfahrungen mit dem Mut für die Zukunft. Es kann sehr hilfreich sein, sich mit der Kraft seiner Phantasie neue Wege aufzuzeichnen, spielerisch für neue Aussichten offen zu werden. Was kann daran verkehrt sein, sich in einer Situation einmal das Schlimmste und einmal das Schönste vorzustellen und auszumalen? Es ist so, als wäre man in gewisser Weise innerlich vorbereitet; und so manches Mal hat etwas an *Gefährlichkeit* verloren, wenn man sich im geschützten Rahmen der Phantasie die Sache einmal angeschaut hat. Ich frage oft, was denn an dieser oder jener Situation das Schlimmste wäre, und erlebe dann ganz offenbar Veränderungen leichter Art. Die Betroffenen finden es bei näherem Hinschauen gar nicht mehr so bedrohlich wie zunächst erwartet.

Phantasieren macht Freude und ist eine ebenfalls leicht anwendbare Technik, um sich Wandlungswege aufzuzeichnen. Übe dabei das Leichte und Mögliche; und probiere doch einmal aus, wie es wäre, über Deinen eigenen Schatten zu springen.

Wenn man in einer Gruppe Phantasiereisen durchführt, kann man sozusagen *als Gruppe verreisen*, das bedeutet, daß jeder Teilnehmer und jede Teilnehmerin diese Reise in innere Bilderwelten mitgestaltet. Das beginnt dann so, daß zum Beispiel der Seminarleiter mit einem bestimmten Impuls eine Reise beginnt oder einen gemeinsamen Auftrag benennt. Da man dabei in einer Runde sitzt und mit den Händen einen Energiekreis bildet, wird mit Händedruck angegeben, wenn ein Teilnehmer mit seiner Gestaltung fertig ist. Ein Beispiel mag das verdeutlichen. Die Gruppe hat den Auftrag, einen großen Bergkristall in ein abgelegenes Dorf in Afrika (oder auf einen anderen Stern) zu bringen. So beginnt der/die erste mit der Reise und lädt womöglich alle Teilnehmer auf seinen fliegenden Teppich ein, um bereits ein großes Stück des Weges zurückzulegen. Mit Händedruck gibt er den Reiseimpuls weiter und der/die nächste im Kreis gestaltet weiter oder gar um. Ich habe schon eine Reihe sehr lustiger und auch sehr ernster Gruppenreisen miterlebt.

Meditation
Phantasiereise über die Wiese ins Herzenshaus

- *Schließe Deine Augen und wende Dich bewußt nach innen, in Dein inneres Bilderreich der Seele.*
- *Widme einige Atemzüge Deiner Entspannung und erlaube, daß Du gelassen und ruhig in Dir selbst ankommst.*
- *Wende Dich dann Deinem Herzen zu. Sieh oder spüre Dein Herz als innere Licht- oder Warmequelle und erkenne, daß diese kraftvolle Quelle in Dir zunächst Deinen ganzen Körper mit Licht, Liebe und Wärme ausfüllt, dann Deine Aura mit Licht versorgt, bis Du geschützt und geborgen in einer Lichthülle bist.*
- *Sende von Deinem Herzen aus Licht und Liebe über Deine Verwurzelung zu Mutter Erde als dankende Verbindung. Sende Licht und Liebe zu Deinem Höheren Selbst, bitte um innere Führung und sei bereit, Dich führen zu lassen.*
- *Dann begib Dich mit einem Teil Deiner Aufmerksamkeit auf eine innere Bilderreise und finde Dich auf einer schönen und großen Wiese wieder. Dort angekommen, schaust Du Dich um und nimmst die Wiese in allen Einzelheiten wahr. Wie ist Deine Wiese beschaffen, welche Blumen wachsen auf ihr? Was grenzt an Deine Wiese an? Wie ist das Wetter?*
- *Wähle einen schönen Platz auf Deiner Wiese und genieße ihn, ruhe Dich aus.*

- *Danach begib Dich auf den Weg, den Du am Ende Deiner Wiese findest und gehe voran. Achte auch hier auf Kleinigkeiten, zum Beispiel, wie der Weg gestaltet ist, ob er sehr steinig ist und so weiter.*
- *Der Weg führt ein Stück an einem Bach entlang. Schaue Dir auch diesen Bach gut an. Wie gefällt Dir sein Wasser? Lädt es Dich ein, eine Weile zuzuschauen, wie das Wasser leicht und dennoch kraftvoll über Stock und Stein fließt; oder lädt es Dich gar ein, Dich zu erfrischen, einen Trunk daraus zu nehmen oder darin zu baden?*
- *Gehe dann weiter, und Du wirst am Ende des Weges ein Haus vorfinden. Es ist ein Haus, das Du kennst. Es ist Dein Herzenshaus, ein Dir vertrautes Haus aus Holz oder Stein – so wie es für Dich stimmig ist. Schaue es Dir an, wie es von außen auf Dich wirkt. Wenn Du möchtest, gehe um das Haus herum und nimm es von allen Seiten wahr. Ist alles so, wie Du es haben willst? Wie Du es Dir wünschst? Wenn nicht, dann nimm die Veränderungen vor, die für Dich jetzt wichtig sind und gestalte es so, daß Du es schön findest.*
- *Danach gehe auch in das Haus und schaue Dich um. Schaue in alle Räume und überprüfe, ob alles so ist, wie Du es wünschst. Es mag sein, daß Du die Räume neu malen möchtest oder umräumen willst, dann verwirkliche dies. Entrümpele, was Du nicht mehr benötigst, und gestalte es so, wie Du es jetzt willst.*
- *Wenn Du dann zufrieden bist, bereite Dein Herzenshaus für ein Fest vor. Achte auf alles, was dafür nötig ist, und schmücke Deine Räume für das bevorstehende Fest.*
- *Entscheide, welcher Art das Fest sein soll (ein Kinderfest, ein Fest nur für Männer oder Frauen, ein Fest für zwei?) – und entscheide, „wen" Du zu Deinem Herzensfest einlädst.*
- *Dann genieße Dein Fest, erlebe es in Deiner Phantasie.*
  – Lasse Dir Zeit dazu –

- Wenn Du das für Dich genügend ausgekostet hast, komme langsam damit zu Ende. Danke innerlich den Menschen, die Du eingeladen hast, danke für alles, was möglich ist. Sei Dir dessen bewußt, daß Du immer auf Deine Wiese und in Dein Haus kannst, wann immer Du es willst.

So löse Dich nun von Deinem Haus in der Gewißheit, zurückkehren zu können, verweile ein wenig auf der Wiese, erlaube, daß auch dieses Bild verblaßt, und finde Dich mit Deiner gesamten Aufmerksamkeit in Deinem Körper ein, so wie er jetzt hier sitzt oder liegt.

Lasse Deine Aufmerksamkeit, Deine Liebe und Deine Dankbarkeit durch Deinen ganzen Körper fließen.

- Finde mit tiefen Atemzügen wieder bewußt und wach in die Außenwelt zurück.

Meditationsende

Phantasiereisen werden zu wahren Erholungsreisen für unseren Verstand, und dabei zeigen sie noch einfach und spielerisch allerhand Dinge und Zusammenhänge auf. Der Tumorspezialist Dr. Simonton und der Herzspezialist Dr. Ornish verwenden beide Aspekte der Phantasiereisen in ihren Behandlungsprogrammen.

Farb-Meditationen

Auch die sichtbaren und unsichtbaren Farben aus dem universellen Farbspektrum können zugrunde liegende Motivation für eine harmonisierende Meditationen sein. Farben sind Energien. Unser Regenbogenspektrum enthält von den kurzwelligen Frequenzen des Violetts über Blau, Grün, Orange bis zum langwelligen Rot die ver-

179

schiedendsten Energien. Die Farbtherapie gehört zu den ältesten Therapieformen überhaupt. In allen Kulturen waren Anwendungen von farbigen Tinkturen bekannt. Der im ersten Jahrhundert arbeitende römische Arzt Celsus benutzte schon farbige Hautpflaster, um die Heilung zu fördern. Heute wird mit Farbfrequenzen bestrahlt, durch farbige Folien geschaut, werden farbige Tinkturen eingenommen und so weiter.

In den Meditationen haben wir über unser geistiges Tor und unser Höheres Selbst Zugang zu allen sichtbaren und unsichtbaren Farben. Ich erwähne bewußt auch die unsichtbaren Farben, denn ich bin sicher, daß es ein größeres Farbspektrum gibt, als der Mensch heute sehen kann. Wenn wir unser Organ selbst wünschen lassen, welche Farbe es jetzt zur Unterstützung braucht, ist es sinnvoll und einfach, die universelle Quelle im Kosmos um genau diese Farbnuance zu bitten. Ich werde in der unten folgenden Meditation beschreiben, wie man sich das vorstellen kann. Wundere Dich nicht, wenn sich Dir Farben zeigen, die Du bisher verstandesmäßig nicht mochtest oder die Du bisher in Deiner Kleidung oder Umgebung nicht wolltest. Manchmal zeigt sich auch gerade die Komplementärfarbe zu Deiner Lieblingsfarbe, vielleicht gerade weil Du Deine Lieblingsfarbe sehr bewußt erlebst und die Gegenfarbe meidest. Dann kommt es vor, daß der Körper (oder ein Organ) genau das Gegenbild wünscht.

In meiner Praxisarbeit und meinen Seminaren verwende ich drei Arten von Farbtherapie. Zum ersten die Art, in Meditationen den Körper oder ein Organ selbst eine heilende Farbe wählen zu lassen, zweitens die Farbtherapie mittels farbiger Edelsteine, die ich im übernächsten Abschnitt näher beschreibe, und drittens die Farbtherapie mit-

180

tels der Aura-Soma-Essenzen. Das sind Essenzen, die in England hergestellt werden und konzentrierte geistige Farbenergien enthalten. Die Gründerin der Organisation „Dev Aura" war Vicky Wall, die unter geistiger Führung die Impulse bekam, solche Farbenergien zu materialisieren. Sie ging 1991 in die Lichtwelten über und gab dem heutigen Leiter, Mike Booth, den Auftrag weiter. Ich lernte Vicky Wall in Seminaren in England kennen und finde für ihre Worte noch heute keine besseren. Sie beschreibt ihre Farbessenzen so: „Farben öffnen Türen und Tore nach innen, so daß die tiefe, dahinter stehende kosmische Weisheit eintreten kann." Ihre farbigen Chakra-Essenzen (Pomander) erlebe ich als sehr intensivierend und vertiefend im Umgang mit Edelsteinen und mit mir selbst. Im Anhang erwähne ich das Buch von Vicky Wall, in dem weitere Details über Meisteressenzen und farbige Balance-Öle aufgeführt ist und gebe hier nur einen kurzen Ausschnitt über die Aura-Soma-Essenzen.

Die rubinrote Aura-Soma-Essenz – der *rote* Pomander – ist ein kraftvoller Schutz vor negativen Energien. Das langwellige Rot ist die stärkste Energetisierungsessenz und hilft so bei Müdigkeit und Energielosigkeit. Sie wirkt besonders stark auf das erste Basis-Chakra mit den Lebensthemen von Verwurzelung und Erdung. Körperlich stärkt sie besonders intensiv die Unterleibsorgane.

Der *orange* Pomander wirkt über das zweite Chakra entspannend auf unseren Darm. Seine Hauptwirkung richtet sich auf die energetische Hilfe bei Schrecken und Schockerlebnissen, denn er schließt ätherische Lücken in der Aura. Vicky Wall nannte ihn das *Sicherheitsnetz* bei der Reise in die Tiefe unseres Wesens, sei es in die Vergangenheit oder Zukunft.

Der *goldgelbe* Pomander wärmt uns und wirkt über das dritte Chakra belebend auf unsere innere Sonne und somit auf den Zugang zu unserem Kraftpotential.

Der *grüne* Pomander ist besonders intensiv dem Herz zugewandt und schafft inneren Raum zum Schutz und zur Regeneration. Er entspannt und läßt Ruhe einkehren.

Der *rosa* Pomander weckt und intensiviert alles, was in uns mit der Liebe zu sich selbst, zu anderen und zu allem Geschaffenen verbindet. Er dient *nur* der Liebe.

Der *türkisfarbene* Pomander vermischt grün und blau und verbindet somit Herz und Verstand. Er wirkt entspannend auf die Kehle und die Kommunikation und löst die angespannten Schultern.

Der *blaue* Pomander wirkt kühlend und klärend auf den Verstand, das Denken und das gesamte sechste Chakra mit allen geistigen Lebensprinzipien. Er ist ein Botschafter für geistige Prozesse.

Der *violette* Pomander wirkt auf das siebte und höchste Kronen-Chakra und bildet das Tor zum Universum. Er unterstützt uns beim Hören unserer inneren Stimme in der Verbindung zum Höheren Selbst.

Der *weiße* Pomander enthält, ähnlich wie der Bergkristall bei den Edelsteinen und Kristallen, alle sichtbaren und unsichtbaren Farben, das gesamte Spektrum. Er ist ein universeller Schutz für alle unspezifischen Situationen. Vicky Wall empfahl ihn für die tägliche Aura-Reinigung.

Man wendet die Aura-Soma Essenzen an, indem man drei Tropfen der Essenz in die Handinnenfläche gibt, sie dort verreibt und in die Aura fächelt. Ich halte dann noch gerne die Hand vor die Nase, um die Farbe richtig einzuatmen oder lege die Hände über das entsprechende Chakra.

Wann hast Du das letzte Mal etwas gemalt oder mit Far-

ben ein Gefühl, ein inneres Bild oder einen Impuls dargestellt? Die so oft gehörte Ausrede „ich kann nicht malen"
gilt in diesem Zusammenhang nicht. Es kann großen Spaß
bereiten, mit Kreide oder mit gefühlvollen Wasserfarben
zu malen. Manchmal hilft es, nicht schön malen zu wollen,
sondern bewußt formlos und einfach nur ein Farbenspiel
zu entfalten. Meine kleine fünfjährige Freundin malte einmal für mich ein ganz wunderschönes Bild; es ist eine herr-
liche Farbkombination, und aus meiner Sicht unterhält
sich auf dem Bild ein dicker, gemütlich wirkender Bär mit
einem cleveren Delphin. Sie fand das Bild auch schön,
hatte sich aber die Aufgabe gestellt, ein Hexenhäuschen zu
malen. Beide sind wir glücklich mit dem Bild.

Meditation
Dem Herzen eine Farbe schenken

- *Schließe Deine Augen, und wende Dich Deinem inneren Reich
zu. Erlaube Dir, ganz in Dir anzukommen. Lasse von allen Äußerlichkeiten los und trage mit einigen ganz bewußten Atemzügen zu Deiner Entspannung bei.*
- *Erinnere Dich Deines lichtvollen Herzens, an das Bild einer
kraftvollen inneren Quelle, die Dich versorgt, Deinen ganzen
Körper und auch Deine Lichtschutzhülle um Dich herum. Ver-
binde Dich über Dein Höheres Selbst bewußt mit Mutter Erde
und dem kosmischen Prinzip. Bitte Deine innere Führung,
Dir ganz nahe zu sein.*
- *Dann wende Dich wieder Deinem Herzen zu. Verweile bei
Deinem Herzen als dem Sitz von aller Liebe und allem Licht.
Wenn Du dann bereit bist, erlaube, daß sich Dein Herz eine
Farbe wünscht, die es jetzt unterstützen würde. Achte genau*

darauf, welche Farbe es ist, die sich Dein Herz wünscht, achte deshalb so genau darauf, damit Du dem Wunsch Deines Herzens entsprichst. Dann bitte die universelle göttliche Quelle um genau diese Farbe. Stelle Dir vor, wie sie über Dein Höheres Selbst und über Dein Scheitel-Chakra in Dich einfließt. Lenke sie durch Deinen Kopf und Deine Wirbelsäule entlang bis zu Deinem Herzen. Sieh Dein ganzes Herz von der gewünschten Farbe durchströmt, jede einzelne Zelle. Hinterfrage nicht, warum sich wohl Dein Herz diese Farbe gewünscht hat und interpretiere nichts. Erlaube einfach, daß Dein Herz nun diese Farbenergie bekommt, die es jetzt braucht. Begleite in Deinen Gedanken und Deinem Empfinden Dein Herz dabei.

- *Wenn es für Dich stimmig ist, erlaube, daß sich die Herzensfarbe nach einer Weile auch mit dem Pulsschlag Deines Herzens im gesamten Körper verteilt.*
- *Wenn Dir Dein Herz ein Zeichen dazu gibt, beende langsam die Meditation. Danke der göttlichen Quelle des Kosmos für die Farbenergie. Lasse Dankbarkeit durch Deinen ganzen Körper strömen und finde in dem für Dich stimmigen Tempo mit tiefen Atemzügen wieder bewußt, wach und klar in die Außenwelt zurück.*

Meditationsende

Diese Art von Farb-Meditation ist nicht nur für das Herz geeignet, sondern kann ebenso mit allen anderen Organen beziehungsweise in den verschiedensten Krankheitsbildern durchgeführt werden.

Ton- und Klang-Meditationen

Unsere Augen sind die Sinnesorgane, die uns mit der Außenwelt vertraut werden lassen. Unsere Ohren führen uns in die Innenwelt. Töne und Klänge bringen unsere Trommelfelle zum Schwingen und vermitteln uns das Äußere nach Innen. Der Klang von Worten und Gesängen trägt uns in *schweren und schönen Zeiten*. Schon als Kinder sind wir sanft gewiegt und in den Schlaf gesungen oder gesummt worden. Töne und Klänge sind ebenso heilend wie Farbschwingungen oder die Energien von Edelsteinen und Kristallen. Sie sind *ein* möglicher Weg von vielen, die zum Ziel der Einheit und gesundheitlicher Harmonie von Körper und Geist führen. In Ritualen alter Kulturen wurden bestimmte Klänge und Töne erzeugt, um bestimmte Stimmungen (beachte den Bezug zu Stimme) zu erzeugen oder deren Kraft zu halten. Das waren zum Teil Klangschalen, die im speziellen Rhythmus ertönten, Gongs oder auch Gesänge. Ein gutes Beispiel hierzu sind Mantras. Ein Mantra ist eine Kombination von bestimmten Buchstaben, wie das öffnende und schließende *AUM*, das wiederholt wird. Ein Mantra kann auch eine Kombination von mehreren Wörtern sein. In den Therapien werden bestimmte Mantras einhundertacht Mal wiederholt, einhundert Mal für die verschiedenen Inkarnationen Gottes plus acht Mal, da es acht Wege der Erleuchtung gibt. Die Mantras werden in manchen Kulturen immer in der gleichen Tonmelodie wiederholt, andere Kulturen sehen einen Sinn darin, die Melodie aufzunehmen, dann nach einer Weile das Tempo zu steigern, dann wieder langsamer zu werden. In diesen Arten von Klangtherapien werden zum einen die Kräfte der gewählten Worte bewußt stimuliert und zum anderen die verschiedenen Frequenzen der Töne benutzt, um in Körper und Geist etwas in entsprechende heilende Schwingungen zu versetzen. Es macht große Freude und ist sehr kraftverstärkend, wenn Mantras in Gruppen gesungen werden, weil das zugrunde liegende Motiv die Gruppenenergie verstärkt. Es ist schön, Mantras als Meditation zu singen, und es ist auch hilfreich, sie beim Spazierengehen, beim Autofahren und ähnlichen Betätigungen zu wiederholen.

Das wohl älteste und heiligste Mantra ist das sechssilbige tibetische Mantra *OM MANI PADME HUM*. Es hat, wie könnte es anders sein, mit dem Herzen zu tun. Das OM und das HUM bedeuten eine Darstellung des Universums in seinem höchsten und tiefsten Aspekt, in all seinen Erscheinungs- und Erlebnisformen, die wir Menschen mit unbegrenzter Liebe und unendlichem Mitgefühl erfassen sollen. Das PADME kommt von padma, das bedeutet Lotos und symbolisiert unser eigenes Herz, in dem das Juwel, das für MANI steht, nämlich der Schöpfungsgeist selbst gegenwärtig ist. Im christlichen Glauben wirst Du Schöpfungsgeist mit dem Göttlichen gleichsetzen, im buddhistischen Glauben bedeutet es Buddha. Gleich in welchem Glauben wir uns zu Hause fühlen, ist unser Herz die Lotosblume, in der sich das Juwel als die Essenz der Liebe findet – *unser Herz als DAS heilsame Juwel*.

Ein weiteres, mir sehr wichtig gewordenes, weil heilendes Mantra ist das folgende: *SRI RAM, JAI RAM JAI JAI RAM, OM*. Es geht in diesem Mantra um den Sieg durch die Macht der Liebe. Die Kraft dieser Worte ruft den inneren Heiler oder die innere Heilerin, nämlich die Liebe selbst, und hilft wieder zu harmonisieren, was in Disharmonie gekommen ist. Ich lernte inzwischen zwei verschiedene Melodien kennen, eine ist von Henry Marshall, der sehr schöne Mantras zusammengestellt hat, die an verschiedenen Lebensmotivationen ansetzen und sehr tiefgreifende harmonisierende Wirkungen haben. Zum zweiten liebe ich die Mantra-Melodie, die ich von Robert Gass und seinem Chor kenne.

Der zweite Teil der Mantra-Intonierung von Robert Gass dauert fast dreißig Minuten und ist für eine ausgedehnte Klangmeditation geeignet. Er enthält einen zunächst langsamen Teil, der sich dann im Tempo steigert. Der Chor singt das Mantra nach Art eines Kanons, von Trommelinstrumenten begleitet. Wenn ich dies höre, habe ich das Gefühl, daß alles in mir mitschwingt. Danach folgt ein schöner Übergang zu ruhigerer Tonart und zum sanften Ausklingen. Auch in unserem alltäglichen Leben begegnen wir ruhigen und schnellen Phasen. Ich lade Dich ein, so etwas selbst einmal zu probieren und eigene Erfahrungen zu sammeln.

Im Aquamarin Verlag gibt es ein großes Angebot von Mantra-CDs oder Kassetten, die sich für solche Klangmeditationen hervorragend eignen. Es muß auch nicht unbedingt ein Mantra sein, dessen Klänge man sich in einer Tonmassage zunutze macht, es gibt eine Vielfalt schönster Meditationsmusiken mit und ohne Naturklängen, Urlauten oder/und Instrumenten. Wähle dabei das, was Dich am tiefsten anspricht.

Meditation
Tonmassage

Wähle für diese Meditation ein Musikstück von etwa zwanzig bis dreißig Minuten, das Du von seinen Melodien und Rhythmus-Tempowechseln her kennst. Du sollstest in der Entspannung nicht erschrecken über einen Wechsel von laut und leise, getragenem oder schnellem Tempo. Es kann ein klassisches Musikstück sein oder ein Kassette mit Naturklängen oder Urtönen. Zum Beispiel das ALLE-

LUIA, der Pachelbel-Canon, intoniert von Robert Gass, oder das Mantra SHRI RAM. Beachte dann noch Deine Rahmenbedingungen von Zeit und Raum. Wenn Du eine technische Vorrichtung in Form einer Zeitschaltuhr hast, dann stelle sie so ein, daß nach cirka fünf Minuten das Musikstück beginnt; oder es schaltet jemand stellvertretend für Dich ein. Wenn dies alles zu umständlich sein sollte, dann beginne mit der Meditation im Wissen, daß Du ein paar Minuten für Entspannung und Einstimmung für die Tonmassage voranstellst.

- *Schließe Deine Augen und wende Dich wieder Deinem inneren Reich zu. Spüre Deinen Körper, wie er auf der Unterlage aufliegt oder wie Du möglichst entspannt sitzt. Wende Dich eine Weile Deinem Atem zu, begleite ihn, wie er ein- und ausströmt, ganz von allein, und wie Du mit jedem Atemzug gelassener und entspannter wirst.*
- *Erinnere Dich Deines licht- und liebevollen Herzens. Erlaube, daß Dein Herz eine unendlich große Quelle ist, die Licht, Liebe und Wärme in Deinen gesamten Körper, dann auch in Deine Aura ausstrahlt. Wie in einer Lichthülle bist Du geschützt und fühlst Dich versorgt und geborgen. Sende auch einen Lichtstrahl aus Deinem Herzen über Deine Verwurzelung an Mutter Erde als Dank und Verbindung. Führe dies ebenso über Dein Scheitel-Chakra hinaus zu Deinem Höheren Selbst fort und bitte um innere Führung. So bist Du mit oben und unten über Dein Herz verbunden, bist Vermittler/in von beiden unerschöpflichen Energiequellen und erlaubst Dir nun, Dich von Tönen und Klängen verwöhnen zu lassen.*
- *Wende Deine ganze Achtsamkeit und Aufmerksamkeit Deinen Ohren zu. Das sind Deine Sinnesorgane, die feinste Schwingungen für Dich „hören". Höre einfach zu. Nimm die Töne*

über Deine Ohren in Dich hinein, zunächst in Deinen Kopf als Wahrnehmungszentrale und dann auch über Deinen ganzen Körper. Erlaube allen Zellen Deines Körpers zu hören. Bitte sie, die Klänge über die Haut einzulassen. Höre mit dem ganzen Körper. Du kannst Dir dies vorstellen, als würden die Klänge Deine Hautzellen zunächst zart und sanft streicheln und Dich dann, Schicht für Schicht tiefer berühren und streicheln. Stelle Dir vor, wie Deine Organe und auch Dein Herz von den Klängen gestreichelt, gar massiert werden. Gib Dich ganz den Klängen und Tönen hin. Erlebe, wie Deine Zellen mitschwingen. Deine Massage wird zur lebendigen Botschaft in Dir. Was löst das aus? Wie fühlst Du Dich?

Genieße Deine Gefühle, und genieße dankend die Klänge.

- Wenn Deine Musik verklungen ist, beende langsam Deine Klangmassage. Laße Dir Zeit dabei und spüre immer wieder nach, wie Du Dich fühlst. Danke zum Abschluß für alles, wie es in Dir und um Dich herum ist.

- Sei mit Deiner ganzen Aufmerksamkeit wieder in Deinem Körper. Bewege Dich sanft in ihm, recke oder strecke Dich und finde mit tiefen Atmzügen wieder ganz bewußt in die Außenwelt zurück.

Meditationsende

Wie bei den anderen Meditationsverfahren auch, so ist die Ton- und Klangmassage nicht nur speziell für das Herz, sondern auch für andere Organmassagen sinnvoll. Viel Freude beim Hören und bei der Klang-Massage, denn Massagen sind Botschaften (beachte den Bezug Massage und message=Botschaft).

Edelsteinmeditationen
Die Wirkungen von Edelsteinen und Kristallen

Nun komme ich zu einem Kapitel, daß mir ganz besonders viel Freude bereitet. Ich *arbeite* nun seit mehr als dreizehn Jahren mit Edelsteinen und Kristallen, genauer gesagt, sie arbeiten mit mir. Mit *arbeiten* meine ich, daß ich mich von Edelsteinen begleitet fühle und gelernt habe, ihre unterstützenden Energien zu fühlen. Sie erzählen, wenn ich ihnen zuhöre und wenn ich ihre Muster und Strukturen anschaue. Ich habe bewußt meine inneren Türen und Tore für sie geöffnet und habe über mich und den Kosmos eine Menge gelernt.

Um Dir das oben erwähnte verständlicher zu machen, werde ich etwas weiter ausholen. Ich werde darüber schreiben, was aus meiner Sicht Heil- und Therapiesteine sind und ob man an ihre Wirkung *glauben* muß. Ich werde über die Feinstofflichkeit und die Energiezentren berichten, das Wirkungsprinzip der Resonanz erläutern und anschließend aufzeigen, welche Rolle die Edelsteinbeschaffenheit für die Wirkung spielt. Ich gehe auf die Farben ein und darauf, welchen Einfluß die Formen der Edelsteine haben. Ich schreibe über ihre Anwendungsmöglichkeiten und darüber, was es mit der astrologischen Zuordnung und den sogenannten Monatssteinen auf sich hat.

Ich nehme mit Freude zur Kenntnis, daß sich immer mehr Menschen für Edelsteine interessieren. Edelsteine und Kristalle erfahren eine neue Aktualität, so als würde altes und wahrhaftes Wissen wieder neu Beachtung finden. Viele Menschen besinnen sich auf ganz natürliche Lebensweisen und suchen in der Einfachheit die wahren Kraft- und Regenerationsquellen.

Die Edelsteine sind in diesem Geschehen *die Botschafter des mineralischen Reiches der Natur* und tragen so, ähnlich wie die Botschafter des Pflanzenbereichs (Kräuter, Heilpflanzen, Bach-Blüten), ihren Teil zur Bewußtwerdung und Heilung bei.

Edelsteine und Kristalle haben schon immer einen großen Einfluß auf uns Menschen ausgeübt. Sie faszinieren uns durch ihre Schönheit und wirken durch eine mehr oder weniger starke Anziehungskraft auf uns ein. Schon vor tausenden von Jahren gab es in alten Kulturen bedeutende Steine. Naturverbundene Völker, zum Beispiel die Indianer, kannten den Umgang mit sogenannten Heilsteinen. Im alten Mexiko waren es Topase, Rubine und Smaragde. In der indischen Kultur der Mondstein. In Ägypten der Lapislazuli und der Malachit.

Ich erwähnte das Wort Heilsteine. Es liegt eine Gefahr darin, von Heil- und Therapiesteinen zu reden, ohne sich dessen bewußt zu sein, was das Wort Heilung eigentlich bedeutet. *„HEILEN KANN JEDER NUR SICH SELBST."* Es ist mir wichtig, daß so klar auszudrücken. Edelsteine können, ebenso wie homöopathische Mittel, Akupunkturnadeln, Heilkräuter oder ein klärendes Gespräch, uns unterstützen auf unserem Weg zum Heil-Werden. Sie sind Helfer auf unserem inneren Bewußtwerdungsweg. Manche beschleunigen, ähnlich wie ein Katalysator, innere Prozesse. Manche wecken oder beleben schlafende Fähigkeiten, die jetzt in der akuten Lebenssituation gebraucht werden. Einige wirken bewußtseinserweiternd und unterstützen uns bei gedanklichen Klärungen.

Andere sind Lichtbringer, sie schenken uns ein inneres Licht, damit wir die *Steine auf unserem Lebensweg* besser sehen. Edelsteine sind nicht dazu da, uns die Schwierigkeiten

– eben die Steine – aus dem Lebensweg zu räumen, sondern sie vermitteln uns Kräfte, dies selbst zu bewältigen. Gehen müssen wir schon selbst, Schritt für Schritt. In meiner Arbeit mit anderen Menschen und in eigenen Lebensprozessen bin ich für diese Art von Unterstützung sehr dankbar.

Ich sehe eine Gefahr darin, mit einem sogenannten Heilstein ein körperliches Symptom oder ein Problem löschen zu wollen. Das wäre eine falsch verstandene Edelsteintherapie. Ich habe schon in der Einleitung dieses Buches diesen Gedanken beschrieben und nehme ihn in diesem Kapitel noch einmal bewußt auf. *Es geschieht keine Heilung ohne eine Bewußtseinsveränderung.* Wenn allerdings die Energie eines Edelsteins mein Bewußtsein erweitert, indem er mich bei Erkenntnisprozessen unterstützt, dann ist er im wahren Sinne ein Heilstein. Einer Heilung geht eine Erkenntnis voraus, der eventuell eine Veränderung eines Denk- und Verhaltensmusters folgt, zum Beispiel eine Ernährungsumstellung, eine Veränderung in der Lebensweise. Wenn ich nicht die psychischen Ursachen einer Krankheit oder eines Konflikts erkenne oder den Krankheitsgewinn nicht erkennen will, dann werde ich diese Krankheit nicht los, beziehungsweise es kommt das gleiche oder ähnliche, etwas veränderte Geschehen nochmals auf mich zu.

Ist es nun eine Glaubensfrage – muß man an die Wirkung von Edelsteinen glauben, oder wirken sie auch ohne unser inneres Zutun? Glauben ist das *Fürwahrhalten einer Mitteilung.* Einige der nun folgenden Mitteilungen sind nicht auf der Stelle überprüfbar, und vieles liegt im Grenzbereich physikalischer Nachweisbarkeit. Das darf dennoch kein Grund sein, die feinstofflichen Wirkungen von Edelsteinen zu leugnen oder als Placebo-Effekt abzustempeln. In der Naturwissenschaft ist es manchmal noch schwer, mit den bisher üblichen Beweismethoden diese feinstofflichen Wirkungen zu erklären. Wir können zum Beispiel bis heute keinen exakten, quantitativen physikalischen Nachweis eines Gedankens, einer Stimmung oder eines Gefühls geben. Jeder von uns weiß aber, daß solche Phänomene unbestritten existieren. Die Grundlage des Lebens ist nicht die Materie allein, sondern die mit ihr verbundene nicht-materielle Schwingung. Nach den Erkenntnissen der relativen Quantenphysik haben Materie und Strahlung (Energie) eine Doppelnatur. Jedes Teilchen der Materie, jede Zelle als grundlegende organische Einheit, sendet elektromagnetische Felder aus und ist fähig, ebensolche zu empfangen. Dem Ehepaar Kirlian gelang es in den siebziger Jahren, diese Kraftfelder sichtbar zu machen − mittels der Hochfrequenzfotografie. Mit dieser Kirlian-Fotografie versucht man heute, die Energiefelder von Edelsteinen und Kristallen zu fotografieren, um sie zu beweisen, beziehungsweise um die Energien der Edelsteine miteinander zu vergleichen.

An die feinstofflichen Wirkungen von Edelsteinen und Kristallen sollte man insofern glauben, daß man ihnen eine Offenheit entgegenbringt, mit einer gesunden Skepsis (nicht Ablehnung), die eventuell neuen Mitteilungen in sich selbst zu überprüfen. Selbst zu erspüren, was und wie da etwas geschieht. Edelsteine brauchen eine Chance, ihre Wirkungen zu zeigen und zu entfalten.

Alles, was hier auf Erden lebt, Mineralien, Pflanzen, Tiere und Menschen, besitzt einen materiellen, grobstofflichen Körper, der in einer bestimmten niederen Frequenz schwingt. Edelsteine und Kristalle sehe ich ebenso als lebendige Materie an. Sie haben einen anderen, von unserem abweichenden Stoffwechsel, ihre Veränderungen laufen in einem anderen Zeitschema ab, und dennoch verändern sie sich, sie reagieren.

Diese grobstofflichen Körper können wir sehen, können sie anfassen, erfühlen, manches sogar schmecken. Für diese Wahrnehmungen setzen wir unsere Sinne ein. Unsere Sinnesorgane Augen, Ohren, Nase, Zunge und Haut vermitteln uns Erfahrungen mit ihnen. Darüber hinaus hat alles, was lebt, noch einen nicht-materiellen, feinstofflichen Körper. Genauer gesagt, sind es mehrere feinstoffliche Körper und Energiezentren.

Die feinstofflichen Körper bilden den Ätherleib oder auch Lichtleib, der wie eine Brücke die sichtbare und die unsichtbare Welt verbindet. Manche hellsichtige Menschen können diese Ätherkörper wirklich sehen, sie können die Zusammensetzung und die darin vorkommenden Farben beschreiben. Aber für viele von uns bleiben diese Farben verborgen, wir sehen sie nicht. Doch kann jeder von uns seine Wahrnehmungen schulen und erweitern, so daß er die feinstofflichen Körper als die Ausstrahlung des Menschen, als seine Aura erspürt.

Alles, was lebt, wird von einer Aura, einer feinstofflichen Ausstrahlung umgeben. Bezogen auf uns Menschen fühlen wir uns wohl in der Aura eines positiv denkenden, kraftvollen Menschen. Andere haben eine Ausstrahlung, die wir als unangenehm empfinden, aus der wir uns zurückziehen. Die Aura des Menschen wirkt verschieden stark in den Raum; Buddha umgab eine Aura, die sich über mehr als tausend Meter ausdehnte. Kranke Menschen strahlen eventuell nur wenige Zentimeter über den irdischen Körper hinaus.

Diese feinstofflichen Energiekörper setzen sich aus mehreren Schichten zusammen. Sie durchdringen und überlagern sich gegenseitig. Sie sind eng verwoben miteinander und besonders eng verbunden mit der grauen Hirnsubstanz und dem gesamten Nervensystem. Von innen nach außen folgen immer feinere Energiekörper aufeinander, die von den energetischen Zentren im grobstofflichen Körper, den Chakras, mit Energie versorgt werden.

Der Emotional- oder Gefühlskörper ist der erste dieser feinstofflichen Energiekörper. Er liegt dem grobstofflichen Körper direkt an und bringt die Gefühle zum Ausdruck. Starke Gefühle, wie Freude oder gar Begeisterung und Liebe, lassen den Emotionalkörper aufleuchten und intensivieren die Energie. Traurige, schwermütige Gefühle verdunkeln diesen Teil der Aura. Der sich nach außen anschließende Mentalkörper bestimmt das Denken, den gedanklichen Ausdruck. Konzentration und klare, lichtvolle Gedanken erhellen diesen Raum der Aura, während düstere Gedanken ihn eher verdunkeln. Nach außen hin schließen sich dann die noch feineren, astralen und spirituellen Schichten an, die in ihrer Energie immer höher und schwieriger wahrzunehmen sind.

Die Chakras als energetische Kraftzentren, ihre Lage und ihren Bezug zu unseren Lebensprinzipien habe ich schon im Kapitel über das seelisch-geistige Herz und das Herz-Chakra beschrieben.

Analog zu den feinstofflichen Körpern des Menschen haben die Edelsteine und Kristalle ebensolche. Jeder Stein besteht aus einem grobstofflichen, festen Körper, der eine bestimmte Form und Beschaffenheit aufweist. Man kann ihn sehen und anfassen. Darüber hinaus gibt es auch die feinstoffliche Ausstrahlung des Steins, die sich erspüren läßt. Eben diese unsichtbare Ausstrahlung, diese Schwingung oder Energie ist es, die auf unsere Chakras und unser ganzes Wesen wirkt. Dem liegt zugrunde, daß *alles* Schwingung ist und das Gesetz der Resonanz alles regiert. Unser ganzes Sein ist durch Schwingung gegeben. Erinnere Dich, daß der größte Raum innerhalb eines Atoms, also der Raum zwischen Atomkern und Elektronenhülle, materiell leerer Raum ist. Es ist ein Raum, der nur von Schwingungen, von Anziehungskräften erfüllt ist. Unsere gesamten Stoffwechselvorgänge im Körper werden ermöglicht und gesteuert durch kleine Energiepakete, die in den Zellorganellen (in den Mitochondrien) gebildet werden, um dann im Stoffwechsel irgendwo anders verbraucht zu werden. Energieprozesse laufen immerzu in uns ab, kontrolliert von unserem Kleinhirn, unkontrolliert von unserem Bewußtsein.

Es ist das Gesetz von Resonanz und Schwingungsinteraktionen, die den Wirkungen der Edelsteine und Kristalle entsprechen. Die feinstofflichen Schwingungen der Steine wirken von außen her auf unsere Aura, bis tief hinein in jeden Teil unseres Zellstoffwechsels.

Der Schweizer Biophysiker Walter Stark beschreibt ein hierfür interessantes Wirkungsmodell. Er vermutet, daß die elektromagnetische Strahlung der Edelsteine im Frequenzbereich der Schwingungen natürlicher Körperzellen liegt. Die Energien der Edelsteine seien vom Typ der Biofrequenzen, die regulierend auf den gesamten Organismus einwirken können. Die gesunde Körperzelle braucht für ihre Lebensfunktionen eine ganz bestimmte Energie oder Strahlung. Im disharmonischen oder kranken Zustand schwingt die Zelle nicht mehr normal, wobei das Potential entweder bis auf Null zurückgeht oder sie schwingt zu hoch infolge aufgezwungener Schwingung (zum Beispiel durch Erdstrahlen, übermäßige Belastung durch Elektrogeräte oder auch durch Entzündungen). Starks Theorie nach bewirkt der Edelstein oder Kristall eine Aufladung geschwächter Körperzellen, beziehungsweise eine Entladung energetisch überlasteter Zellen auf ihre ursprüngliche Strahlung.

Das feinstoffliche Kraftfeld des Steines korrespondiert also mit dem unseren. Wechselwirkungen verschiedener Art sind die Folgen.

Eine solche Wechselwirkung ist zum Beispiel, daß ein Prozeß verstärkt wird. Das kann bedeuten, daß ein negativer Aspekt intensiviert und damit noch deutlicher wird. Von der Homoöpathie her kennt man auch solche Erstverschlimmerungen oder Erstverdeutlichungen. Ein körperlicher Schmerz kann für kurze Zeit noch schlimmer empfunden werden, ein Konflikt auf der seelisch-geistigen Ebene noch deutlicher, weil die Energie des Steines daran *arbeitet*. Dann wird ein Lösungsprozeß in Gang gesetzt, dann durchläuft man die Talsohle schneller. Ein Stein, der solches auslöst, ist deswegen nicht schlecht oder ungeeignet; es ist dann häufig eine Frage der Anwendung und Dosierung. Man könnte ihn achtsamer dosieren, ihn zum Beispiel nicht ständig mit sich tragen.

Wenn ein positiver Aspekt verstärkt wird, ist uns das meistens eher recht. Wenn eine Seelenkraft belebt, das Selbstvertrauen gestärkt wird und wir uns noch besser fühlen, nehmen wir das lieber an. Es wird dann oft so empfunden, als schenke der Stein noch Kraft dazu oder eine Fähigkeit wird noch verdichtet (= Prinzip der Resonanz). Es ist sehr hilfreich, seine Aufmerksamkeit dorthin zu lenken und bewußt solche Prozesse zu begleiten.

Edelsteine können uns Geduld und Hingabe lehren. Sie sind vor langer Zeit in der Tiefe von Mutter Erde und unter der Einwirkung der geistigen Kräfte des Schöpfers entstanden. Sie haben für ihr Wachstum und ihre Reifung unglaubliche Hitze und Druck ausgehalten, haben Spurenelemente in sich aufgenommen, haben ihre Aufgabe angenommen. So fordern sie uns auf, Geduld zu haben, vor schwierigen Entwicklungsphasen und inneren Reifungsprozessen nicht davonzulaufen und uns mit Hingabe den Lebensaufgaben zu widmen.

Edelsteine und Kristalle verschenken ihre helfenden und heilsamen Energien auf ganz selbstlose Art und Weise. Ohne zu werten, ohne Vorbehalte verteilen sie ihre Schwingungen. Es gibt Energie-gebende Steine, die Quarzarten, wie zum Beispiel der Bergkristall. Auch der Amethyst gibt ständig Energien ab. Andere Edelsteinarten, wie der Malachit und der Türkis, sind fähig, negative Energien und Schwingungen von Krankheiten aufzunehmen, zu absorbieren – zum Schutze des Trägers oder der Trägerin. Sie *nehmen* Energien auf.

Manche Edelsteinarten haben sehr schöne Strukturen und Zeichnungen; oder es entstehen schöne Bilder, wenn sich mehrere Farben ineinander vermischen. Solche Steine laden geradezu ein, diese Strukturen und Zeichnungen als eigenes Spiegelbild zu erkennen. Das, was man in einem Stein an Bildern und Symbolen sieht, hat immer etwas mit einem selbst zu tun. Nach dem kosmischen Gesetz „Wie innen – so außen, wie oben – so unten". Schaue Dir strukturierte Steine aus dieser Sichtweise an, dann wirst Du gemäß Deiner jetzigen Lebensauffassung oder Stimmung frei durchgängige Wege sehen, oder alles sieht verbaut, dunkel oder verwundet aus. Vielleicht erkennst Du ein Gesicht, ein Symbol, das Dir etwas bedeutet; oder die Ebenen, die in einem durchscheinenden Stein sichtbar sind, erinnern Dich an Standhaftigkeit, inneren Halt oder Möglichkeiten des Aufstiegs.

Über Beschaffenheiten, Formen und Anwendungen

Die Beschaffenheit eines Edelsteins weist auf die Ebene seiner Wirkung hin. Ganz dichte oder opake Edelsteine, wie der Jaspis, Malachit oder Sodalith, wirken besonders auf unser dichtes und körperliches Sein und auf das Wollen. Bezogen auf die im Kapitel sechs erläuterten Ebenen der Liebe, entspräche sie der *Eros*-Ebene. Durchscheinende Edelsteine, wie der Rosenquarz, Amethyst oder auch Fluorit, beziehen sich mehr auf die Gefühlsebene und die *Philia*-Ebene. Ganz klare Edelsteine und Kristalle, wie der klare Bergkristall, klare Amethyste oder Saphire, berühren mehr die Geistebene, die Gedanken und die *Agape*-Ebene.

Die Farben der Edelsteine wirken ihrem Energiepotential entsprechend auf uns. Die Wirkung der Farben erwähnte ich im Abschnitt über die Farb-Meditationen. Hier gilt gleiches. Ein tiefroter, dichter Jaspis berührt in uns etwas anderes als ein durchscheinend grüner Fluorit. Vertraue auch hier Deiner Intuition, Deinem Gefühl, wenn Du Dir aus einer Reihe farbiger Steine den auswählst, der Dich anspricht und der Dir gefällt.

Die Farbzuordnungen unterscheiden sich in östlicher und westlicher Kultur. In meiner Arbeit habe ich die, wie ich sie nenne, *Regenbogen-Zuordnung* als für mich stimmig erfahren. Das heißt, im ersten Energiezentrum des Beckenbodens rot, im zweiten orange, dann gelb, grün, hellblau, kräftiges blau und im siebten Energiezentrum, oberhalb des Scheitels, violett. So gesehen ergeben sich aus der Chakra-Reihe entlang der Wirbelsäule die Farben des Regenbogens und somit das gesamte Farbspektrum des Universums. Oft sind in einem Bergkristall Regenbögen zu sehen, wenn sich an wenigen Einschlüssen oder Ebenen das Licht bricht. Der Regenbogen steht symbolisch für einen farbig gespannten Bogen zwischen Himmel und Erde. Auf der Erde erscheint er dann, wenn die Sonne wieder nach einem Regen durchkommt. In menschlichen Reifungsprozessen zeigt er an, daß nun eine regennasse, schwere Zeit vorbei ist, daß die kraftspendende Sonne wieder scheint.

Nun ein paar Worte zu den Formen der Edelsteine und Kristalle und ihrer Bedeutung für uns.

Während die Edelsteine und Kristalle in Mutter Erde herangereift sind, sind sie durch Einfluß gesetzmäßiger Muster in ein sogenanntes Kristallgitter hineingewachsen, sind von einem flüssigen Sol-Zustand über einen festeren Gel-Zustand erhärtet, womöglich in ein Muster hineinkristallisiert. Dabei sind sie immer härter geworden. Je härter ein Stein oder Kristall ist (die Edelsteinkundler = Gemmologen genannt, unterscheiden Steine nach ihren Mohshärtegraden), um so symbolischer weist er uns auf Härte- und Kristallisationspunkte in uns hin.

Wenn Du Dich von einem ganz unveränderten, ursprünglichen und naturbelassenen Kristall oder Stein angezogen fühlst, kommen auch solche ursprünglichen Energien über die naturbelassenen Formen mit. Wenn er eine Spitze hat, erkennt man seine Wachstumsrichtung und kann vom Ansatz bis zur Spitze verfolgen, was er integriert hat. Man erkennt die strengen geometrischen Gesetze, denen er in seinem Wachstum gefolgt ist. Bei den sogenannten Phantomkristallen läßt sich oftmals erkennen, daß zu einem bestimmten Zeitpunkt das Wachstum stoppte, eine Weile (eventuell Jahrhunderte) ruhte und es dann einen Impuls zum Weiterwachsen gab. So gibt es durchscheinende Kristalle, die in ihrem Inneren eine anders gewachsene Spitze oder eine Pyramide oder eine andere geometrische Figur in sich tragen. In solchen Steinen hält man ein Stück Entwicklungsgeschichte in Händen. Vielleicht erkennst auch Du Gesetzmäßigkeiten, denen Du persönlich ausgesetzt bist und warst und erkennst, durch welche Lebenssituationen Du gereift bist.

Ein sogenannter Trommelstein hat schon bestimmte von der Natur (wie bei den Kieselsteinen) oder vom Menschen veranlaßte Schleifprozesse überstanden. Das sind solche individuell geschliffenen Steine, die zwar schon rund sind, aber eben noch nicht Kugel- oder Eiform haben. Bei der Herstellung von Trommelsteinen werden mehrere Gesteinsbrocken der gleichen Sorte Edelstein (gleichen Härtegrades) in eine Trommel mit Schleifmittel (Sand und Wasser) gegeben. Durch die sich bewegende Trommel schleifen sich die Steine gegenseitig. Dadurch verändern sich die Bruchstücke, es reiben sich Spitzen und Kanten ab oder aber sie bekommen dadurch Verletzungen und Narben. Analog kann man diesen Prozeß auf uns Menschen übertragen. In unseren Lebenssituationen, in Familie, Schule und Partnerschaften, werden auch wir geschliffen, werden unsere Kanten und Spitzen verändert, oder aber wir erhalten psychische Narben durch solche Reibungen. Wenn Du Dich von einem Trommelstein angezogen fühlst, mag es sein, daß auch Du gerade Deinen individuellen Schleifprozeß des Lebens erkennst.

Bei den sogenannten Flats halten wir auch geschliffene

Edelsteine in Händen. Flats haben eine ovale Form und auf beiden Seiten glattgeschliffene Flächen. Es gibt sie in verschiedenen Größen (von einigen Zentimetern), und sie liegen als Handschmeichler schön in den Händen.

Bei den facettiert geschliffenen Schmucksteinen wird dieser Schleifprozeß noch verstärkt, indem der Edelsteinschleifer das Material in eine ganz bestimmte Form bringt. Der Edelstein wird herausgefordert, diesem enormen Schleifprozeß standzuhalten – oder er zerbricht daran. Hat er ihn jedoch erfolgreich überstanden, kommt seine Brillanz, sein inneres Feuer oder seine Klarheit erst recht zur Geltung. Auch wir Menschen werden immer wieder zu extremen Schleifprozessen herausgefordert und entscheiden mit, ob wir daran zerbrechen oder danach von innen heraus Reife und Schönheit ausstrahlen, wenn wir die Wandlungen überstanden haben.

Wenn wir uns von einer Kugelform angezogen fühlen, ist in uns ein innerlicher Vollkommenheitsanspruch erwacht. Die Kugel (wie Sonne und Mond) zeigt uns eine abgeschlossene Einheit, etwas *in-sich-vollkommenes*. Keine Spitzen oder Kanten verletzen mehr. Sie ist rund. Alles, was in der Kugel lebt, ist integriert. Die Kugelform weckt oder verstärkt diesen Aspekt von uns, einen Prozeß oder uns selbst zu vervollkommnen, *rund* zu werden. In mir erwacht stets ein Gefühl von Ehrfurcht für eine schöne Kugel, und ich halte sie gerne mit Achtsamkeit in meinen Händen.

Halten wir einen runden Cabochon in Händen, der an der Basis plangeschliffen ist und oben zur Halbkugel, dann wird uns bewußt, daß wir es mit einem Teilaspekt zu tun haben, mit der Hälfte eines Ganzen, es fehlt noch ein Teil, aber die Vollkommenheit ist schon zur Hälfte erkennbar. Cabochons gibt es auch in ovaler Form.

Ein Edelstein, der in eine Eiform geschliffen wurde, spricht das Kreative, das Schöpferische in uns an. Wir sind alle dem Ei entsprungen, in dem Ei, genauer in der Eizelle herangereift. In uns sind immer wieder Aspekte, die gerade heranreifen. Die Eiform unterstützt diesen Bewußtwerdungsprozeß von Reifen und Wachsen. Da wird etwas Neues zum Leben erweckt. Wenn ich zum Beispiel mit dem Edelsteinei in meinen Händen spiele, es drehe und wende, kann das für einen Konflikt oder eine Problemsituation bedeuten, daß ich auch den Konflikt drehe und wende und mir die Situation von verschiedenen Seiten anschaue. Eine oder gar mehrere Lösungen werden kreativ geschaffen.

In der Pyramidenform begegnet uns der Aspekt der Selbstverwirklichung. Ein Quadrat (Symbol für die Erde) liegt der Pyramide als fester Basis zugrunde. Darauf stehen vier gleichseitige Dreiecke (Symbol für das Geistige), die bedeuten, nach oben zum Geistigen hin ausgerichtet zu sein – bei festem Stand auf der Erde. Edelstein- und Kristallpyramiden sind sehr sinnvolle Unterstützungen in Meditationen und Bewußtwerdungsprozessen.

In der Obeliskform steht eine Pyramide auf einem starken Sockel. Es erfordert großes Selbstvertrauen und eine feste Verwurzelung und Standhaftigkeit, so hoch hinaus zu streben.

Ein Edelstein oder Kristall mit einer naturbelassenen Spitze bringt Licht und Klarheit in eine ganz spezifische Sache oder einen spezifischen Aspekt hinein. Die Spitze weist auf Ausrichtung und Zielrichtung hin. An der Spitze selbst befindet sich das höchste Energiepotential, und es ist ein Unterschied, ob Du eine Kristallspitze auf Dich richtest und damit die Energie auf Dich hin lenkst, ob Du sie zum

Kopf hin ausrichtest und damit die Energiefließrichtung zum Kopf hinlenkst oder ob Du die Spitze zum Boden hin ausrichtest und damit auch Dein Energiefeld erdest.

Mir ist es wichtig, auf die Naturbelassenheit und somit auf die Qualität eines Edelsteins oder Kristalls hinzuweisen. Wie oben erklärt, meine ich damit nicht die überstandenen Schleifprozesse als mechanische Veränderungen. Sie geben zusätzlich zur Edelsteininformation noch einen Impuls dazu. Vielmehr meine ich die Naturbelassenheit im Sinne von Farbbädern, Bestrahlungen oder sonst manipulierenden Verfahren. Die Veränderung durch Erhitzen, wie es bei Citrinen und Türkisen oft gehandhabt wird, ist aus meiner Sicht in manchen Behandlungsverfahren noch tolerierbar, da das Erhitzen dem Umgang mit dem Feuerelement entspricht. Bei der Auswahl und beim Einkauf meiner Edelsteine achte ich sehr darauf und frage den/die Edelsteinhändler/innen. Diese sind, je nach Ausbildung, gerne bereit, Auskunft darüber zu geben, wie der gewählte Edelstein behandelt wurde.

Nun ein paar Worte zu den verschiedenen Anwendungsmöglichkeiten von Edelsteinen und Kristallen. In früheren Zeiten waren Edelsteine – unter anderem – ein Zeichen von Macht und Besitz. Altäre wurden mit Edelsteinen verziert, in den Schildern von Hohepriestern gab es bestimmte Anordnungen von Edelsteinen. Im Mittelalter wurden Edelsteine auch zermahlen und in Form von Tinkturen eingenommen.

Eine sehr bekannte Äbtissin und Mystikerin, die im zwölften Jahrhundert lebte, Hildegard von Bingen, gibt in ihren Aufzeichnungen ganz genaue Anleitungen, wie bestimmte Steine anzuwenden sind. Oft beschreibt sie Möglichkeiten, wie die Edelsteine ihre heilenden Kräfte auf eine

Flüssigkeit wie Wasser, Öl oder auch Wein mittels Erwärmung übertragen. Der Kranke muß dann die Flüssigkeit einnehmen, oder er leckt an dem Edelstein, so daß der Speichel als Lebenssaft mit dem Edelstein in Kontakt kommt. Hildegard von Bingen arbeitete und sammelte ihre Erfahrungen mit ganzen Steinen. Sie ließ keine zermahlen. Das Ganze war auch bei ihr mehr wert als ein Teil. Sie beschrieb sehr viele Steine als Schutz-Steine. Nach ihrem Verständnis waren die Edelsteine und Kristalle *so vom Guten durchdrungen,* in ihrer Entstehung dem Guten an sich zugewandt, daß es bösen Geistern und bösen Mächten, wie auch Gedanken und Flüchen, gar nicht möglich war, sich dort aufzuhalten, wo solche positiven Kräfte der Schöpfung walteten. Sie nahm in den Edelsteinen geordnete Kräfte wahr, die ungeordneten Kräften keinen Raum zur Ausdehnung ließen.

Im folgenden zähle ich einige ganz einfache Anwendungsmöglichkeiten auf. Legt man einen Edelstein oder Kristall (oder mehrere in einer bestimmten Anordnung) in den Raum, zum Beispiel auf einem schönen Seidentuch ausgebreitet, dann strahlt er seine Energie natürlich in diesen Bereich aus. So kann er auf einem hellen Platz auf dem Arbeitstisch, Schreibtisch, an der Fensterbank oder sonst an einem sichtbaren Platz wirken. Liegt er in einer Schublade oder hinter Glas, kann er sich nicht verströmen. Bergkristalle oder gar eine schön gewachsene Kristallgruppe verändern die Raumschwingung deutlich positiv. Sie wird gereinigt und gestärkt, denn der Kristall verströmt unerschöpflich Harmonie.

Auch kann ein Kristall sehr gut unter oder am Bettplatz aufgestellt sein, so wirkt er auf das nächtliche Ausruhen und die Regeneration. Mit einer Kristallspitze, aber auch mit einer Kristallkugel, sind Massagen an den Reflexzonen sinnvoll. So zum Beispiel bei Fußreflexzonenmassagen oder Metamorphosebehandlungen (das ist eine spezielle Massageform am Fuß). Auch bei allen anderen Massageformen, wie etwa bei der Lymphdrainage, wirkt es unterstützend, einen Kristall in der Aura des zu Behandelnden oder in der unmittelbaren Umgebung der Massageliege zu haben.

Trommelsteine können leicht am Körper getragen werden. Die Steine des ersten bis dritten Chakras, also die roten, orangen und gelben Steine, können gut in der Hosen- oder Rocktasche getragen werden. Praktischerweise in einem kleinen Stoff- oder Lederbeutelchen, damit beim Wechsel der Kleidung der Stein nicht versehentlich zu Boden fällt.

Die Trommelsteine vom vierten bis zum siebten Chakra sind etwas schwieriger am Körper anzuwenden. Wenn sie durchbohrt oder als Schmuckstück gefaßt sind, können sie, je nach Ketten- oder Bandlänge, über dem Herz- oder Hals-Chakra getragen werden. Die blauen und violetten Steine als Energiequellen für das Stirn- und Scheitel-Chakra können in Meditationen aufgelegt werden. Eine mögliche, meiner Erfahrung nach sehr effektive Anwendung ist es zum Beispiel, sich für ein paar Minuten den Stein bewußt und genau anzusehen, sich mit ihm zu beschäftigen. Seine Energien damit bewußt über die Hände aufzunehmen oder in einer Ausruhepause den Stein für zehn bis fünzehn Minuten dorthin zu halten, wo der Stein von ganz alleine hinführt. In den anschließenden Meditationen werde ich vielerlei Möglichkeiten beschreiben, den gewählten Stein eine Zeitlang auf ein Organ oder das Herz aufzulegen.

Überhaupt liegt in Meditationen eine sehr schöne Anwendung der Edelsteine. Sie unterstützen das Loslassen vom Alltag, die Konzentration auf einen Aspekt. Sie wirken bewußtseinserweiternd. Ich sehe sie gerne als geistige Nahrung während einer Meditation. Dazu können sie in der Aura des Meditierenden liegen oder auf den Körper aufgelegt werden.

Als ein Schmuckstück wirkt ein gefaßter Edelstein über die Aura. Schmucksteine, in Ringen an den Fingern getragen, beeinflussen sehr das Handeln. Ohrringe haben Bezug zum Kehl-Chakra und somit zu den entsprechenden Lebensprinzipen. Mit der Länge einer Halskette bestimmst Du, in welcher Höhe sich die intensivste Wirkung eines Steins entfaltet.

Auch die Fassung selbst hat eine Aussagekraft. So manche Steine werden durch die Fassung betont und ihre Ausstrahlung hervorgehoben. Bei manchen anderen Fassungen kommt es mir vor, als würde der Stein erdrückt oder verletzt. Die beiden Wörter Fassung und Verfassung sind wort- und sinnverwandt.

Es macht auch einen Unterschied, welches Metall für die Fassung verwendet wird. Dabei gibt es kein *gut* oder *schlecht*, nur die Wirkung des verwendeten Materials ist anders. Gold ist das Metall der Sonne, des männlichen, lebensspendenden Aspekts. Silber ist das Metall des Mondes, des weiblichen, widerspiegelnden Aspekts. Kupfer ist das Metall der Venus, mit dem Bezug zur Schönheits- und Liebesgöttin, die die Gegensätze mit dem Ziel der Ausgewogenheit versöhnen will. Als ich persönlich Schmucksteine fassen ließ, wählte ich Fassungen, in denen Gold und Silber gemeinsam verarbeitet wurden; damit wurde der Sonne- und Mondaspekt miteinander vereint.

Bei akutem krankhaften Geschehen ist es ratsam, den Edelstein direkt auf das Organ, beziehungsweise auf die entsprechende Körperstelle aufzulegen oder ihn beim Ruhen
in den Händen zu halten. Beim Auflegen eines Steins auf
ein Organ muß er nicht direkt auf der Haut liegen; die
Schwingungen des Steines durchdringen die Kleidung mit
Leichtigkeit. Es gibt auch die Möglichkeit, einen kleineren
Stein mit einem Pflaster über einer Organstelle zu befesti-
gen. Wenn ein Edelstein in einem Kinder- oder Säuglings-
bettchen plaziert werden soll, ist es sinnvoll, den Stein in
ein Stoff-Schmusetier einzunähen oder ein kleines Stoff-
kissen dazu zu verwenden. So kann er ganz ungefährlich
am Kopfende liegen, ohne eventuell verschluckt zu werden. Der Phantasie sind in der Anwendung von Edelsteinen keine Grenzen gesetzt.

Auch bei Pflanzen und Tieren kann man Edelsteine zur
Unterstützung von Wachstum oder Wohlbefinden anwenden, indem man einen dafür ausgewählten Trommelstein
an die Pflanze oder an den Ruheplatz des Tieres legt.

Wenn ein Edelstein oder Kristall zerbricht, ist es eine für
mich sinnvolle Art, ihn der Natur zurückzugeben. Zerbro-
chene Steine gehören nicht in den Müll. Erdverbundene
Steine können an einer geeigneten schönen Stelle vergra-
ben werden. Andere Steine können in einen Fluß oder gar
ins Meer gegeben werden. Es sollte darauf geachtet werden, daß ihn kein anderer Mensch findet.

Einige Worte zur Reinigung von Edelsteinen. Um
Steine und Kristalle von Staub und Händeabdrücken, gerade nach einer Massage, zu reinigen, kann man die meisten Edelsteine unter fließendem Wasser abwaschen und
anschließend mit einem Baumwolltuch abtrocknen. Manche Steine, wie zum Beispiel der Pyrit, sollten nicht dem

Wasser ausgesetzt werden, er rostet schnell. Sehr erdverbundene Steine können gut in der Erde gereinigt werden, indem man sie an einem schönen Ort, zum Beispiel unter einem speziellen Baum, für eine bestimmte Zeit vergräbt. Innerlich kann man diese Reinigungsprozesse mental (in der geistigen Vorstellung) begleiten. In mehreren Büchern sind die verschiedensten Reinigungsrituale beschrieben. Manche haben gute Erfahrungen damit gemacht, Edelsteine in Salzwasser zu reinigen, andere beschreiben detailliert, wieviele Stunden sie im kalten Wasser liegen müssen, um dann von Sonnenstrahlen oder unter einer Pyramide getrocknet, beziehungweise aufgeladen zu werden. Wieder andere Edelsteintherapeuten/innen beschreiben Reinigungsrituale im Rauch, zum Beispiel im Weihrauch und so weiter. Ich glaube, daß wir Menschen oft unterschätzen, mit welchen elementaren Kräfte Edelsteine ausgestattet sind. Unsere *menschlichen* Vorstellungen scheinen meiner persönlichen Erfahrung nach zu eng gesteckt zu sein. So halte ich es für mich nicht stimmig, meine persönlichen Steine mindestens einmal pro Tag oder Woche zu reinigen, sondern entscheide dies individuell. Bevor ich eine Meditation mit einem Edelstein beginne oder ihn zu einer Heilbehandlung auflege, reinige ich ihn vorher mental, also in meiner gedanklichen Vorstellung. Ich vertraue der Kraft der Gedanken und mentalen Bilder. So stelle ich mir bei der Einstimmung vor, daß ich den Stein oder Kristall in eine reine und klare Wasserquelle oder in einen kraftvollen Wasserfall hineinhalte, so lange bis alles Graue und Verschleiernde von dem Stein abgewaschen ist. Danach halte ich ihn – in Gedanken – in die Sonne zum Aufladen und Trocknen. Eine weitere Möglichkeit der mentalen Reinigung ist es, den Stein im Licht der universellen Lichtquelle zu reinigen, um das man vorher gebeten hat.

Wie findet man nun den richtigen Edelstein? Eine Möglichkeit ist es, sich den Edelstein oder Kristall selbst auszusuchen – und zwar ganz intuitiv. Jeder und jede, der/die ein Gefühl für sich hat, erkennt, ob ein Stein gefällt, anspricht oder ob man sich mit diesem Stein beschäftigen will oder nicht. Meinen Erfahrungen nach ist es die sinnvollste Art. Wer die Verantwortung für sich selbst akzeptiert hat, sich auf seine Wahrnehmungen verlassen kann und vor allem seiner Intuition vertraut, dem wird es immer leichter fallen, sich selbst den für jetzt (diese Lebenssituation betreffend) richtigen Stein auszusuchen. Wenn man für einen anderen Menschen einen Stein auswählen will, ist es sinnvoll, sich in Gedanken ganz mit der Person zu verbinden und sich als Vermittler/in zu fühlen – so, als würde diese Person sich nun selbst den Stein aussuchen.

Eine weitere Möglichkeit der Edelsteinwahl ist es, einen Stein nach den Zuordnungen der Chakras und Lebensprinzipien zu wählen, so wie ich es in meinem ersten Buch ausführlich beschrieben habe. Dabei ist es mir wesentlich, daß ich gegen eine zu enge Zuordnung von Edelsteinen bin. Ein Stein sollte nicht nur einem Organ oder gar einem Symptom zugeordnet werden. Für mich ist es stimmiger, Edelsteine und Kristalle mit Lebensprinzipien zu verbinden. Der Citrin zum Beispiel bringt mit dem öffnenden Prinzip in Kontakt, das auf körperlicher und geistiger Ebene wirkt. Der Turmalinquarz ist mit dem erdenden Lebensprinzip verbunden, daß die Kräfte von Mutter Erde vermittelt, Standhaftigkeit und das Gefühl von Verwurzelung belebt.

Nach meiner Erfahrung ist es sogar unkorrekt, den Citrin zum Beispiel nur dem Magen zuzuordnen oder den Beryll nur den Augen.

Auch eine Steinzuordnung nach den Farben der Chakras ist möglich. Du kannst Dir einen Stein für das Farbzentrum wählen, das Du zur Zeit in einem Ungleichgewicht empfindest oder Dich über einen farbigen Edelstein mit einer Dir bisher fremden Farbe anfreunden.

Sehr verbreitet sehe ich die Monatsstein- beziehungsweise die Horoskop-Edelsteinzuordnung. Ich habe aufgrund verschiedener Bücher schon sehr verschiedene Zuordnungen gefunden, was eher verwirrend ist. Der Sinn dahinter ist der, daß jedes der zwölf Tierkreiszeichen einen Sonnenaspekt hat, der eben durch den Edelstein verstärkt wird. Ein Beispiel dazu: Steht Deine Sonne (das astrologische Hauptthema Deines Lebens) im Sternbild der Waage, dann werden der Turmalin und der Smaragd intensiv auf Deine Lebensaufgaben wirken. In den Wandlungen des Lebens wirst Du aber auch in Lebenssituationen kommen, in denen nicht nur Dein Sonnenaspekt gefordert ist. So können immer wieder andere Edelsteinkräfte gebraucht werden, vielleicht gerade um einen verborgenen oder verdrängten Aspekt in Dir zu beleben. Wenn Dein Sonnenaspekt problembeladen ist, wird er durch die Kräfte der Edelsteine noch verstärkt. Wenn in astrologischen Zuordnungen mehrere Edelsteine und Kristallarten genannt werden, kann man innerhalb dieses Spielraums mit Hilfe seiner Intuition den für diese Lebenssituation geeigneten Stein wählen.

Alphabetische Beschreibung der Edelsteine im Bezug zum Herzen

In der nun folgenden Zusammenstellung von Edelsteinen ist es mir wichtig hervorzuheben, daß jeder Edelstein oder

Kristall neben seiner Wirkung auf Lebensprinzipien ebenso eine Botschaft für das Herz hat. Edelsteine haben Einfluß auf unsere Lebensthemen, und die Zuordnungen zu Chakras oder Sternzeichen sind immer nur Hilfen und Annäherungen an das Wirkliche. Wenn wir unser Herz als das heilsame Juwel in uns erkennen und alle im Kapitel sechs aufgezeigten Themen dort respektieren, dann können wir unser bisheriges Verständnis von Edelsteinzuordnungen erweitern. Höre Dir an, wie die einzelnen Lebensthemen von Steinenergien unterstützt oder geweckt werden und überprüfe es ganz speziell für Dich. Ich weiß, daß dies eine Herausforderung ist. Das, was fordert, kann auch fördern. Viel Freude und Leichtigkeit dabei.

Der **Achat** zeigt vielsagende, zur Projektion-einladende Muster und Strukturen in zarten Linien und verschiedenen Farben auf, vorwiegend in grau-roten Tönungen. Sein Wirkprinzip ist Geborgenheit. Unser Herz ist eingebettet in unsere Mitte. Er wirkt dem Gefühl von Einsamkeit und Verlassenheitsängsten entgegen. Sich umhüllt und geborgen zu fühlen – im Mutterleib in der Schwangerschaft, auf der Erde, in der Familie, in sich selbst! Für Schwangere sind gerade die Achatscheiben wertvoll, da sie dem heranwachsenden Leben und der werdenden Mutter Geborgenheit schenken. Der **weiße Achat** bestärkt die Reinheit von Motivation und Lebenskraft. Der **Pyritachat** ist ein graublauer Achat mit metallischen Pyriteinschlüssen. Durch ihn kommt die Qualität des kosmischen Wissens (durch die Pyriteinschlüße, Pyrit = Metall, Wissen aus dem Kosmos) in die Geborgenheit der Erde (in den Achat). Neue Ideen und Wissen, das bisher außerhalb von uns lag, wird nun in unser Herz und seine

Funktionen hineingenommen, in Geborgenheit integriert.

Im **Amazonit** vermischen sich blau-grüne Farbtöne mit weißen Strukturen. Das Herz-Chakra und die höheren Chakras sind seine Hauptresonanzzonen. Er belebt die Leichtigkeit und die Lebensfreude in allem Tun. Er lädt ein, immer wieder *weiße, durchgängige Wege* auch in den eigenen Lebensprozessen zu finden.

Der in allen Violett-Tönungen vorkommende **Amethyst** verbindet das Herz mit der geistigen Welt, erleichtert den Kontakt zur inneren Führung, zum Höheren Selbst. Er wirkt auf Intuition und Inspiration, verstärkt Güte und Weisheit des Herzens. Auch zählt er zu den großen Heilsteinen, denn er transformiert Prozesse. Auf der geistigen Ebene wirkt er sehr reinigend und bewußtseinserweiternd. Da er dicht, durchscheinend und klar in den verschiedensten Violett-Tönen vorkommen kann, wirkt er auf alle Ebenen der Liebe, auf die *Eros-*, *Philia-* und *Agape-*Ebene. Eine große Hilfe ist er all jenen Menschen, die auf der *Suche auf einer falschen Ebene* (=Suchtverhalten) sind.

Im **Andenopal** vermischen sich erdige Brauntöne mit grün-blaugrauen Anteilen (nicht zu verwechseln mit dem blau- oder weiß-schillernden Edelopal). Er fördert den Mut des Herzens, das geistige Potential mit den dichten, erdigen Themen verschmelzen zu lassen, damit der Mensch seine geistigen Fähigkeiten freudig und ganz im Hier und Jetzt einsetzt. Seine oft sehr schön strukturierten Zeichnungen laden zum Staunen und zur Wertschätzung im Detail ein, was das Empfinden von Frieden und Harmonie belebt.

Der zart hellblaue **Aquamarin** wirkt stark auf die geistige Ebene. Aqua bedeutet das *Wasser*, mare bedeutet das *Meer*. Das Meer ist symbolisch ein Bild der Seele, der Tiefe der Seele. Er läßt uns die Weite und Heilkraft des Meeres (der Seele) spüren. Er ist ein Seelentröster, ein Balsam für geprüfte und suchende Seelen, denn er bringt Harmonie, Frieden und Stille mit sich. Das zarte Blau des Aquamarins belebt die Kehle als die *Brücke zwischen Kopf und Herz.*

Der **Aventurin** ist ein hell- bis dunkelgrüner, dichter Edelstein, der im Licht schimmernde Blättchen zeigt. Er strahlt eine starke Kraft für das physische Herz aus, das sich nach einem Geschehen (Krankheit, Herzeleid, Schwäche) wieder erholt. Eine impulsgebende, mutmachende Energie verteilt sich durch ihn. In einem vereinfachten Bild kann man sich die Wirkung des Aventurins so vorstellen, daß er die noch intakten und arbeitsfähigen Herzzellen stärkt, so daß geschwächte Zellen Zeit haben, sich zu erholen, um dann ihre Funktion wieder ganz aufzunehmen.

Der kräftig blaue **Azurit** hat meist verschiedene, sehr kräftige Blautöne, manche Gesteinsbrocken sind auch mit Malachit durchzogen. Die Schwingung des Azurits wirkt auf das geistige Denken, er öffnet uns geistige Tore. So unterstützt er das Verständnis von göttlicher Führung und höheren, geistigen Welten. Er wirkt bewußtseins-erweiternd. Der **Azurit-Malachit** ist die Verschmelzung dieser zwei kraftvollen Edelsteine und verbindet das blaue Kopf-Chakra mit dem grünen Herz-Chakra. Seine Fähigkeit ist es, die Liebe und das Verständnis des Herzens in die hohe geistige Energie der Ideale, Ziele und Gedanken einfließen zu lassen. Er belebt das *Denken mit dem Herzen.*

Der **Bergkristall** enthüllt im Wort Kristall seine ganze Wirkung – *Christus-im-All*, beziehungsweise *Christ-in-allem*. Der Kristall verbindet uns mit der Christus-Liebe, mit dem Christus-Bewußtsein in uns. Er führt uns zum Licht, zur göttlichen Einheit. So ist er der Lichtbringer für das Herz in allen organischen und geistigen Geschehnissen, der in seiner Klarheit das ganze Farb- und Wirkspektrum enthält. Er klärt, reinigt, kräftigt. Sein neutrales Licht wirkt in alle Chakras und auf alle Lebensthemen.

Der bräunlich bis orange-gelbe **Bernstein** faßt sich warm und leicht an und lockt uns durch seine Einschlüsse (Insekten, Bläschen, Spannungsrisse) genauer hinzuschauen. Er ist kein Stein, sondern ein getrocknetes Baumharz. Seine goldene Farbe, seine warme Ausstrahlung weckt das Vertrauen des Herzens. Er stärkt unser Selbstwertgefühl und öffnet uns für die Erfolge im alltäglichen Leben. Er unterstützt das *Sich-durchbeißen,* ob das nun ganz real bei Zahnproblemen oder im übertragenen Sinn des *Sich-durchsetzens* zutrifft. Durch seine Weichheit *und* seine Härte in einem bringt er uns einerseits in Kontakt mit unserer Weichheit und Nachgiebigkeit und zum anderen mit unserer Härte und Zielstrebigkeit.

Der opake bis durchscheinende **Calcit** hat die Fähigkeit, alte Verhaltensmuster bewußter zu machen. Er löst sie nicht auf, sondern lädt zur Überprüfung ein, ob man diese Muster noch braucht oder jetzt zur Veränderung bereit ist. Der Calcit lenkt unsere Aufmerksamkeit auf alte, abgelagerte Anteile in uns. Wobei der gelbe Calcit mehr die Gefühlsebene von geprägten Angsterfahrungen berührt, der grüne und rosafarbene Calcit eher die Herzebene. Der grüne Calcit hat besonders körperlichen Bezug zu Gefäß- und Gelenksablagerungen, also zu allen Formen von Arteriosklerose und des rheumatischen Formenkreises. Der rosa Calcit wirkt eher auf Kummer- und Leiderfahrungen, seine sanfte Energie macht solche versteckten Kummererlebnisse bewußter.

Der hellblau–weiß gebänderte oder milchig blaue **Chalzedon** befreit und weitet die engste Stelle des Körpers, nämlich den Hals und die Kehle. Durch sein lichtes, helles Blau erinnert er auch das Herz an Weite und Freiheit. Er wirkt am stofflichsten auf die Schilddrüse im Sinne von Regulation des Stoffwechseltempos. Auf die Kommunikation wirkt er förderlich, weil er der Stimme Ausdruck und Kraft verleiht – der Chalzedon gilt als der Rednerstein. Außerdem schenkt er Ruhe und Ausgeglichenheit für angespannte Nerven, denn im Kehl-Chakra zeigt sich auch die innere Belastbarkeit, die wiederum mit dem Herzen gekoppelt ist. Da das Kehl-Chakra auch den Bezug zum Hören hat, unterstützt der Chalcedon das Lauschen der Stimme des Herzens. Der rosa-violettfarbene Chalcedon erleichtert den Energiefluß des Herzens; mit der Macht der Sanftheit wirkt er auf Verhärtungen (Blockaden), die sich im Gefühlsbereich verfestigt haben.

Der **Chrysokoll** ist ein wunderschöner blaugrüner Herzensstein, der manchmal mit dunklen bis schwarzen Strukturen durchzogen ist. Durch seine intensiven Muster erzählt er viel über uns. Es lohnt wirklich, ihn genau und lange anzuschauen. Es ist, als könnte man immer tiefer in seine Welt hineinschauen, neue Kraft daraus schöpfen, um dann wieder mit Mut und Vertrauen zu leben. Er unterstützt uns längerfristig darin, liebevoll zu unseren eigenen Bedürfnissen zu finden und dazu zu stehen. In der Verbindung zum Grün der Natur läßt er uns erkennen, wo und wie Regeneration möglich ist. Das Grün des Herzens ist mit dem Blau des Verstandes verbunden und bedeutet, *mit dem Herzen zu denken*. Ich empfinde eine große Wertschätzung und Dankbarkeit, daß es diesen Stein gibt, er ist mir im übertragenen Sinne sehr ans Herz gewachsen.

Der dichte hellgrüne **Chrysopras** führt uns liebevoll an den Sinn von *Werden und Vergehen*. Seine lichtgrüne Energie appelliert an die Weisheit des Herzens und erinnert an die kraftvollen, sinnvollen Zyklen der Natur. Er lädt uns ein, dem Blühen, Wachsen, Reifen und Vergehen zu folgen – um irgendwann wieder neu zu erblühen, mit Leichtigkeit und genießender Freude zu leben. Seine große Unterstützung liegt darin, daß er eine unglaublich leichte Energie in schwere Zeiten hineinströmen läßt und somit ein Helfer für Phasen von großem Kummer ist.

Der **Citrin** ist *der* öffnende Edelstein – sei es in Herzensangelegenheiten oder sonst irgendwo im Organismus. Wie die Sonne ihre wärmenden, erweiternden Strahlen ohne Wertung auf alles gleich aussendet, so wirkt auch der Citrin. In seinen sanften Gelbtönungen ermöglicht er ein Sich-öffnen im Sonnenzentrum, weit-werdend, der einengenden Angst entgegenwirkend. Er unterstützt die Aktivität in der Verdauung, im Stoffwechselgeschehen und ist ein wahrer Helfer bei Diabetes mellitus (Zuckerkrankheit), denn er fördert das Annehmen von Energien und Zärtlichkeiten. Er fördert das Selbstwertgefühl, das Vertrauen und den Mut in sich selbst, schenkt der Individualität positive

Ausstrahlung. Er ist hilfreich in Abnabelungsprozessen auf allen Ebenen.

Der **Diamant** löst in seiner facettiert-geschliffenen Form in uns Menschen Schleifprozesse aus, er initiiert sie. So ist er eine starke Herausforderung – im besonderen für das Herz – an den Schleifprozessen des Lebens nicht zu zerbrechen, sondern ihnen standzuhalten. Er ist als der härteste Stein ein Spiegel für unsere Härte im Denken, Fühlen und Handeln – und führt uns über die Erkenntnis oder über das Erleben in die Demut und Bescheidenheit.

Im **Epidot** (Unakit) verbindet sich das Grün des Herzens mit dem Rot des Wurzel- oder Basis-Chakras. Er lädt auf sanfte Weise ein, *herzliches* Verständnis, Mitgefühl und Geduld mit den Lebensprinzipien des Wurzel-Chakras, wie Sexualität und Lebenskraft, zu haben.

Das **Falkenauge** ist blaues Tigerauge und somit eine Energie, die auf Erkenntnisprozesse, auf das „Sehen und Verstehen" an sich Einfluß ausübt. Er wirkt kräftigend auf das Stirn-Chakra zwischen den Augenbrauen und unterstützt die Sehkraft des *dritten Auges*, das auch als geistiges Auge zu verstehen ist. Es könnte als Brille für das dritte Auge gelten, wenn es darum geht, die Lebenssituationen klar und scharf zu erkennen. Manche Falkenaugen sind sehr dunkel, fast schwarz und lassen nur bei sehr genauem Hinsehen ihr Blau aufleuchten. Auch in manchen Herzensprozessen braucht es den Willen und die Bereitschaft, genau hinsehen zu wollen und bereit zu sein, für sein Heilwerden auch in das Dunkle zu schauen.

Der **Fluorit**, in gelb, violett und blaugrün vorkommend, ist ein durchscheinender Edelstein, der ganz charakteristische Ebenen aufweist. Je nach seiner Farbe unterstützt er das entsprechende Zentrum. Seine helfende Schwingung für das Herz liegt darin, daß er das Bewußtsein und die Aufmerksamkeit auf eine höhere Ebene hebt. Sehen wir unsere eigene, womöglich verzwickte, schwierige Situation von einer höheren Ebene wie ein/e Beobachter/in, fällt es uns leichter, die Lösungen und die Auswege zu sehen. Es sind starke lösende Energien, die der Fluorit ausstrahlt. Es gibt Fluorite, die zum Beispiel grün und violett in harmonischer Weise vereinen. Ich sah diese Form der Fluorite schon oft als heilende und harmonisierende Energien in Partnerschaftsproblemen. Auch in einer Partnerschaft sind zwei Wesen miteinander vereint, mal mehr, mal weniger harmonisch und dennoch in einem Reifungs-, beziehungsweise Schleifprozeß, insbesondere wenn es sich um geschliffene Fluorite handelt. Es gibt Fluorite, die in Brillantform geschliffen sind; solche Fluorite habe ich schon als sogenannte Ehe- und Partnerschaftssteine verschenkt.

Der **Granat** kommt in den verschiedensten rot bis orange Tönungen vor und ist ein wahrer Helfer für jede Form von Neubeginn und Aufbau. Mit frischem Mut an die Aufgabe zu gehen, ob diese Aufgabe nun heißt: Ehe, neuer Beruf, ein neuer Zustand in uns, ein neues Verhaltensmuster. Er stärkt die Lebenskraft nach einer Veränderung, gibt Mut und Tatkraft. Auch nach überstandenen Herzkrankheiten oder Leiderfahrungen braucht das Herz die Granatschwingung als Aufschwung in das Neue.

Der **Hämatit** oder Blutstein sieht metallisch silbrig aus und bewirkt Regeneration und Revitalisation. Er stärkt die Lebenskraft nach überstandenen Krankheiten in der Erholungsphase, unterstützt die Homöostase, so daß der Körper sein inneres, ihm eigenes Gleichgewicht wiederfindet. Er wirkt aufbauend auf unser Blut (= unseren Lebenssaft) und hilft dem Herz, seine gesunden Funktionen wiederaufzunehmen beziehungsweise zu stabilisieren.

Der **Heliotrop** oder Blutjaspis ist von dunkelgrünem Grundgestein mit roten Einschlüssen und galt schon bei den Indianern als ein Heilungsstein, weil er die Kräfte von Mutter Erde weitergibt. Er stimuliert die Selbstheilungskräfte. Seine Wirkung ist vorwiegend körperlicher Art, zur Erholung und Regeneration einladend. Manche Therapeuten/innen nennen ihn *das Echinacin des mineralischen Reiches*. Echinacin ist eine abwehrsteigernde, kraftspendende Heilpflanze .

Die **Jade** kommt in den verschiedensten Grüntönen vor, kann sogar weiß bis schwärzlich sein. Mit ihm kommt die Schwingung von Verehrung und Wertschätzung an und somit ist er ein idealer, wie für das Herz geschaffener Helfer. Er strahlt Frieden und Harmonie aus, entspannt und beruhigt Situationen, auch Krankheitsprozesse, gleicht aus und heilt.

Der **Jaspis** kommt in verschiedenen erdigen Farben vor. Ein Stein der Materie (dicht und fest), der mit der elementaren Kraft der Erde verbindet. So wirkt er mehr auf das organische als auf das geistige Herz. Der rote Jaspis schenkt der Lebenskraft stärkende Energien, belebt den

Lebenswillen und die Motivation. Er ist ein wahrer Geburtshelfer; hilft, wenn sich etwas auf der Erde manifestieren will – *auf die Erde kommen will*, zum Beispiel wenn ein Kind geboren wird. Es kann ebenso eine Tat sein, die als Intuition, als Gedanke im Körper gereift ist – mit dem der Mann oder die Frau *schwanger* ging, wie mit einem geistigen Kind. Der **Leoparden-Jaspis** verbindet mit dem Instinktiven und dem Lebendigen, schenkt Mut, Kraft und Durchhaltevermögen, um für die eigene Existenz zu sorgen. Der **Schlangenhautjaspis** ermutigt zum Verlassen der *alten Haut* und zum Hineinwachsen in die Neue. Der **mauve-farbene Jaspis** belebt bei diesen Themen von Lebenswillen, Existenz und Durchsetzung die Sanftheit und Weichheit.

Der **Karneol** bringt unser Herz mit der Schwingung von Lebensfluß in Kontakt, stärkt in uns das ursprüngliche Gefühl, mit dem Leben fließen zu dürfen. Er wirkt auf alle Organe, die an Ausscheidungsprozessen beteiligt sind, auf alles wässerige in uns. So auch auf die Durchblutung und auf Probleme durch zu enge Gefäße. Er harmonisiert das Fließen des Blutes, ob es nun Bluthochdruck oder Blutniederdruck ist – beides sind extreme Erscheinungen eines Themas (Polarität). Alles, was im Körper – oder auf der psychischen Ebene – staut, erfährt einen bewegenden Impuls. Er bringt Wärme und Vitalität in den Körper – aber auch in die Gedanken und Gefühle. Er lädt ein zu Veränderung, Wechsel und Erneuerung.

Die **Koralle** – aus dem Meer kommend – belebt innere Reinigung und damit auch die seelische Reinigung. Sie fordert zum Fließen auf. Sie lebt in der Meeresströmung, entnimmt für sie lebensnotwendige Bauteilchen, wächst in ihrer Stabilität und gibt ab, was sie belasten würde, was sie nicht mehr braucht. Sie lädt uns ein, das Aufnehmen und Abgeben ebenso zu beachten, unser Herz von dem zu befreien, was es erdrückt, krankmacht und belastet. Die **rote Koralle** berührt mehr das erste und zweite Chakra, das Loslassen in existentiellen und sexuellen Themen, die **rosa und weiße Koralle** wirkt mehr auf der Herzebene und in noch höhere Chakras und somit auf Loslösungsprozesse in Liebes- und Kummerangelegenheiten, beziehungsweise Reinigungsprozesse auf der Gedankenebene.

Im **Kunzit** ist neben dem rosafarbenen Spektrum auch das violette vorhanden, das heißt, es besteht ein Bezug vom Herz- zum Scheitel-Chakra. Eine hohe spirituelle Energie berührt uns und läßt uns die Verbundenheit mit geistigen Lichtwesen fühlen, die durch uns wirken können. Sie sind darauf angewiesen, daß wir Menschen uns als Kanal zur Verfügung stellen. Durch das faserige Längenwachstum erinnert er uns an die Geradlinigkeit im Denken und Fühlen.

Der **Labradorit** ist ein zunächst unscheinbar grauer Edelstein, der beim näher Hinschauen und beim Bewegen im Licht herrlich blaue und violett schimmernde Ebenen aufweist. Er zeigt seine Schönheit erst, wenn er Zeit und Beachtung bekommt – so wie mancher Mensch und manche Fähigkeit im Menschen sich erst bei näherer Betrachtung und Hinwendung zeigen. Er fordert in gewisser Weise unsere Aufmerksamkeit, weckt die Geduld des Herzens und belohnt dann mit innerer Ruhe und Ausgeglichenheit. Wenn man sich Zeit nimmt und sich immer tiefer in den

Labradorit versenkt, erwachen Staunen und Wertschätzung gegenüber der Schöpfung und dem darin manchmal vor dem schnellen Auge Verborgenen. So bringt er das Herz mit diesen Qualitäten in Kontakt.

Der **Lapislazuli** erinnert an nächtlich blauen Sternenhimmel und lädt dazu ein, in die Weite des Kosmos zu spüren. Seine Pyriteinschlüsse sind dabei die Sterne. Er war ein wichtiger Edelstein in der Zeit der ägyptischen Kultur, in der die Pharaonen in telepathischer Verbindung zu höheren, geistigen Welten standen. Der Lapislazuli ist ein heiliger, inspirierender Stein und ein Meditationsstein für das Herz. Er verbindet uns mit dem, was wir anbeten, was uns *heilig* ist. Er berührt unser Vertrauen in die göttliche Führung und unsere Glaubenskraft. Er führt unser Bewußtsein zu inneren *verborgenen Schätzen*, zu unserer ureigenen Weisheit.

Der **Malachit** ist ein Stein des liebevollen Verständnisses. Seine Hauptwirkung ist auf das Herz als Zentrum der Gefühle ausgerichtet. Mit seinen hellen und dunkelgrünen Linien weist er uns auf unsere Licht- und Schattenseiten hin, nämlich auf die hellen und dunklen Linien in uns. Er fordert uns auf, folgenden Bibelspruch zu leben: *„Liebe Deinen Nächsten wie Dich selbst.“* So erweckt und vertieft er Mitgefühl, Nächstenliebe und die Gabe des Verzeihens. Er ist fähig, negative Energien vom Träger zu absorbieren, dabei kann er matt und stumpf werden.

Der **Mondstein**, ein milchiger, manchmal leicht blau schimmernder Edelstein, bringt uns mit dem *Weiblichen an sich* in Kontakt. Er wirkt auf die weiblichen Eigenschaften wie Intuition, Hingabe, das Weiche und Empfindsame in uns, das Aufnehmende und Bergende. So unterstützt er Frauen im Ausleben ihrer Weiblichkeit, beziehungsweise Männer in der Bewußtwerdung ihrer weiblichen Anteile. In einem der vorigen Kapitel erläuterte ich, daß auch das Herz eine weibliche Funktion des Aufnehmens hat und einen männlichen Funktionsanteil, den des Abgebens.

Der **Moosachat** ist von durchscheinender Grundmasse, von dunkelgrünen Strukturen, wie Algen und Moos aussehend, durchzogen. Durch seine Schwingung erleichtert oder ermöglicht er den Kontakt zu hohen Wesen, die über das pflanzliche Reich wachen, zu den Devas der Pflanzen. Indem wir uns die Zyklen der Natur und der Pflanzen anschauen, schöpft auch unser Herz Kraft aus den natürlichen Zyklen. Unser liebevolles Verständnis für das Pflanzenreich wird durch den Moosachat intensiviert. Aus meiner Erfahrung hat er auch mit dem Begriff von Empfängnis in allen möglichen Auslegungen zu tun. So unterstützt er auch das Herz im Empfangen und Aufnehmen von Botschaften oder ähnlichen Impulsen. Der **Baumachat** wirkt ähnlich, bei ihm sind zwischen den grünen Strukturen weiße, dichtere Gesteinsmassen verteilt.

Der **Olivin** (weitere Namen sind Peridot und Chrysolith) verströmt in seinen grün-olivefarbenen Tönungen eine vertrauensvolle, wärmende Energie. Sein Farbspektrum enthält das Grün des Herzens und das Gelb der Inneren Sonne, somit verbindet er das Gefühl mit Vertrauen und Mut. Er bringt Leichtigkeit und Lebensfreude mit sich, Frohsinn und die Aufforderung, in allem Ernst der Fröhlichkeit Raum zu lassen.

Der **Onyx** ist ein sehr dunkler, manchmal ganz dicht schwarzer Edelstein und belebt auch *das Dunkle* in uns. Er hilft uns, bewußter in den Anteilen zu werden, die wir noch integrieren und ins Licht bringen können. Er steht in Verbindung mit den noch karmisch zu lösenden Aufgaben. Karma entsteht aus dem Gesetz von Ursache und Wirkung. Es sagt aus, daß wir heute unser Karma von gestern leben und sich gerade jetzt (heute) das Karma von Morgen verdichtet. In akuten und schweren Herzensangelegenheiten rate ich, den Onyx nicht in der Aura, beziehungsweise in nächster Umgebung zu haben, sondern eher eine der erleichternden Edelsteinenergien. Wenn man sich wieder gestärkt und fähig fühlt, den nächsten karmischen Schritt anzuschauen, hole man den Onyx wieder in die Nähe.

Der **Opal** (mit seinem weiß, blau und grün-opalisierenden Schimmern), verstärkt das, was an Schwingung im Herzen vorhanden ist. Wenn Krankheit, Angst oder negative Gedanken wie Neid, Haß und Stolz vorhanden sind, werden sie durch den Opal verstärkt – positives analog. Der **Feueropal** hat mit dem schimmernden Edelopal wenig gemeinsam. Seine gleichmäßig durchscheinende, orangerote Farbe wirkt auf das Herz noch intensiver als der Karneol – für manches Gemüt zu stark. Er bringt noch mehr Lebendigkeit und gar Begeisterung mit sich. Er feuert an, im wahrsten Sinne des Wortes. Schnell, spritzig, übersprudelnd, vielseitig – eine feurige und mitreißende Begeisterung. Menschen, die gerne vier bis fünf Dinge gleichzeitig planen und erledigen, sogenannte Organisationstalente, finden am Feueropal wahrscheinlich eher Gefallen als Menschen, die vom Reaktionstyp langsam sind.

Die **Perle** (die unebene Süßwasserperle und die kostbare, edle Salzwasserperle) hat zwei wichtige Bedeutungen für unser Herz. Von der Muschel aus gesehen, in der sie wächst, ist sie ein Fremdkörper und wird mit allem kalkhaltigen Material, das der Muschel zur Verfügung steht, umhüllt. So ist es ein Prozeß der inneren Reinigung. Von dem Fremdkörper aus gesehen, ist es ein Leben in Geborgenheit und Schutz; mit den edelsten Farben wird man eingehüllt und getragen – ein Zustand der Harmonie und des Friedens. Perlen nennt man auch *Tränen des Glücks* – nach dem Prozeß der inneren Reinigung, in dem Altes, Verdrängtes, was womöglich tränenreich war, aufgeschwemmt wurde, folgt der Zustand des Glücks, der Harmonie und des Friedens. Perlen unterstützen die innere Reinigung des Herzens (in der Gefühls- und Gedankenwelt) und fördern seelische und geistige Ausscheidungsprozesse.

Der **Pyrit** wird als *Metall aus dem Kosmos* bezeichnet und bringt das Wissen aus dem All mit. Seine kraftvolle Schwingung hilft dem Herzen beim Lösen von Problemen – besonders intensiv dann, wenn der Erkenntnisprozeß abgeschlossen ist und nun die Kraft zur Handlung, zum Umsetzen gebraucht wird. Der Pyrit unterstützt die Konzentration und ist eine Hilfe, sich nicht in der Vielseitigkeit zu verlieren.

Der **Rauchquarz** ist wie ein rauchig verschleierter Kristall zu sehen. Darin liegt sein Hinweis auf die inneren Nebel und Schleier, die einen Impuls zum Lichten und Auflösen bekommen. Er unterstützt das Herz im Entschleiern und im Lichten eines Geheimnisses, ermutigt das Integrieren von Neuem.

Der **Rhodochrosit**, ein rosa-weiß gezeichneter Edelstein, unterstützt die Verbindung zur geistigen Quelle. Seine ganz spezielle Aufgabe liegt darin, die Verbindungskanäle nach oben zum Geistigen hin offen zu halten, so daß Liebe und universelle Lebensenergie immer wieder nachfließen. So ist er für das Herz ein wunderbares Geschenk, insbesondere für Menschen, die in sozialen Berufen arbeiten und ständig gefordert sind, Energien auszusenden. Durch seine Energien wird Dir *ganz von alleine* bewußt, was Du dafür tun kannst, Deine Energiekanäle durchgängig zu halten und immer wieder die Energietore zu öffnen. Er verstärkt im hohen Maße das selbstlose Denken und Handeln.

Der **Rhodonit** ist ein rosa-schwarz gezeichneter Stein und bringt, wie alle rosafarbenen Steine, etwas in Bewegung und ins Rollen. Der schwarze Anteil im Rhodonit symbolisiert das Irdische und der rosa Anteil die selbstlose Liebe. Der Rhodonit vermittelt dem Herzen die Fähigkeit, seine selbstlosen Gedanken und Intuitionen in die Tat umzusetzen, damit sie auf Erden auch ganz im Alltag gelebt werden. So hilft er Menschen, die mit der geistigen Welt sehr verbunden sind und dennoch mit zwei Füßen fest auf der Erde stehen. Er belebt den Wesensanteil des Gebenden und hilft in der Erkenntnis des nächsten Lebensschrittes.

Der **Rosenquarz** ist ein wahrer Herzstein. Er strahlt im stärksten Maße von allen anderen Steinen Sanftheit aus und vermittelt deutlich, daß Zartheit und Sanftheit eine unendlich starke Macht sind. Er wirkt auf die geistig-spirituelle Entwicklung, initiiert sie, läßt sie reifen. Eine Rosenknospe weiß in ihrem Innern, daß sie eines Tages in ihrer ganzen Schönheit erblühen wird – sie braucht nur noch etwas Zeit. Mit liebevoller Geduld und ganz sanft *treibt* er uns voran. Er strahlt auch die Energie aus, die uns mit unserem Potential an Geduld mit uns selbst in Kontakt bringt. Der Rosenquarz ist aus meiner Sicht mit dem Lichtwesen in Kontakt, das unseren Wesensanteil namens Geduld liebevoll an die Hand nimmt und zu einer Stärke werden läßt.

Der **Rubin** beinhaltet von seinem Farbspektrum her rot und blau. Er verbindet das Basis-Chakra mit den wesentlich höheren blauen Energien des sechsten Chakras (Kopf-Chakra). Er vereint auf harmonische Weise Leib und Seele, körperliche und geistige Liebe. Die Rubin-Energien berühren die Eros-, Philia- und Agape-Ebene und wirken auf die spirituelle Entfaltung unseres Herzen.

Der **Rutilquarz** ist ein Heilungs- und Harmoniestein für das Herz ebenso wie für andere Organe. Seine Grundmasse besteht aus dem Bergkristall als neutralem Lichtbringer, der Titanoxydfäden integriert hat. Diese Fäden sehen manchmal aus wie Goldfäden. Er lehrt uns das Annehmen und Integrieren eines Zustandes oder Aspektes, was uns in die Vereinigung führt. Er kann für jeden akuten Krankheits- und Lebensprozeß angewendet werden.

Der **Saphir** schenkt dem Herzen Glauben und tiefes Vertrauen. Er unterstützt geistige Reinigung und schafft dadurch Raum für Erneuerungen. Mit einem gesunden Maß an Disziplin fordert er uns auf, auf dem Weg ins Licht zu bleiben, nicht mehr davon abzukommen und sich der höheren Macht anzuvertrauen, die größer ist als unser Selbst. Sein kühlendes Blau verhilft zu einem klaren Bewußtsein und beruhigt so überhitzte Gemütsstimmungen. Ruhe, Disziplin und Glaube an das Wahre sind seine Domänen.

Der **Schneeflockenobsidian** ist ein dichter schwarzer Stein, der weiße Flecken ähnlich wie Schneeflocken zeigt. Er verstärkt die Stabilität, das *Verwurzelt-Sein* und verleiht uns ein gesundes Maß an Festigkeit. Es tut dem Herzen wohl, diese Art der Standhaftigkeit zu spüren, wenn die Stürme des Lebens zu stark an unserem Lebensbaum rütteln. Er läßt uns unserer Füße bewußt werden und schenkt vor allem kalten Füßen Wärme, weil er harmonisierend auf uns wirkt.

Der **Serpentin** kommt in verschiedensten, aber eher sanften, weichen Grüntönungen vor, mit zum Teil weißen Strukturen und dunklen Inselchen, die einen Gegenpol zum Grundgestein bilden. Er belebt Weichheit, Formbarkeit und Sanftheit, die im gesunden Maß im Menschen wichtige Qualitäten darstellen. Sein energetisches Ziel ist das Herz. In den Herztätigkeiten zeigt sich, analog wie im menschlichen Dasein, das ewige Spiel zwischen Weichheit, Aufnahme und Formbarkeit (in der blutaufnehmenden Herzphase) und kraftvollem Abgeben und Standhaftigkeit (in der blutaustreibenden Phase).

Der **Smaragd** ist ein grüner Edelstein, der dicht, durchscheinend und klar sein kann und der seine All-Liebe, seine All-Verbundenheit in den Kosmos ausstrahlt. Über das *Kleine* wahrhaft erhaben zu sein, den Sinn des Lebens verstanden zu haben, sich in Frieden, Harmonie und im liebenden Verständnis zu allem zu empfinden – das ist die hohe Schwingung des Smaragds. Diese Qualitäten erweckt, berührt und intensiviert er in unserem Herzen. Er ist der Stein der Fülle. Ich erlebe nicht sehr viele Menschen, die sich in dieser Smaragd-Schwingung wirklich wohl fühlen, es braucht ein reifes, weites Herz, das die All-Liebe und diese echte geistige Fülle wirklich erfassen kann.

Der **Sodalith** ist ein eher dunkelblauer Stein, der mit weißen bis gelb-orangefarbenen Adern durchzogen ist. Er wirkt auf den Verstand und auf das Denken, stimuliert unser Selbstvertrauen, den Glauben und fördert die Intuition. Er ist der Stein der Treue zu sich selbst; er ermuntert uns, unseren eigenen Lebensprinzipien treu zu sein und uns für die Verwirklichung unserer eigenen Ideale und Ziele einzusetzen. Somit entlastet er unser Herz, wenn wir zu sehr in die Überforderung hineinrutschen und zu hohen Zielen hinterherjagen wollen. Er schenkt seine Energie dem Kontroll- und Austauschzentrum für Geist und Körper und sorgt für unsere Orientierung und unser inneres Gleichgewicht. Der Sodalith hilft auch mit seiner blauen und damit kühlenden Schwingung, bei einem überhitzten Prozeß wieder in Harmonie zu kommen. Eine akute Entzündung zum Beispiel gehört auch zu den heißen Prozessen, die energetisch eine Energieüberfülle bedeuten und der *Kühlung* bedürfen.

Der **Sonnenstein** (Aventurin-Feldspat) besteht aus orangefarbenen, glitzernden Gebilden, umgeben von grau-weißem Muttergestein. Er wirkt auf das Gemüt mit viel Geduld − so wie die Sonnenstrahlen geduldig aber sicher Erwärmung und Öffnung bringen. Der Sonnenstein weckt das tief im Geborgenen Liegende (wie im Muttergestein) und lockt es hervor. Er ist einer der herzstärkenden Steine, die uns eher längerfristig zugute kommen.

Der **Sugilit** oder Suggelit, ein violettfarbener Stein mit schwarzen Zeichnungen, hat etwas mit Suggestion zu tun, das heißt mit der Kraft der Vorstellung. Seine Energie beeinflußt die Geistes- und Gemütshaltung des Herzens, indem er uns die Kraft und Macht unserer Gedanken und Worte bewußt werden läßt.

Das **Tigerauge** ist ein braun bis gelber Stein, der je nach Lichteinfall durch seine faserige Beschaffenheit mehr oder weniger lebendig wirkt. Er ist das *wachsame Auge unseres inneren Tigers* und weckt unser Bedürfnis nach Erkenntnis. Seine Stärke liegt im Erkennen der und Hinschauen auf die Prozesse, die unser Herz mit Gefühlen wie Unbehagen und Angst belasten. Wenn uns unser innerer Tiger auf solche Prozesse aufmerksam macht und mit Mut dorthin schaut, was die Ursache ist, wird es uns immer leichter, und wir werden zur rechten Zeit die entsprechende Handlung einleiten. Dort, wo die Angst aufkommt, ist es wert, hinzuschauen! Alles andere sind Umwege. Ich nehme persönlich gerne ein Tigerauge als kleinen Trommelstein zu mir, wenn ich auf Reisen gehe und in Situationen, von denen ich weiß, daß sie mich früher ängstigten. Ich erlebe mit dem Tigerauge die Unterstützung, daß ich innerlich zur passenden Zeit auf das Wesentliche aufmerksam werde, und das läßt mich in meinen Reaktionen immer sicherer werden. So vermitteln die weiteren Farben des Tigerauges dem Herzen Sicherheit durch Erkenntnis, wobei das rote Tigerauge Erkenntnisprozesse im Unterbauch unterstützt, das gelbe Tigerauge im Oberbauch, das blaue Tigerauge (auch **Falkenauge** genannt, siehe auch dort) im Kopfbereich.

Die **Topase** schenken uns wertvolle Energien, die erleichternd auf das Herz wirken. Der **hellblaue Edeltopas** sieht dem Aquamarin oft zum Verwechseln ähnlich. Auch er wirkt sehr stark auf der geistigen Ebene, denn er hilft uns, verfestigte Gefühls-, Verhaltens- und Denkmuster zu verändern. So bringt er Lösungsenergie und Erleichterung mit sich. Besonders in festgefahrenen Lebenssituationen und Herzgeschichten schenkt er eine wohltuende Beweglichkeit. Der **gelbe Edeltopas** leitet goldenes, göttliches Licht aus der Urquelle in das Gefühlszentrum und lichtet Schwermut oder gar Depressionen. Ein Heiler für Angstzustände verschiedenster Arten. Ich sehe die naturbelassenen, geradlinigen Topas-Säulen wie *ein Stück eines Sonnenstrahls*.

Der **Türkis** ist ein dichter hellblauer Stein und ein wunderbarer Schutzstein. Er schützt uns und unser Herz vor negativen Energien, wie vor einem Fluch. Wenn sich der/die Träger/in intensiv mit dem Türkis verbunden fühlt, kann der Stein die negativen Energien absorbieren, wobei er oft seine Farbe verändert. Er unterstützt das Zusammengehörigkeitsgefühl; so war er zum Beispiel bei den Indianern, die einen ausgeprägten Gruppen- oder Familiensinn hatten, ein bekannter Schmuckstein.

Der **Turmalin** kommt in grünen, rosa und blauen Farbtönungen vor. Den schwarzen Turmalin nennt man auch Schörl. Seine Energie hilft uns, immer und immer wieder Auswege zu finden. Konflikte und alle Lebenssituationen, in die unser Herz hineingeraten kann, beleuchtet er von allen Seiten, um mehr als eine Lösung zu entdecken. Wenn wir uns nicht verschließen, sondern offen bleiben für die helfenden Kräfte, die immer um uns sind, erlösen wir jede schwierige Lebenssituation. Dieses Vertrauen stärkt der Turmalin, er befreit uns aus der Verzweiflung und zeigt uns den Weg in das Licht und die Einheit. Der grüne Turmalin zeigt uns Auswege aus Herzeleid, Lebenssituationen, die mit Liebesgefühlen verbunden sind. Rosa Turmaline wirken in Lebenssituationen helfend, in denen es um Selbstlosigkeit, um das *Dienen* geht. In der **Wassermelonen-Turmalinscheibe** umgibt ein Kranz von zartem Grün einen rosa Kern. Hier wird die selbstlose, sich verschenkende Liebe noch umhüllt, noch gestützt, reift noch bis zum Ausbruch. Blaue Turmaline wirken auf hohe geistige Prinzipien, schwarze Turmaline sind unterstützende Energien in Notsituationen.

Der **Turmalinquarz** ist ein Bergkristall, der schwarze Turmalinnadeln in sich integriert hat. Seine Wirkung ist der des Schneeflockenobsidians sehr ähnlich. Beide Edelsteine wirken trotz ihres gegensätzlichen Aussehens auf das gleiche Lebensprinzip, auf die Stabilität und auf das Verwurzeltsein. Sie geben uns Festigkeit und Standhaftigkeit, wenn die Stürme des Lebens zu stark an unserem Lebensbaum rütteln. Sie helfen uns, uns unserer Füße bewußt zu werden, schenken kalten Füßen Wärme, weil sie harmonisierend auf uns wirken. Ich sehe den Turmalinquarz gerne als einen Troststein für Situationen, die schwer durchzustehen sind. Mit ihm verliert man die Hoffnung nicht, denn der schwarze Turmalin-Anteil wird uns innerlich bei der Suche nach Auswegen helfen, und der Bergkristall-Anteil läßt das Licht dazu auf unserem Lebensweg aufleuchten. Es ist sinnvoll, sich anzuschauen, wie sich die schwarzen Turmalin-Nadeln begegnen; manchmal kreuzen sie sich oder sie laufen wie gebündelt auf einen Punkt zu. Übertrage das, was Du im Stein siehst, auf Deinen Lebensprozeß.

Meditation mit Edelsteinen und Kristallen

Ich beschreibe im folgenden eine Möglichkeit einer Meditation, bei der man einen Edelstein oder einen Kristall einsetzen kann. Sie gilt stellvertretend für alle Edelsteinarten und Formen. In nächsten Kapitel folgen dann spezielle Meditationsimpulse zu bestimmten Edelsteinen, die verknüpft mit Visualisationen sind.

Einfache Edelstein- oder Kristall-Meditation

Beachte für Deine Meditation die für Dich stimmigen Rahmenbedingungen von Zeit und Raum. Wenn Du magst, wähle Dir eine sanfte, entspannungsfördernde Musik, die während Deiner Meditation mitläuft und/oder einen Duft über ein Räucherstäbchen oder eine Duftlampe, die ein ätherisches Öl verströmt. Halte Deinen ausgewählten Edelstein oder Kristall, gleich welcher Form, zunächst in Deiner Hand und beginne wie folgt:

- *Erlaube Dir in Deinem inneren Raum anzukommen und schließe Deine Augen. Wende Dich ganz und gar Dir selbst zu.*
- *Wende Deine Aufmerksamkeit Deinem Atem zu und folge dem gleichmäßigen Ein- und Ausatmen. Erlaube Dir ein paar Atemzüge für Deine Entspannung und lasse mit jedem Ausat-*

234

men mehr und mehr von außen los. Mit jedem Einatmen nimmst Du Lebensenergie auf. Du bist mit dem Außen ohne Dein willentliches Zutun auf harmonische Weise verbunden und kannst immer mehr und mehr Deine Aufmerksamkeit nach innen lenken. Wenn noch Gedanken und Impulse in Dir aufkommen, die Dich beschäftigen wollen, dann atme sie bewußt aus. Halte sie nicht fest, was wichtig ist, kommt später wieder auf Dich zu.

- Lenke nun Deine Aufmerksamkeit Deinem Herzen zu und sieh oder spüre Dein Herz als Deine innere Quelle von Licht, Liebe und Wärme. Aus dieser unerschöpflichen Quelle strömen unaufhörlich neue Kräfte zunächst in Deinen Körper (in jedes Organ – in jede einzelne Zelle), danach auch in Deine Aura, damit Du Dich in einer Hülle aus Licht und Liebe geborgen und ganz geschützt fühlst. Sende nun noch von Deinem Herzen aus bewußt einen Lichtstrahl als Dank und Verbindung zu Mutter Erde, die Dich trägt, nährt und Dich so annimmt, wie Du jetzt gerade bist. In ihr sind alle Edelsteine und Kristalle gewachsen und gereift, der Stein, den Du in Händen hältst sowie noch viele nicht geborgene. Auch dafür einen herzlichen Dank. Danach sende noch einen Lichtstrahl über Dein Scheitel-Chakra hinaus zu Deinem Höheren Selbst und bitte um innere Führung. Sende dann darüber hinaus einen Lichtstrahl ins Universum, und sei Dir dieser Verbindungen zur Erde und zum Kosmos bewußt. Du selbst bist in der Mitte als Vermittler/in dieser Energien.

- Dann lenke Deine Aufmerksamkeit Deinem Edelstein oder Kristall zu und spüre ihn in Deinen Händen. Reinige ihn nun mental, das heißt, stelle Dir vor, Du gehst mit ihm an eine reine Quelle oder einen kraftvollen Wasserfall. Halte ihn in Deiner Vorstellung in das fließende Wasser und schaue hin, wie alles Graue und Verschleierte von ihm abgewaschen wird. Das Wasser nimmt es ganz selbstverständlich mit und löst es auf. Wenn Dein Stein rein und klar in Deiner Hand liegt, dann halte ihn in Deiner Vorstellung in der geöffneten Hand in die Sonne zum Trocknen und Aufladen.

- Eine zweite Möglichkeit, einen Edelstein zu reinigen, ist die Lichtreinigungsmethode anstelle der Wasserreinigung. Falls Dir diese Art lieber ist, dann bitte darum, Kanal zu sein für die universelle Lebensenergie (für das göttliche Licht) und stelle Dir vor, wie weißes Licht über Dein Scheitel-Chakra in Dich einströmt, Deine Wirbelsäule und alle anderen Chakras durchfließt und auch Deine Hände erfüllt. Der Edelstein wird von diesem Licht durchflutet und dadurch gereinigt und aufgeladen. Alles Graue und Verschleierte löst sich in dem Licht auf.

- Nachdem Du Deinen Edelstein oder Kristall gereinigt hast, lasse Dich dorthin führen, wo Du Deinen Stein in der Herz-Region hinlegen oder aufhalten sollst. Eine kleine Form eines Steines kann gut aufgelegt werden. Sollte er von der bestimmten Stelle wegrollen, dann lasse ihn dort liegen, wo er von alleine hinrollt. Sollte er während der Meditation zu schwer oder schmerzhaft werden, dann spüre nach, wohin Du den Stein stattdessen legen magst, womöglich in Deine Aura in gleicher Körperhöhe.

- Erlaube Dir nun anzunehmen, was Dir Dein Stein zu schenken vermag. Erlaube, daß seine Energie von der Farbe und Intensität her mit den Farben und dem Licht Deiner Aura Kontakt aufnimmt, sie berührt, eventuell eins wird mit ihr. Öffne Deine inneren Türen und Pforten, und lade die Energie des Steines ein, ganz frei in Dich einzuströmen, Schicht für Schicht in Dich hineinzustrahlen. Begleite diese Energien Deines Steines, sei innerlich Dein Beobachter/Deine Beobachterin. Nimm wahr, was Du in Dir spürst oder in inneren Bildern siehst oder innerlich hörst.

- *Es mag sein, daß es wie ein inneres Auftanken von Kraft und Energie ist oder Dir warm ums Herz wird, eine wohlige Energie sich ausdehnt. Es mag auch sein, daß Dir etwas klar und bewußt wird, während eine Steinenergie in Deiner Nähe ist. Erwarte nichts Spezielles, nimm das an, was sich Dir bietet. Wenn sich ein inneres Gespräch mit dem Wesen des Edelsteins ergibt, so führe es. Wenn die Energie über Dein Herz zu einem anderen Organ (zu einem anderen Thema) weiterfließt, so folge dem. Wenn Du mit Deinen Gedanken abschweifen willst und nicht mehr bei der Edelsteinenergie bist, dann hole Dich immer wieder liebevoll und geduldig zurück. Erlaube keine anderweitige Ablenkung.*
- *Komme in einer für Dich stimmigen Zeit (möglichst nicht unter zehn oder fünfzehn Minuten) langsam zu Ende mit dem inneren Auftanken der Edelstein- oder Kristallenergie. Stelle Dir vor, daß sich die Energie Deines Steines wieder in sich selbst konzentriert, und erinnere Dich Deiner eigenen Licht- und Liebesquelle in Deinem Herzen.*
- *Danke dem Wesen Deines Edelsteins oder Kristalls für seine Energie, die er selbstlos an Dich verschenkte. Danke für alles, wie es in Dir und um Dich ist. Atme mehrmals tief ein und aus und finde bewußt wieder in die Außenwelt zurück.*

Meditationsende

Dieser Impuls für eine einfache Meditation mit einem Edelstein kann auf die unterschiedlichste Art und Weise ausgebaut werden, was im nächsten Kapitel Thema sein wird. Erlaube Dir, Deine eigenen Worte zu finden, wenn Du Dich gegen bestimmte Worte oder Impulse wehrst. Diese Edelstein-Meditation ist neben dem Herzen auch für alle anderen Organe anwendbar, sie ist eine ganz allgemein gehaltene Art der Konzentration und des Auftankens mittels eines Edelsteins oder Kristalls.

8

Kombinierte Visualisationsübungen mit Edelsteinen

Es folgen nun Impulse und Beschreibungen von Meditationen für alle Menschen, *die ein Herz haben*. Es sind Übungen für gesunde Herzen, ebenso wie für Herzen, die gerade ein Leid tragen oder durch eine Krankheit geschwächt sind. Unser Herz, als das kostbarste Juwel in uns, sollte uns wert sein, ihm einige Minuten am Tag zu widmen. Unterschätze nicht den Teil, den Du über Dein Bewußtsein zu Deiner Gesunderhaltung oder Gesundung einfließen lassen kannst. Er ist der Schlüssel zur körperlichen Heilung. Kahlil Gibrans Worte: *„Dein Körper sei die Harfe Deiner Seele"* drücken aus, wie wichtig es ist, daß Du mit allen Dir verfügbaren Mitteln dafür sorgen solltest, daß Deine Harfe wohl gestimmt ist.

Es wird immer wieder in den Meditationen vorkommen, daß ich Dich einlade, mit irgend etwas, einer Pflanze oder einem Tier, zu verschmelzen. Die Liebe lädt uns ebenso immer wieder ein, zwei Pole miteinander zu verbinden und einszuwerden.

Ich gebe für die Meditationen einen Titel an, der kurz andeutet, worin der Sinn der Übung liegt. Darunter steht ein unterstützender Edelstein- oder Kristallname, der zu dieser Meditation besonders gut paßt. Lasse Dich davon nicht allzu festlegen, denn es gibt im mineralischen Reich so manche Hilfen, die in die ähnliche Richtung wirken. Ein Beispiel dazu sind der Karneol und der Aquamarin, die beide Energien verströmen, die ins Fließen bringen und

Stauungen bewußt machen; dabei wird der Karneol im dichteren Milieu des Körpers ansetzen und der Aquamarin mehr auf der geistigen Ebene. So sind viele der Edelsteinzuordnungen austauschbar. Die Reihenfolge der Übungen richtet sich nach dem Alphabet der Edelsteinnamen; Du kannst eine Übung auch über den Impuls der Visualisation auswählen. Als zusätzliche Hilfe gebe ich bei manchen Übungen an, für welche Krankheitsbilder sie besonders gut geeignet sind.

Meditation: Aufnehmen − bergen − geborgen sein
Edelsteine: Achat, Moosachat, Pyritachat

Neben der Gesunderhaltung ist diese Übung besonders sinnvoll für alle Themen, die mit dem Gefühl des Angenommenseins und *Ernstgenommen*-werdens einhergehen (Altersherz, Herzneurose).

Beachte bitte Deine Rahmenbedingungen von Zeit und Raum und wähle als Edelsteinunterstützung einen Stein aus der Achat-Reihe.

- *Schließe Deine Augen und wende Dich Deinem inneren Reich zu. Erlaube Dir, mit einigen Atemzügen zur Entspannung und zum Loslassen immer mehr in Dir selbst anzukommen. Erinnere Dich Deines Herzens als einer unerschöpflichen Quelle von Licht, Liebe und Wärme für Dich, die Deinen ganzen Körper und auch Deine Aura als Lichthülle zu Deinem Schutz versorgt.*
- *Reinige dann Deinen auserwählten Achat in der Dir gewohnten Weise, entweder in Deiner Vorstellung an einer reinen Quelle oder einem Wasserfall − oder im Licht Deiner Hände,*

um das Du vorher gebeten hast. Danach lege Deinen Achat auf Dein Herz-Chakra in der Mitte Deiner Brust (oder wohin Du sonst geführt wirst) und erlaube Dir anzunehmen, was Dir dieser Edelstein zu schenken vermag. Schaue mit Deinen inneren Augen hin und sensibilisiere alle anderen Wahrnehmungsorgane dafür, wie sich die Energie Deines Achats mit Deiner Aura verbindet und eins wird mit ihr. Im gleichen Maße, wie Du die Achat-Energie in Dich aufnimmst, wie Du Dich öffnest für diese sanft umhüllende Schwingung, wirst Du selbst in den Achat aufgenommen. In die Geborgenheit des Universums. Du bist Teil des Ganzen und bist, so wie Du jetzt bist, mit allen Anteilen von Dir umarmt und eins mit allem. – Der Schlüssel für die Geborgenheit liegt darin, daß Du selbst der/ die Aufnehmende bist und Deine Türen öffnest, um etwas zu empfangen und zu beherbergen. Da alles durch die kosmischen Gesetze mit allem in Verbindung steht, ist die Aufnehmende und der Aufgenommene in Wahrheit eins. Du öffnest Dich für den Achat, und gleichzeitig spürst Du die Wohltat des Angenommenseins und Geborgenseins.

- *Öffne Dich in aller Aufmerksamkeit und Liebe nun für Dein Herz. Nimm Dein Herz und damit Dich selbst in Geborgenheit und Liebe an – und Du spürst zur gleichen Zeit, wie Du selbst von allem Dich Umgebenden angenommen bist. Genieße dieses Gefühl, lasse es in jede einzelne Herzzelle und dann über den Blutweg mit den Pulswellen in Deinen ganzen Körper einströmen und dann vom Körper aus in die Außenwelt. Lasse Dir dazu soviel Zeit, wie Du jetzt dafür brauchst, damit sich das Empfinden von Annehmen und Geborgenheit in Dir festigt.*

- *Empfinde in Deinem Herzen Dankbarkeit für das, was Du erlebtest, und komme dann langsam zu Ende. Lasse Licht, Liebe und Dankbarkeit zum Abschluß durch Deinen ganzen Körper*

241

fließen und danke der universellen Quelle für alles, was möglich ist. Danke dem Wesen Deines Achats für seine Unterstützung.

- *Atme mehrmals tief ein und aus, nimm Deinen Achat wieder bewußt in Deine Hände, recke und strecke Dich und finde in Deinem für Dich stimmigen Tempo wieder wach und klar in die Außenwelt zurück. Schaue Dir Deinen vielleicht strukturierten Stein noch einmal ganz genau an. Manchmal sieht man nach einer Meditation noch viel mehr in dem Stein als vorher.* Meditationsende

Meditation: Engel-Meditation
Edelstein: Amethyst

Diese Meditation ist für alle gesunden und geschwächten Herzen von Zeit zu Zeit geeignet. Beachte bitte Deine Rahmenbedingungen von Zeit und Raum, Musik und Duft. Wähle Dir einen dichten, durchscheinenden oder klaren Amethysten in der Form, wie er Dir gefällt. Schaue ihn Dir gut an, wie er auf Dich wirkt, was Du jetzt in ihm erkennst oder lasse Dich von einer Stelle in Deinem Amethysten locken, sehr gut hinzuschauen.

- *Schließe dann bitte Deine Augen, und nimm das mit den äußeren Augen Wahrgenommene mit nach innen. Spüre Deinen Stein noch in Händen, wenn Du dann allmählich Deine Aufmerksamkeit nach innen lenkst. Atme bewußt mehrmals tief ein und aus und lasse alle Anspannung los. Erlaube Deinen Muskeln, auf die Du Einfluß hast, jetzt auszuruhen. Entspanne und lasse los. Erinnere Dich Deiner licht- und liebevollen Herzensquelle, die Dich und Deinen Körper sowie Deine Lichtschutzhüllen versorgt.*

- *Danach reinige Deinen Amethysten in der Dir gewohnten Weise, bevor Du ihn auf Dein Herz auflegst. Erlaube Dir, in Dich hineinzunehmen, was Dir Dein Amethyst schenkt. Lasse Dich von seiner sanften violetten Energie berühren und erlaube ihm, Deine Aufmerksamkeit und Dein Bewußtsein dorthin zu lenken, wo sein Wesen offenbar wird. Er zeigt Dir den Weg in die geistigen Lichtwelten. Er schenkt Deinem geistigen Herzen die Kraft, sich mit Leichtigkeit den feinstofflichen Welten zuzuwenden und sich in neue Bereiche und Welten einzufinden; dort ebenso vertraut zu sein wie in der schon vertrauten dichten irdischen Welt oder wieder den Kontakt zu den Lichtwelten aufzunehmen, wenn die Verbindung für kurze Zeit unterbrochen war.*

- *Es mag sein, daß es Dir aus einer höheren Sicht heraus ganz leicht fällt, Deine jetzige Lebenssituation zu erkennen und zu überblicken. Womöglich bist Du bereit, Dein Leben einem Film gleich zu sehen. Dann halte bewußt dort an, wo Du Deinen nächsten Lebensschritt erkennst. Schaue genau hin oder höre gut zu, was in Deinem Leben (oder zu Deiner Gesundung) als nächstes zur Durchführung ansteht. Achte darauf, daß Dein nächster Schritt so groß ist, daß Du ihn gut ausführen kannst; nicht zu groß, daß er entmutigt, nicht zu klein, daß Du Dich dennoch bemühen mußt. Nimm das Bild in Dein Herzensbewußtsein auf.*

- *Dann spüre nach, was Dir bei der Umsetzung des Erkannten helfen würde. Wenn Du bereit bist, eine Unterstützung aus der geistigen Lichtwelt anzunehmen, dann bitte darum, daß ein Lichtwesen oder ein Engel sich aus der geistigen Welt löse und zu Dir komme. Es mag sein, daß Du über Deine Aura eine Kraft spürst, die sich Dir nähert. Es mag auch sein, daß Du in Deinem Herzen oder von innen heraus eine Lichtkraft spürst, durch die sich Dein Engel ausdrückt. Gleich, wie es für Dich stimmig ist, so nimm es an. Begrüße innerlich Deinen Engel und spüre, welche Qualität er Dir als Geschenk anbietet, Dich zu unterstützen. Höre hin, ob er Dir seinen Namen sagt. Womöglich bekommst Du noch Impulse von ihm oder ein Symbol, wie ihr euch verständigt, wann und wie ihr euch begegnet.*

- *Danke aus Deinem Herzen heraus Deinem Engel aus den Lichtwelten für seine Begleitung und für seine Unterstützung. Du wirst ihn dankend auch wieder freilassen, und er wird zu den Lichtwelten zurückfinden, wenn Du die entsprechende Lektion verstanden hast, bei der er Dir zur Seite steht. Danke dem Wesen Deines Amethysten für seine Energien und dafür, daß er sich als Brücke in die geistige Welt zur Verfügung stellte. Lasse Dank in Deinen ganzen Körper fließen, und sei bereit, Deinen nächsten Lebensschritt in Leichtigkeit und Freude anzugehen.*

- *Nimm Deinen Amethyst wieder in Deine Hände, atme bewußt tief ein und aus und finde in Deinem, für Dich stimmigen Tempo wieder in die Außenwelt zurück, um wach und klar zu sein. Dann schaue Dir Deinen Amethyst noch einmal genau an. Erkennst Du in ihm etwas aus Deiner Meditation wieder?*

Meditationsende

Wenn Du die „Engel-Karten" aus Findhorn kennst, kannst Du Dich in oder nach der Meditation von Deinem Engel zu einem der Kärtchen führen lassen, damit er Dir über diesen Weg seinen Namen und seine Qualität zeigt. Dazu legt man die zweiundfünfzig „Engel-Karten" mit Wort und Bild nach unten auf einen Tisch oder auf den Boden und läßt sich während oder danach mit geschlossenen Augen zu einem der Kärtchen führen. Viel Freude dabei.

Meditation: Finde Deinen Schlüssel der Heilung
Edelstein: Azurit

In der Phantasie zu erleben, wie man den eigenen Schlüssel zur Heilung findet, ist in jeder Form von Disharmonie und Krankheit sinnvoll. Somit kann diese Meditation eine Unterstützung sein bei Herzinsuffizienz, Angina pectoris und Arteriosklerose oder nach einem überlebten Herzinfarkt. Wenn Du diese Meditation mit einem Azurit erleben willst, nimm einen der ungeschliffenen Azurit-Brocken, der ein kraftvolles, klares Blau hat mit vielen Spitzen und Kanten, achtsam in Deine Hände.

- *Schließe Deine Augen und erlaube Dir, Dich in Deiner inneren Welt einzufinden. Ein paar Atemzüge helfen Dir zu entspannen und von allem Äußeren loszulassen, damit Du Dich im folgenden ganz auf Dich konzentrieren kannst. Erinnere Dich Deiner Herzensquelle, die Dich im Inneren mit Licht, Liebe und Wärme auffüllt sowie Deine äußeren Aura-Hüllen lichtvoll aufleuchten läßt zu Deinem Schutz und Deinem Gefühl von Geborgenheit. Sende Lichtstrahlen als Dank und Verbindung zu Mutter Erde und zu Deinem Höheren Selbst, und sei bereit, Dich von Deinem Höheren Selbst führen zu lassen.*
- *Danach reinige Deinen Azurit in Deiner gewohnten Weise und lege ihn auf Dein Herz-Chakra oder in die Nähe, wenn er Dir dort zu schwer oder zu kantig sein sollte. Erlaube Dir, die kraftvolle blaue Azurit-Schwingung anzunehmen, lasse sie in Deine Aura und dann Schicht für Schicht in Dein Inneres einwirken, bis hin in jede einzelne Zelle Deines Herzens. Seine hohe Energie läßt eine wohlige Form der Ruhe und inneren Stille einkehren, die Raum für Neues schafft. Raum für neue Inspirationen und geistiges Verstehen. Genieße diese Energie*

und beobachte, was Du in Deinem Herzen siehst, spürst oder hörst.

- *Erlaube, daß das hohe Lichtwesen des Azurits Dir innere geistige Türen und Tore öffnet für ein verändertes Verständnis von Dir und für alles, was Dich berührt. Folge dem Azurit-Wesen, wenn es Dich mit Deiner Aufmerksamkeit und Deinem Bewußtsein auf eine kleine Reise in die Bilderwelt Deiner Seele einlädt.*

- *Und folge dann dem Azurit-Wesen zum Haus des Wissens. Es liegt auf einer Anhöhe, und um diese zu besteigen, erfordert es Deine Bereitschaft, da hinauf zu „WOLLEN". Dein Wille ist wie eine Hand, die Du dem Azurit-Wesen reichst, damit es Dich führen kann. Im großen Haus des Wissens angekommen, betrittst Du gleich nach dem Eingang eine große Empfangshalle, von ihr gehen viele Türen in die einzelnen Räume. Wähle zuerst die Tür mit der Aufschrift „Reinigung". Finde Dich dort in dem „Raum der inneren Reinigung" ein und erlebe, was für Dich Reinigung bedeutet. Es mag sein, daß Du verschiedene Ebenen von körperlicher und geistiger Reinigung vorfindest und Dir zum Beispiel Wasser oder feiner, farbiger Rauch zur Verfügung steht, der jeweils bestimmte Anteile von Dir reinigen kann. Nach Deiner Reinigung legst Du neue Kleider (Gewänder) an und verläßt diesen Bereich der Reinigung.*

- *Lasse Dich in den nächsten „Raum der Stärkung" führen. Erlebe dort, was für Dich körperliche, geistige und seelische Stärkung bedeutet.*

- *Danach wird Dir das Azurit-Wesen die lichte breite Treppe zeigen, die zu der großen Bibliothek im Hause des Wissens führt. Tritt dort ein und schaue Dich um. Werde vertraut mit der Schwingung dieses Raumes, und bitte Dein Höheres Selbst, Dich zu Deinem ganz individuellen „Buch des Lebens" zu*

246

führen und nimm es aus dem Regal. Vielleicht liegt Dein Le-
bensbuch schon auf einem für Dich vorbereiteten Tisch. Warte
mit dem Aufschlagen der Seiten und sei erst ganz ruhig in Dir,
sei Dir dessen bewußt und konzentriere Dich darauf, was Du
genau über Dich wissen willst. Eine Möglichkeit wäre es, Dich
darauf einzustellen, daß Du die Seite des Buches aufschlägst,
die Dir in Wort oder einem symbolischen Bild den Schlüssel zu
Deiner ganz speziellen Heilung in einer bestimmten Angele-
genheit oder auf Dein Herz bezogen aufzeigt. Schaue genau
dort hin und nimm es in Dein Herzensbewußtsein auf. Nimm
Dir die Zeit, die Du dazu brauchst, den Schlüssel Deiner Hei-
lung zu verstehen.

- *Wenn Du innerlich aufgenommen hast, was Dir jetzt wichtig*
  war, dann schließe das Buch wieder; bringe es eventuell an die
  Stelle zurück, wo Du es aus dem Regal genommen hast. Emp-
  finde Dankbarkeit im Herzen für das, was war. Wenn Du
  magst, lasse Dich von Azurit-Wesen begleiten, wenn Du das
  Haus des Wissens verläßt und Dich wieder mit Deiner ganzen
  Aufmerksamkeit und Deinem Bewußtsein in Deinem Körper
  einfindest. Lasse Dir hier die Zeit, die Du benötigst, um das
  Erfahrene für Deinen Alltag zu begreifen und zu klären, was
  das ganz konkret für Dich bedeutet. Welche Entscheidungen
  und Konsequenzen fallen Dir nach diesen Einsichten leichter?
- *Wenn Du auch damit zu Ende gekommen bist, dann nimm den*
  Azurit wieder bewußt in Deine Hände und danke und verab-
  schiede Dich in Deiner Vorstellung von dem Wesen des Edelstei-
  nes und empfinde Dank für Deine Innen- und Außenwelt.
- *Bewege Dich sanft in Deinem Körper, recke und strecke Dich,*
  atme tief ein und aus und finde wieder bewußt zurück, indem
  Du Deine Augen öffnest und Deinen Azurit nochmals genau
  betrachtest.

Meditationsende

Darin, wie ich es in der Phantasiereise beschrieben habe, liegt auch eine Möglichkeit, einen Engel, ein geistiges Lichtwesen oder das Wesen eines Edelsteins darum zu bitten, beim Durchleben eines Prozesses unterstützt zu werden. Zum Beispiel im dem Du darum bittest, bei einer schwierigen Passage an die Hand genommen zu werden, um den Halt zu spüren oder um die innere Unsicherheit besser in den Griff zu bekommen. Du bekommst dadurch eine Empfindung, Dich in Entscheidungsprozessen nicht alleine zu fühlen. Von den geistigen Lichtwelten werden wir nie allein gelassen, werden immer unterstützt, wenn wir darum bitten. Wir müssen uns dessen bewußt werden, daß die geistige Welt auf unsere Bereitschaft wartet; und wir sollten genau wissen, wozu wir um Mithilfe und Unterstützung bitten. Je genauer wir uns selbst darüber im Klaren sind, um so genauer können uns die geistigen Helfer unterstützen.

Meditation: Auf dem Fluß Deines Lebens
Edelstein: Aquamarin

In der folgenden Phantasiereise geht es um das Erkennen von persönlichen Reifeprozessen. Jeder von uns weiß, daß es weh tun kann, wenn man vom Leben geschliffen wird. Oft erkennt man erst im Nachhinein, oder gar erst viele Jahre später, wozu das Ganze gut und wichtig war. Ein Schleifprozeß kann es auch sein, eine Krankheit durchleben zu müssen. So ist dieser Meditationsimpuls für alle Krankheitsgeschehen des Herzens und anderer Organe geeignet, um in einem Zusammenhang den Lebensschliff zu sehen. Den Aquamarin sehe ich hierfür als besonders hilf-

reich, da er zu den Seelentröstern gehört und eine Über-
blick-verschaffende Weite anbietet.

Stelle Deine Meditationsbedingungen von Zeit und
Raum her, und begib Dich mit einem Aquamarin, in welcher Form auch immer, auf eine innere Reise.

- *Schließe Deine Augen und erlaube Dir, nach Innen einzukeh-
ren. Entspanne und lasse mit jedem Ein- und Ausatmen mehr
und mehr los. Nimm mit Deiner Aufmerksamkeit das innere
Bild auf, daß Dein Herz eine unerschöpfliche Quelle von
Licht, Liebe und Wärme für Dich ist, die sich in Deinen ganzen Körper ergießt und auch Deine Aura als Lichthülle zu
Deinem Schutz versorgt. Über Dein Herzenslicht bist Du mit
Mutter Erde und mit Deinem Höheren Selbst verbunden und
damit mit den irdischen und kosmischen Energiequellen.*

- *Reinige dann Deinen Aquamarin im Licht Deiner Hände, um
das Du vorher gebeten hast oder an einer reinen, klaren Quelle.
Danach lege ihn in Deine Aura oder auf Dein Herz und öffne
Dich bewußt für die hohe, sanft erweiternde Energie des Aquamarins. Nimm das Geschenk dieses wunderbaren Edelsteins in
Dein organisches und geistiges Herz auf und genieße eine Weile
diesen Zustand.*

- *Begrüße innerlich das Wesen Deines Aquamarins und folge
ihm in die Bilderwelt Deiner Seele. Finde Dich auf einer schönen großen Wiese ein, wie Du sie tief in Dir kennst. Wenn Du
Dich auf Deiner Wiese mit allem – auch mit dem Wetter – vertraut gemacht hast, dann lasse Dich zum Fluß begleiten, zu
dem Du über Deine Wiese Zugang hast. Wähle Dir eine
schöne Stelle an Deinem Fluß, wo das Wasser still ist, ja fast
steht. Setze Dich eine Weile ruhig und in Dir still werdend hin.
Nun stelle Dir vor, dieser Fluß sei Dein Lebensfluß und Du sä-
ßest an einer ganz bestimmten Stelle Deines Flußes und damit*

an einer ganz bestimmten Stelle Deines Lebens. Du hast schon eine Weg-Lebensstrecke hinter Dir gelassen und kannst auf Schönes und Schwieriges zurückschauen. Die Schleifprozesse auf Deinem Lebensweg haben Dich zu dem geformt, was Du heute bist. Wenn Du magst, sei bereit, Dir drei Schleifprozesse Deines Lebens genauer anzuschauen, mit der Motivation zu verstehen, warum sie von Deiner Seele ausgesucht worden sind.

- Schaue also in das Wasser Deines Lebensflusses. Warte, bis es ganz still ist und sich Dein Gesicht im Wasser spiegelt. Erlaube, daß eine Lebenssituation im Spiegelbild des Wassers auftaucht, die ungefähr drei Jahre zurückliegt und von der Du weißt, daß sie Dich geprägt und mitgeformt hat. Erlebe sie wie im Zeitraffer eines Filmes noch einmal und schaue dabei mit Deinen Augen des Verstehens, wozu dieser Schleifprozeß damals gut war. Lasse Dir die nötige Zeit dabei. Wenn Du es in Deinem Herzensbewußtsein verstanden hast, dann lasse es zu, daß das Wesen des Aquamarins die Wasseroberfläche wieder klärt.

- Erlaube, daß eine nächste Lebenssituation aus der Vergangenheit sich auf dem Bild des Wassers zeigt, die ungefähr zehn Jahre zurückliegt und schaue wie vorhin, was Deine Seele und Dein Körper daraus gelernt haben. Wenn Du auch den zweiten Schleifvorgang angenommen hast, wird der Aquamarin Dir beim Löschen des Bildes helfen, und Du kannst eine dritte und für diese Meditation letzte Lebensphase auf die Wasseroberfläche bitten, die cirka zwanzig Jahre zurückliegt. Schaue Dir auch hier an, für was es sinnvoll und gut ist.

- Es mag sein, daß Du dann, wenn Du und Dein Aquamarin die letzten Bilder auf dem Wasser gelöscht habt, Dich mit ihm bereden willst, womöglich kann er Dich im Verstehen und Loslassen schmerzlicher Prozesse unterstützen. Seine leichte, verständnisvolle und erweiternde Energie ist ein wahres Geschenk bei solchen Betrachtungen.

- *Danach kehre wieder mit Deiner ganzen Aufmerksamkeit und Deinem Bewußtsein auf Deine Wiese, dann in Deinen Körper zurück und lasse den Aquamarin noch eine Zeitlang auf Deinem Herzen oder in dessen Nähe liegen. Danke dem Wesen Deines Edelsteines und empfinde Dankbarkeit für alles, was war und ist. Finde in dem für Dich stimmigen Tempo wieder bewußt in die Außenwelt zurück. Sei wach und klar in Deinem Leben im Hier und Jetzt.*
Meditationsende

Meditation: Behandlung durch den Heilungsengel
Edelstein: Aventurin

Den Engel der Heilung aus den Lichtwelten zu bitten, eine heilende Behandlung am Herzen auszuführen, ist ein weiterer Meditationsimpuls. Dies in der Phantasie zu erleben, bedeutet das geistige Öffnen für die Wirklichkeit. So ist sie sinnvoll für alle Arten von Herzbeschwerden und in akuten Schmerzphasen. Der Aventurin ist eine besondere Unterstützung, da er alle heilenden und regenerierenden Behandlungen mitträgt, die besonders in den Erholungszeiten nach Herzinfarkten oder gar Herzoperationen lange dauern können.

Beachte die Rahmenbedingungen von Zeit und Raum und nimm den Aventurin in Deine Hände.

- *Schließe dann bitte Deine Augen und wende Dich Deinen inneren Welten zu. Entspanne und lasse ganz bewußt mit dem Ein- und Ausatmen los, damit Du Deine Aufmerksamkeit immer mehr Deiner inneren Licht- und Liebesquelle zulenken kannst. Fühle Dich zu Deinem Schutz umhüllt von Licht, spüre Dich getragen von Mutter Erde und versorgt von der geistigen Welt.*

- *Reinige Deinen Aventurin mental in der Dir gewohnten Weise und lege ihn auf Dein Herz oder in dessen Nähe auf. Erlaube Dir, die regenerierenden Kräfte des Aventurins anzunehmen. Die Wesenheiten des Aventurins machen den noch intakten Körperzellen Mut und unterstützen sie in Ausdauer und Leistungsfähigkeiten. Die geschwächten Körperzellen erfahren die Kräfte der Aventurin-Wesenheiten und erhalten Mut, sich wieder zu erholen und die Funktionen wieder mit vollem Einsatz aufzunehmen. Tanke eine für Dich stimmige Zeit auf, und genieße diese grünen, mit der Natur verbundenen, heilsamen Energien.*

- *Wenn Du dann dazu bereit bist, dann bitte über Dein Höheres Selbst den Engel der Heilung aus der geistigen Welt zur Unterstützung und zu einer Heilbehandlung an Deinem Herzen. Wiederhole Deine Bitte bis zu dreimal, dann warte in Ruhe und Gelassenheit. Es mag sein, daß der Heilungsengel Dir in einer menschenähnlichen Gestalt erscheint und Du ihn nach Deiner herzlichen Begrüßung einfach nur beobachtest. Er weiß aus einer höheren Sicht heraus, was er in Dir und Deinem Herzen zu tun vermag. Womöglich weitet er einige Stellen in Dir oder massiert streichelnd Dein Herz. Höre gut zu, ob Du etwas wahrnimmst, was Du selbst ab jetzt Heilendes für Dein Herz und seine Funktionen tun kannst. Wundere Dich nicht, wenn Du mit Deinen inneren Augen nichts dergleichen siehst. Vielleicht spürst Du ein wohliges, harmonisches Gefühl, das sich von Deinem Herzen her ausbreitet. Nimm das an, was jetzt in Dir ist oder geschieht, ohne etwas zu hinterfragen oder mit dem Verstand zu zerpflücken.*

- *Wenn der Engel der Heilung seinen Dienst in Dir getan hat, danke ihm aus ganzem Herzen und lasse ihn ganz frei. Spüre in Dir nach, wie es sich in Dir anfühlt. Danke den Wesenheiten des Aventurins für ihre Energien und nimm ihn bewußt wieder in Deine Hände. Finde in Dankbarkeit, Licht und Liebe mit tiefen Atemzügen wieder ganz wach und klar in die Außenwelt zurück.*

Meditationsende

Meditation: Reise in die Pyramide der Weisheit
Edelstein: Bergkristall

Die Pyramide gilt schon seit Alters her als Symbol von Weisheit und Macht. Eines ihrer zugrundeliegenden Themen ist die Selbstverwirklichung – nicht das Ausleben und die Verwirklichung des Egos, sondern des wahren Selbstes, das mit dem Göttlichen in Verbindung ist. Um in das Innere der Pyramide zu gehen, tut es wohl, einen lichtvollen Begleiter mitzunehmen – den Kristall. Seine Energien helfen hinzuschauen, und so ist diese Meditation für alle gedacht, die ihren Mut und ihr Selbstvertrauen stärken wollen, gleich welche Herzbeschwerden zugrunde liegen. Wähle also einen Bergkristall oder Arkansas-Kristall in einer für Dich stimmigen Form (Trommelstein, Kugel, Pyramide, naturbelassene Spitze). Ein Arkansas-Kristall ist ein Bergkristall, der in der hohen Landschaftsenergie von Arkansas gewachsen ist, er zeichnet sich durch eine auffallende Klarheit und Brillanz aus.

Wenn Du den für Dich passenden Rahmen von Zeit und Raum bestimmt hast und den Kristall in Deinen Händen hältst, dann beginne mit der Meditationseinstimmung.

- *Schließe Deine Augen und wende Dich Deinem inneren Reich zu. Entspanne so gut Du es jetzt kannst und lasse mit jedem Ein- und Ausatmen noch ein paar Muskelanspannungen oder Gedanken los. Werde frei und leicht in Dir. Erinnere Dich Deines Herzens als Deiner inneren Quelle von Licht und Liebe, die Deinen ganzen Körper und Deine Aura versorgt – zu Deinem Schutz und Deinem Gefühl von Geborgenheit. Dann reinige noch Deinen Kristall mental in der Dir gewohnten Weise und lege ihn gereinigt und aufgeladen auf Dein Herz oder in dessen Nähe. Erlaube Dir anzunehmen, was Dir Dein Kristall an Licht- und Christus-Energien schenkt. Öffne Dein Inneres für diese Kristallenergie und genieße sie in allen Anteilen von Dir.*

- *Wenn Du magst, dann bitte das Wesen Deines Kristalls, Dich mit seinem Licht zu begleiten, wenn Du mit Deinem Bewußtsein in das Bilderreich Deiner Seele hineintauchst. Finde Dich ein auf einer Ebene, auf der sich Deine innere Lichtpyramide der Weisheit befindet. Das kann eine Ebene in Deinem Körper sein oder in Deinem Kopf, in Deiner Vorstellung oder als eine Empfindung irgendwo im Feinstofflichen. Erschaue die Pyramide groß und mächtig vor Dir und lasse sie als Ganzes auf Dich wirken. Du weißt, wo der Eingang liegt und gehst allmählich darauf zu. Du kennst auch den Wächter an der Tür, es ist ein Vertrauter, denn im Unterbewußtsein hast Du die Pyramide schon oft besucht. Der Wächter läßt Dich ein, und Du gehst den ersten großen Gang entlang. (Eventuell kannst Du hier den Raum der Reinigung und der Stärkung, wie in der Azurit-Meditation beschrieben, voranstellen). Von diesem langen großen Gang gehen nun mehrere Räume und Säle ab. Für diesen Besuch wähle nun drei Räume, in denen Du innere Prüfungen ablegen wirst. In jedem der gewählten Räume wird sich Dir eine Aufgabe oder Prüfung stellen, und Du wirst geübte*

Fähigkeiten dazu verwenden, um sie zu lösen, oder Du wirst schlafende Fähigkeiten wecken und beleben müssen.

- *Wenn Du dann soweit bist, gestärkt und ermutigt von Deinem Lichtkristallbegleiter, dann betritt den ersten Raum, mache Dich mit ihm vertraut, und schaue der ersten Aufgabe entgegen, die sich Dir stellt. Habe Mut und Vertrauen in Deine Fähigkeiten, Du wirst die Lösung finden und die Prüfung bestehen. Lasse Dir Zeit dazu. Manchmal wirst Du in Geduld geprüft, und die Aufgabe zeigt sich nicht sofort. Vertraue dann dem ersten Impuls, den Du siehst, hörst oder sonst wahrnimmst, ohne ihn mit dem Verstand zu zerstreuen. Bitte Deinen Verstand, während Deines Pyramidenbesuchs still zu sein.*

- *Wenn Du mit der ersten Aufgabe zu Ende gekommen bist, nimm das Erlebte in Dein Herzensbewußtsein auf und löse Dich vom ersten Raum. Gehe dann in den zweiten, und stelle Dich dort Deiner nächsten Aufgabe.*

- *Wenn Du auch die Aufgabe und Lösung des zweiten Raumes in Dein Bewußtsein aufgenommen hast, löse Dich vom zweiten Raum und begib Dich in den dritten und für jetzt letzten Prüfungsraum. Schaue hier, welche Deiner Fähigkeiten Du hier brauchst, um sie zu lösen. Lasse Dich von Deiner inneren Führung leiten.*

- *Wenn Du nun die dritte Aufgabe bestanden hast und sie in Dein Herzensbewußtsein aufgenommen hast, löse Dich auch aus diesem Raum und begib Dich mit Deinem Lichtkristallbegleiter in den Kraftmittelpunkt Deiner Pyramide. Werde eins mit dieser Pyramide, verschmelze mit ihr. Erlaube Deinem Bewußtsein, sich so auszudehnen, daß Du von der Pyramidenbasis bis hin zur Spitze eins bist mit ihr. Sei Dir dessen bewußt, daß der Ort der Weisheit in Dir selbst liegt. Du bist untrennbar mit der Quelle der Weisheit verbunden. Aufgaben- und Prüfungsstellung sowie die Lösung befinden sich gleichermaßen in Dir selbst.*

Sobald sich Dir eine Aufgabe in der Außenwelt stellt, weiß Dein Inneres die dazu passende Lösung. Nichts kommt auf Dich zu, was Du mit Deinen Qualitäten nicht lösen könntest oder durchstehen würdest. Das gilt es zu integrieren.

- *Löse Dich nach einer Weile von diesem Bild der Pyramide, und finde Dich mit Deiner Aufmerksamkeit und Deinem Lichtkristallbegleiter wieder ganz in Deinem Körper ein. Überschaue Deine drei in der Pyramide erlebten Aufgaben und ihre Lösungen, und spüre nach, was sie konkret für Dein Leben und Deinen Alltag aussagen. Du wirst Parallelen finden.*

- *Beende langsam die Meditation, und danke dem Wesen Deines Bergkristalls für seine Energien. Finde mit tiefen Atemzügen wieder wach und klar in die Außenwelt zurück und schaue Dir Deinen Kristall noch einmal genau an.*

Meditationsende

Ich werde hier eine Kurzfassung eines *Kristallheilungskreises* schildern. Es ist mir wichtig, diesen Impuls im Buch weiterzugeben, auch wenn er als *Kreis* mit mehreren Menschen stattfinden muß. Jeder kann für sich alleine folgende Kristall-Heilungsmeditation durchführen. Dazu ist es sinnvoll, sich einen Bergkristall oder Arkansas-Kristall in naturbelassener Form mit einer Spitze zu wählen. Halte den Kristall in Deiner Hand mit der natürlichen Spitze nach oben (hier bitte keine Pyramiden- oder Obeliskenform wählen). Stimme Dich zur Meditation ein (Atmung, Herzquelle) und bitte dann darum, Kanal zu sein für die universelle Lebensenergie, damit sie in Dich über Dein Scheitel-Chakra einfließe, Deine Wirbelsäule entlang und über Deine Schultern in Deine Arme und Hände. In dem weißen universellen Licht wird Dein Kristall gereinigt und aufgeladen. Dann stelle Dir vor, wie durch die universelle

Lebensenergie Dein Kristall zu leuchten und zu sprühen beginnt. An der Spitze, als höchstes Energiepotential, verströmt sich die heilsame Lichtenergie Deines Kristalls. Sie verteilt sich auch über Deine Aura wie eine Lichtdusche und verteilt die Lichtfunken von innen nach außen immer tiefer in Dich hinein, soweit wie Du Deine inneren Türen öffnest. Erlaube, daß jede Zelle ihren Anteil von der Kristallenergie erhält. Zum Abschluß danke wie in den vorigen Meditationen mit Steinen beschrieben.

In einer Gruppe mehrerer Menschen ist es wunderschön, sich im Kreise sitzend, alle einen Kristall in den Händen haltend, zu einem sogenannten Kristallkreis zu verbinden. Dazu sollte man sich, ebenso wie in der Einzelkristallbehandlung, einstimmen und vom Herzen her seine eigene Lichthülle versorgen. Nur Licht und Liebe werden Deine Lichtaura durchdringen und verstärken, alles Dunkle und Graue wird abprallen oder sich im Licht auflösen. Dann bitten alle für sich (oder durch eine/n Sprecher/in) darum, Kanal zu sein für die universelle göttliche Lebensenergie. Alle lassen sich durchströmen, reinigen ihren Kristall und senden gleichzeitig von ihrem Herzen her einen Lichtstrahl zu dem/r Partner/in nach rechts im Kreis, so daß alle durch Licht und Liebe miteinander verbunden sind. Von dem Kristall stellt man sich vor, daß ein Lichtbogen von seiner Spitze in den Kreis nach oben und vorne ausstrahlt, so daß alle Kristallspitzen im Kreis eine gemeinsame Lichtkuppel bilden. In diese Lichtkuppel können nun Menschen bildlich in der Vorstellung hineingestellt werden, damit sie von Licht und Liebe berührt werden. Die Gruppe kann ebenso einen belasteten Teil der Erde oder ein Volk mit Energie beschenken. Danach danken alle der universellen Lebensenergiequelle und dem Kristall.

Meditation: Pflanze einen Baum
Edelstein: Chrysokoll

Diese Visualisationsübung ist zur Unterstützung aller regenerierenden Prozesse sinnvoll und wenn es um die Erkenntnis geht, was man selbst zu einer Veränderung im Leben beitragen will. Der grün-blaue Chrysokoll verbindet
dabei Herz und Verstand und schenkt Kraft über die Verbindung zur Natur und ihren Zyklen.

Beachte die Rahmenbedingungen von Zeit und Raum,
Musik und Duft. Schaue Dir die Zeichnungen und Farb-
vermischungen Deines gewählten Chrysokolls genau an.

- *Schließe dann Deine Augen und wende Deine Aufmerksamkeit Deiner inneren Welt zu. Stimme Dich zur Meditation ein,
wie es in den anderen Übungen schon mehrmals beschrieben
war (Entspannung, Loslassen, Atmung, Herzquelle und
Aura-Lichthülle, Reinigung Deines Edelsteins).*
- *Lege Deinen gereinigten Chrysokoll auf Dein Herz oder in
dessen Nähe auf und erlaube Dir, die heilsamen, harmonisie-
renden Energien Deines Steines anzunehmen. Öffne Dich von
innen her, so daß die Schwingungen Schicht für Schicht in Dich
hineinströmen. Folge dem Geschehen eine Weile in Dir. Sei
wachsame/r Beobachter/in, wie sich Dein Herz dabei anfühlt.*
- *Wenn Du genügend Energien aufgetankt hast, dann lenke
Deine Aufmerksamkeit auf Deine schöne Wiese in Deiner See-
lenbilderwelt und ruhe Dich auf ihr aus. Wähle dazu einen guten Platz, von wo Du einen schönen Überblick hast und Deine
Aussicht auf Deine Wiese genießen kannst.*
- *Dann schaue Dich um, wo genau Du auf Deiner Wiese einen
Baum pflanzen würdest. Gehe dorthin und bereite alles vor,
was Dein Baum (oder Bäumchen) zum Wachstum braucht.*

Achte auf alle Details, zum Beispiel, ob das Pflanzloch groß ge-
nug ist, ob der Boden steinig oder eher sandig ist. Wähle gute Vor-
aussetzungen für das Gedeihen Deines Baumes. Dann pflanze
ihn, achte auf seine Wurzeln und alles, was Dir wichtig er-
scheint. Wenn Du mit dem Einpflanzen fertig bist, schenke Dei-
nem Baum noch etwas, was er ebenfalls benötigt. Dann schaue
hin, wie Dein frisch eingepflanzter Baum im Zeitraffer durch die
Jahreszeiten hin wächst und gedeiht, bis er zu einem stattlichen
Baum geworden ist. Falls noch andere Bäume in der Nähe stehen,
beachte, wie er sich in die anderen Baumkronen einfügt, wie er
sich Raum schafft oder was es sonst noch aufzunehmen gibt.

- *Wenn Du magst, dann tritt näher an Deinen Baum heran und*
  umarme ihn. Spüre mit Deinen Händen und Armen seine
  Rinde und seinen Stamm. Fühle Dich ganz ein in ihn – und
  werde eins mit ihm. Verschmelze mit ihm, bis Du selbst Dein
  Baum bist. Lasse Deine Aufmerksamkeit in die Wurzeln sin-
  ken, und spüre Dich in die Wurzeln ein, wie sie Halt im Boden
  haben und Dich mit Wasser versorgen. Spüre den Stamm,
  mächtig und stark. Spüre die Verzweigungen, die Äste und die
  Baumkrone selbst mit allen Blättern. Überall diese Lebendig-
  keit! Erlebe wieder, jetzt als Baum selbst, die Jahreszeiten, er-
  lebe die Sonne, die Regentropfen, den Wind und Frost. Erlebe
  die kraftvollen Zyklen der Natur und nimm Kontakt auf zu den
  Wesen in der Natur. Beherberge das alles in Deinem Bewußt-
  sein, und lasse Dir soviel Zeit, wie Du dafür brauchst.

- *Löse Dich danach wieder mit Deinem Bewußtsein von dem*
  Bild des Baumes, danke von Herzen für alles, was Du erleben
  durftest – und gleite mit Deiner Aufmerksamkeit wieder ganz
  in Deinen Körper. Übertrage das Erlebte in Dein Leben und in
  Deinen Alltag. Wie siehst Du da Deine Bedingungen, Dich
  auszubreiten, verwurzelt zu sein, Kontakt mit anderen Wesen
  zu haben und so weiter.

- *Genieße zum Abschluß noch einmal die kraftvolle Energie Deines Chrysokolls und dann danke dem Wesen Deines Steines. Finde wieder mit tiefen Atemzügen wach und klar in die Außenwelt zurück.*

Meditationsende

Ein weiterer Meditationsimpuls, den man gut mit einem Chrysokoll, aber auch mit einem anderen naturverbundenen Edelstein erleben kann, ist eine **Reise zum inneren Berg**. Beginne dazu ebenfalls auf der Wiese, und gehe dann einen Weg entlang, bis Du in der Ferne einen Berg siehst. Achte darauf, wie er schon aus der Ferne auf Dich wirkt (unnahbar, majestätisch, einladend oder schroff). Wenn Du willst, dann besteige Deinen Berg. Suche Dir Wege zum Gipfel, und beachte alle Hilfen und Schwierigkeiten auf Deinem Weg. Womöglich ist auf dem Gipfel oder in dessen Nähe eine Hütte, wo ein alter weiser Mann oder eine alte weise Frau lebt und sich mit Dir unterhält. Finde dann auch wieder den Weg zurück zur Wiese und in Dich selbst. – Übertrage dann die Eindrücke Deiner Wanderung auf Deinen Lebensweg. Bist Du jemand, der sich den Weg durch Steine oder Gewitter erschwert, oder machst Du es Dir leicht? Wie verhältst Du Dich in und zur Natur? Viel Spaß dabei.

Meditation: Wandlungen – eine Reise durch die Elemente
Edelstein: Chrysopras

Diese Meditation ist geeignet, das Prinzip von Veränderungen und Wandlungen zu verstehen. Altersherzbeschwer-

den entfalten sich oft auf dem Boden von Beharren auf Frü-
herem. In der Arteriosklerose verhärten sich die sonst weichen Gefäßwände – es braucht Flexibilität, um Wandlungen zuzulassen. Die leichte, hellgrüne Energie des Chrysopras hilft hierbei.

Beginne die Meditation wie in den vorigen Anleitungen
beschrieben. Achte auf die Rahmenbedingungen von Zeit
und Raum, Duft und Musik. Halte Deinen Chrysopras zunächst während der Einstimmung in der Hand.

– *Stimme Dich auf Deine innere Welt ein. (Entspannung, Loslassen über die Atmung, Herzquelle beleben und Aura-Lichtschutzhülle aufbauen, Reinigung des Chrysopras).*
- *Lege den Chrysopras auf Dein Herz auf und erlaube Dir, seine
lichtvolle Energie in Dein Inneres aufzunehmen. Genieße eine
Weile diese Energie und tanke innerlich auf. Bleibe ganz wach
mit Deiner Aufmerksamkeit dabei.*
- *Während der Chrysopras seine Energie Dir weiterhin schenkt,
erlaube Dir, auf eine kleine Reise in die Bilderwelt Deiner
Seele zu gehen. Die Leichtigkeit und die Bereitschaft zur Veränderung, die Dein Stein Dir gerade gibt, mag Dich begleiten,
wenn Du nun an einigen Wandlungsphasen der Elemente von
Mutter Erde teilhast. Finde Dich bitte auf Deiner Wiese ein
und ruhe Dich eine Weile aus. Wenn Du magst, lege Dich
bäuchlings auf Deine Wiese und wähle Dir eine Blume, die Du
näher anschauen wirst. Beobachte diese Blume, ihren Stiel,
ihre Blätter und ihren Blütenkelch. Staune über die Farben
Deiner auserwählten Blüte und über jedes Detail. Nimm zu
dieser Blume so intensiv Kontakt auf, daß Du letztlich diese
Blume selbst wirst, ganz eins bist mit ihr. Fühle Dich ein, wie
es ist, als Blume auf einer Wiese zu stehen, und erlaube Dir, alles mitzuerleben, was eine Blume in der Natur erlebt. So wirst*

Du auch gewahr, wie es ist, zu verblühen. Bleibe dann im Blütenkopf und konzentriere Dich auf den in der Blüte heranreifenden Samen. Erlebe, wie es ist, als Same einer verwelkten Blume zur Erde zu fallen, wie Du als kleines Samenkörnchen, mit anderen gleich, in eine Spalte im Mutterboden fällst, zwischen Grashalmen hindurch in das weiche Bett von Mutter Erde. Spüre die Geborgenheit der Erde, ihre Wärme und das Feuchte. Wenn die Zeit reif ist, drängt es Dich, als Samenkorn zu keimen. Das Licht lockt Dich, und Du verspürst die Energien, die hinauswachsen wollen, dem Licht entgegen. So wandelst Du Dich wieder. Warst Blume und überlebtest als Same, warst Same und wächst nun zum Keimling und zu einer neuen Blume, die irgendwann wieder erblühen wird. Werde Dir dieses Naturzykluses der Erde bewußt. Wandlung und Mut zur Veränderung ist Bedingung für das Wachstum aller Seelen.

- Löse Dich aus dem Kreislauf der Erde, und lenke Deine Aufmerksamkeit dem Kreislauf des Wassers zu. Finde Dich in einer dicken Regenwolke wieder und erlaube Dir, mit vielen anderen Regentropfen zugleich, niederzufallen, beziehungsweise mit anderen Wassertropfen tanzend die Erde zu erreichen. Am Boden angekommen, sickerst Du mit vielen Wassertropfen gemeinsam in einen Spalt in der Erde und durchnäßt dabei die tiefergelegenen Schichten. Unterirdisch hat sich ein kleines Rinnsaal gebildet, dem Du Dich anschließt. Als kleiner unterirdischer Bach fließt Du mit in einem kleinen Strom, bis Du an einer Quelle wieder an das Tageslicht kommst. Nun bist Du Teil eines kleinen Baches und schlängelst Dich mit anderen Wasserteilchen die Landschaft entlang, vorbei an Wiesen und über Steine. Es macht Dir Freude, dahinzuplätschern und schließlich in einen größeren Fluß einzumünden. Der Fluß wird zum Strom, der sich durch die Landschaft seinen Weg bahnt und schließlich in das Meer mündet. Immer noch bist Du Teil des

Ganzen, bist ein kleiner Wassertropfen unter vielen und läßt Dich treiben im Zyklus der Natur. Du tanzt mit anderen an der Wasseroberfläche, und die Sonnenwärme reizt Dich, Deinen Zustand wieder zu verändern. Du verdampfst und schließt Dich einer sich bildenden Wolke an. Irgendwann wirst Du irgendwo wieder herabregnen und den Kreislauf aufs Neue durchleben. Nimm diesen Kreislauf des Wassers und das immer wieder vorkommende Verwandeln in das Bewußtsein Deines Herzens auf.

- Löse Dich dann aus dem Wasserkreislauf, und wende Deine Aufmerksamkeit dem Luftelement zu. Finde Dich in dem Teil der Natur, der mit Kraft die Wolken vorantreibt. Sei ein Teil des Windes, der über die Landschaften weht, der Blätter bewegt, der die Vögel trägt. Erlebe auch das Kraftvolle des Luftelementes, so daß Du Dich auch im stürmischen Treiben wiederfindest, und baue es nach Deinen Wünschen aus. Nimm auch hier die Erkenntnisse in Dein Bewußtsein auf.

- Wenn Du Dich aus dem dritten Naturelement, dem Luftelement, gelöst hast, wende Dich dem vierten Element zu – dem Feuer. Wähle, ob Du ein Sonnenstrahl sein willst, der die Erde, Pflanzen, Tiere und die Herzen der Menschen berührt und wärmt – oder ob Du in die Tiefe von Mutter Erde eingehen und das Feuerelement in der kraftvollen Hitze der Erdmitte, dem Magma, erleben willst. Ob Du ein Teil sein willst, wenn Du irgendwann und irgendwo durch einen Vulkan diesen Feuerkreislauf beenden wirst. Nimm auch von hier Deine Erlebnisse in Dein Herzensbewußtsein auf. Du bist Teil dieser Elemente von Erde, Wasser, Luft und Feuer. Sie alle sind der Wandlung und der Veränderung ausgesetzt. Des Samenkorns Tod ist des Keimlings Geburt. Werden und Vergehen wechseln sich ab, und es wird leichter, das Leben als Chance zur Wandlung zu verstehen. Die Chrysopras-Schwingung unterstützte Dich die

ganze Zeit mit dieser Energie, in Leichtigkeit Wandlungen zu-
zulassen. Danke dem Wesen Deines Steines, danke für alles,
wie es in Dir und um Dich ist und finde in Licht, Liebe und
Dankbarkeit wieder bewußt in die Außenwelt zurück.
Meditationsende

In einer Kurzfassung will ich einen weiteren Impuls beschreiben. Nur zu gerne widmen wir uns dem schöpferi-
schen Anteil in uns, dem *Guten* an sich. Die Polarität dazu,
der zerstörerische Anteil, existiert ebenfalls. Die Autorin
Sylvia Brinton Perera hat in ihrem Buch „Der Weg zur
Göttin der Tiefe" für mich sehr deutlich beschrieben, daß
die *eine* Qualität nicht ohne die andere sein kann. Die Göttin Inanna ist die Göttin der Höhe, des Himmels und der
Schöpfung. Ihr Pendant ist die Göttin Ereshkigal, sie ist die
Göttin der Tiefe, der Hölle und der Zerstörung. In ihrem
Buch beschreibt sie den Kontakt und den Umgang dieser
beiden Qualitäten und spricht die besonders bei Frauen oft
aufkommenden Schuldgefühle an, die mit Zerstörung zu
tun haben. Als Meditationsimpuls will ich Dich einladen,
innerlich mit den beiden Anteilen von Inanna und Ereshkigal in Kontakt zu kommen. Indem Du Dir durch Deine
Meditationsbedingungen einen geschützten Rahmen
schaffst, wird es Dir möglich sein, anzuschauen, was du
auf Deinem Lebensweg schon alles zerstört hast, also
Ereshkigals Werke – und achte darauf, daß Du, wenn Du
drei Ereignisse des Zerstörens belebst, auch drei Ereignisse
des Schöpfens gegenüberstellst. Auch hier kann Dich der
Chrysopras in seinem Prinzip von Werden und Vergehen
sinnvoll unterstützen.

Meditation: Deine innere Heilerin im Kontakt
mit Deinem Herz
Edelsteine: Citrin, Rutilquarz

Den inneren Heiler oder die innere Heilerin (inneren Arzt) zu beleben, ist für alle Krankheitsgeschehen des Herzens heilsam. Der öffnende Citrin kann hier ebenso hilfreich sein wie der das Annehmen-fördernde Rutilquarz. So wähle, von welchem Du Dich begleiten lassen willst. Ich erinnere hier noch einmal daran, daß diese Visualisationsübungen und Meditationsimpulse auch ohne eine Edelsteinenergie möglich sind. Beachte Deine Rahmenbedingungen von Zeit und Raum, Musik und Duft.

- *Schließe Deine Augen, und stimme Dich ganz auf Dich selbst ein (Entspannung, Loslassen mit Hilfe der Atmung, Herzquelle beleben und Aura-Lichtschutzhülle aufbauen, zuletzt den Edelstein reinigen).*
- *Lege dann Deinen Edelstein auf Dein Herz und erlaube Dir anzunehmen, was Dir Dein Stein schenkt. Öffne Deine inneren Türen, so daß die Energie Deines Steines Dich Schicht für Schicht berühren kann und immer tiefer in Dich einströmen kann. Achte darauf, wie Du Dein Herz empfindest, ob Du wohltuende Wärme oder eine heilsame Stille spürst. Genieße dieses Energiespiel, indem Du ganz einfach Zuschauer/in bist.*
- *Erlaube Dir dann, Deinen inneren Heiler oder Deine innere Heilerin zu Deinem Herz zu bitten. Es mag sein, daß sie in Deiner inneren Sonne als Sitz Deiner Selbstheilungskräfte wohnt, oder sie erscheint Dir aus Deinem geistigen Herzen heraus. Bitte Deine innere Heilerin nach Deinem Herzen zu schauen, und begleite sie zu Deinem Herzen. Wenn Dir Deine innere Heilerin etwas über Dein Herz sagt, höre gut zu und*

nimm es in Dein Bewußtsein auf. Wenn Deine innere Heilerin eine Behandlung ausführt, dann sei mit Deiner Aufmerksamkeit dabei und beobachte, wie sie mit aller Achtsamkeit Dein Herz in ihre heilenden Hände nimmt, es sanft massiert oder an Engstellen arbeitet. Falls Du nicht alleine erspürst, was Deinem Herzen seine Aufgaben erleichtert, frage Deine Heilerin, was Du Gutes und Unterstützendes im Alltag für Dein Herz tun kannst. Was es zu beachten gilt; oder welche inneren Verletzungen noch nicht ganz verheilt sind und womit das Geschehen geistig zusammenhängt.

- *Wenn Deine innere Heilerin ihren Dienst in Dir vollendet hat, danke ihr und begleite sie dorthin zurück, wo sie in Dir weilt. Spüre noch eine Weile dem nach, was Du in Dir erlebt hast und lenke dann Deine Aufmerksamkeit in Deinen ganzen Körper. Auch an anderer Stelle kann irgendwann Deine Heilerin vonnöten sein. Vergiß sie nicht. Erinnere Dich Deines Edelsteines und nimm ihn wieder in Deine Hände, danke dem Wesen Deines Steines und danke für alles, wie es in Dir und um Dich herum ist. Finde in Licht, Liebe und Dankbarkeit wieder wach und klar in die Außenwelt zurück.*

Meditationsende

Eine der mutfördernden Edelsteinenergien, wie die des Citrin und des Rutilquarz, sind auch Helfer im Umgang mit Wesensanteilen von uns und deren Einordnung in uns. Dazu gebe ich noch folgende Übungsimpulse: Stelle nach einer achtsamen Einstimmung einen inneren Raum her, in dem Du Wesensanteilen von Dir begegnen willst (ähnlich der Meditation: Dialog der inneren Stimmen), und bitte nacheinander Deinen inneren Vater zu Dir in den Raum. Wenn Dein Vaterbild in der Realität schmerzlich geprägt ist, dann sei Dir dessen bewußt, daß Dein innerer Vater nichts mit Deinem realen Vater zu tun hat. Er, der innere Vater, verkörpert das, was Du Dir von Deinem Vaterbild wünschst! Erlebe die Begegnung mit ihm und frage ihn, wo er in Dir Raum haben möchte, dann begleite ihn dorthin. Verfahre ebenso mit Deiner inneren Mutter, Deinem inneren Kind und zuletzt mit Deinem gegengeschlechtlichen Anteil, das heißt, bitte als Frau Deinen inneren Mann zu Dir, und als Mann bittest Du Deine innere Frau zu Dir. Du wirst staunen, was Du alles dabei über Dich selbst erfährst.

Ein weiterer Meditationsimpuls wäre die *Theaterbühne*. Lasse wieder nach einer achtsamen Einstimmung eine Theaterbühne vor Deinen inneren Augen erscheinen und beobachte dann, wo Du Dich aufhalten willst. Hinter der Bühne, bei den Requisiten, bei den Organisatoren, oder bist Du auf der Bühne? Welches Stück wird gerade gespielt, und welche Rolle spielst Du?

Meditation: Heilungsmeditation mit einem Programm-enthaltenden Satz
Edelstein: Fluorit

Wörter und Sätze können positiv und negativ prägende Wirkungen haben. Unter dem Begriff „Programm-enthaltenden Satz" verstehe ich in diesem Zusammenhang einen Satz, der eine Prägung auslöst. Mit einem solchen Satz verbindet das Gehirn eine Empfindung oder eine Tat – vergleichbar mit einem zugrundeliegenden Programm in einem Computer; einmal das Programm gewählt, läuft es selbständig ab. Das folgende Meditationsbeispiel ist dazu gedacht, einen positiv orientierten Satz zu finden, der für die jetzige Lebenssituation paßt und heilende Energien freimacht. Der meist mehrfarbige (grün–violett) Fluorit ist hierzu besonders geeignet; mit seinen spezifischen Ebenen hebt er das Bewußtsein auf eine Ebene an, von der aus man einen Überblick bekommt. Hat man erst einen Überblick über seine Lebensprozesse, läßt sich leichter das Wesentliche erkennen, auf das sich die Energie konzentrieren sollte.

- *Einstimmung zur Meditation wie in den vorigen Beispielen (Lenken der Aufmerksamkeit nach innen, entspannen und mittels tiefer Ein- und Ausatemzüge loslassen. Erinnere Dich Deiner Herzquelle und baue die Aura-Lichtschutzhülle auf, dann reinige Deinen Fluorit)*
- *Lege nun den Fluorit auf Dein Herz-Chakra auf oder in dessen Nähe und erlaube Dir, die bewußtseinserweiternden Energien Deines Fluorits anzunehmen. Sei aufmerksam, was Du innerlich spürst, hörst oder an Bildern siehst, wenn sich die Energie Deines Fluorits mit Deiner Lebensenergie verbindet. Lasse Dir dazu soviel Zeit, wie Du Dir wünschst.*
- *Nimm nun mit Deinem Bewußtsein soviel Abstand von Dir selbst, bis Du Dich und Deine Lebensphase aus einer gewissen Entfernung überschauen kannst. So, wie ein/e Beobachter/in in Achtsamkeit und liebevollem Verständnis etwas erkennen will. Wenn Du unter einer körperlichen Disharmonie leidest, dann überblicke jetzt, womit das zusammenhängt. Erkenne die Ursachenkette und die Verknüpfungen von geistigen und körperlichen Zusammenhängen. Habe Geduld beim Erkennen solcher Zusammenhänge. Die Energie Deines Fluorits hilft Dir, Dich darauf zu konzentrieren. Das Geheimnis des Erkennens liegt darin, daß Du „WILLST“, daß es Dir gelingt. Du mußt so positiv eingestellt beginnen, daß es unmöglich mißlingen könnte. Wenn Du halbherzig beginnst, wird es schwieri-*

ger. Erwarte nicht, daß Dir eine andere Person dabei hilft. Nimm aus Deinem tiefsten Innern heraus an, daß Du mit allen Fähigkeiten ausgestattet bist, Deine Lebenssituation (eventuell Deine Krankheit) zu verstehen und aus Dir selbst heraus in die Heilung gehen „WILLST". Geistige Helfer stehen Dir zur Seite, schenken Dir ihr Licht und dennoch liegt es an Dir allein, den Schritt zu tun.

- *Wenn Du diesen ersten und allerwichtigsten Schritt des Erkennen-wollens geschafft hast, dann gehe einen Schritt weiter, und lenke die gewonnene Energie in eine heilsame Richtung. Womöglich kommt Dir die Eingebung für eine Tat oder Du findest einen Satz, den Du bewußt aufnimmst und in Dir prägst. Im Falle des Satzes sollten nur positive Wortkombinationen enthalten sein, zum Beispiel:*
- *Ich traue mir zu, mich zu öffnen.*
- *Ich freue mich, den Lebensrhythmus wahrzunehmen.*
- *Ich vertraue auf den Wechsel von annehmen und abgeben.*
- *Ich lasse los und bin offen für Neues.*
- *Ich übernehme mit Achtsamkeit und Freude die Verantwortung für mich selbst.*
- *Ich gebe mir selbst die Anerkennung, die ich mir von anderen wünsche.*
- *Ich schenke mir selbst die Zärtlichkeit, die ich mir von anderen im Umgang mit mir wünsche.*
  Oder so ähnlich.
- *Wenn Du Deinen Satz oder einen der oben vorgeschlagenen gefunden hast, dann finde Dich wieder mit Deiner ganzen Achtsamkeit und Deinem Bewußtsein in Deinem Körper ein, speziell im Herzen. Über Dein Herz und Deinen Kreislauf bist Du mit allen Organen, ja allen Zellen verbunden. So nimm jetzt Deinen für Dich heilenden Satz und binde ihn geistig, in Deiner Vorstellung, in Deinem Herzen, an Deinen Lebenssaft,*

an Dein Blut. Mit jedem Herzschlag wird dann diese gekop-
pelte Information über Dein Blut in den Körper getragen. Wie-
der wird Dir die Energie Deines Fluorits dabei helfen, denn er
verströmt aus seinem Tiefsten heraus die Kraft, das Erkannte
umzusetzen und zu „VERWIRKLICHEN".

- *Konzentriere Dich darauf, Pulswellen mit Deinem heilenden*
  Satz in alle Gefäße freizugeben.
  Dann sende Pulswellen an alle Organsysteme – Pulswellen an
  alle Organe – Pulswellen an alle Gewebe und zuletzt Pulswel-
  len an alle Körperzellen, bis jeder kleinste Anteil von Dir da-
  von weiß. Lasse Dir dabei Zeit und wiederhole immer wieder
  Deinen Satz „aus vollem Herzen".
- *Nach all dem spüre nach, wie Du Dich fühlst. Anschließend*
  danke dem Wesen des Fluorits für seine Unterstützung, und
  nimm ihn wieder bewußt in Deine Hände. Finde in Licht,
  Liebe und Dankbarkeit wieder in die Außenwelt zurück.

Meditationsende

Meditation: Zu den Wurzeln in Mutter Erde
Edelstein: Heliotrop (Blutjaspis)

Diese Übung ist besonders leicht für jene Menschen, die
gut geerdet sind, die vertraut sind mit dem dichten irdischen Element und der Natur. Den Menschen, die eher *luf-*
tig, eben mit dem leichten, luftigen Element vertrauter
sind, mag es dennoch eine neue Erfahrung sein, um mit
Wurzeln und dem Dichten eine Erfahrung zu sammeln. In
dieser Meditation geht es um Problemlösungen.

Der Heilstein Heliotrop weist uns Menschen darauf hin,
wie wir die Energiebahnen zur Erde hin öffnen und macht
uns Mut, mit dem Irdischen vertraut zu sein.

- *Einstimmung zur Meditation (Lenken der Aufmerksamkeit nach Innen, Erlaubnis geben zum Entspannen und Loslassen, die rhyhtmische Atmung beachten, Beleben der Herzquelle von Licht und Liebe, Aufbauen der Aura-Lichtschutzhülle, Reinigung des Heliotrops).*

- *Lege dann Deinen ausgewählten Heliotrop auf Dein Herz oder in dessen Nähe, wenn Dir der Stein auf dem Herzen zu schwer sein sollte. Öffne Deine inneren Türen und Pforten, und erlaube den heilsamen Energien des Heliotrops, in Dich einzuströmen. Folge dem Geschehen oder dem Austausch Deiner und seiner Energien, und nimm Dir ausreichend Zeit, den Kontakt mit dem Wesen des Heliotrops zu genießen. Wenn Dein Heliotrop Deine Körperenergien so sehr belebt, daß Dein Herz schneller zu klopfen anfängt, dann sei Dir dessen bewußt, daß Du alles, was Dir energetisch zuviel ist, über Deine Fußwurzeln abfließen, über Deine Atmung ausatmen oder über Deine Aura hinausstrahlen lassen kannst.*

- *Wähle dann, ob Du allein auf eine kleine Reise in die Bilderwelt Deiner Seele gehst oder ob Du das Wesen des Heliotrops bittest, Dich zu begleiten (für die eher Luftelement-Vertrauten ist letzteres anzuraten). Finde Dich dann mit Deiner Aufmerksamkeit in einer für Dich schönen Landschaft wieder. Das kann irgenwo an einem Strand sein, wo Du Deine Füße deutlich im warmen Sand eingraben kannst, es kann irgendwo zwischen schönen Bäumen sein oder irgendwo auf einem Hügel oder gar Berg. Mache Dich vertraut mit dem Ort. Stehe dabei still mit beiden Beinen fest auf dem Boden, etwa schulterbreit die Füße auseinander, so daß Du guten Stand hast. Gerade mit dem Heliotrop wird es Dir leicht sein, die Energien Deines Bauch- und Beckenraumes und Deiner Beine zu spüren.*

- *Während Du so einen guten und festen Stand hast, erlaube Dir, daß in Dir ein Problem oder eine Frage auftaucht, an dem Du zur Zeit festhängst oder keine Lösung findest. Je genauer Du die Frage weißt, um so klarer und konkreter wird später auch die Antwort sein. Nimm sie so an, beziehungsweise auf Deine Reise mit, ohne jetzt selbst daran „herumzuinterpretieren."*

- *Erlaube Dir dann, daß sich Deine Aufmerksamkeit durch Deinen Körper nach unten verlagert. Durch Deinen Beckenraum nach unten in beide Hüften, von dort aus in beide Beine bis hin zu den Füßen, dann darüber hinaus in Deine Wurzeln. Ja, erlaube, daß Du Wurzeln ausbildest, und gehe mit einem Teil Deines Bewußtseins aus Deinem Körper hinaus in Deine Verwurzelungen, in das Irdische und Dichte, zu Mutter Erde hin. Stelle Dir vor, wie Du in Deine Wurzeln hineingehst; erst sind sie noch größer, dann werden sie immer kleiner. Spüre, wie sich Deine Wurzeln verhalten, wenn sich Wurzeln untereinander begegnen, wenn Steine in der Erde auftauchen oder wenn Felsspalten den Weg versperren wollen. Wie kommst Du weiter und weiter in die Tiefe?*

  Erlebe Dich dabei, einen Weg in die Tiefe von Mutter Erde zu suchen.

- *Wenn Du dann an den Endöffnungen Deiner feinsten Wurzeln angekommen bist, dann schlüpfe mit Deinem Bewußtsein hinaus in das Reich der Erde. Erlebe in Deiner Phantasie den Empfang der Erdwesen, und beobachte den Dienst der Wesen, die Anteile von Mutter Erde sind. Es mag so sein, daß Du beobachten kannst, wie sie voller Hingabe ihren Dienst mit ganzem Herzen vollbringen, wie sie ihre Aufgabe angenommen haben, zu hüten und zu versorgen. Wie sie Altes und Verbrauchtes abbauen und daraus Neues formen, wie sie dem alles berührenden Gesetz der Wandlung und Reifung dienen. In einer für Dich zutreffenden Form wirst Du als Gast begrüßt werden, und es werden sich dort Wesen um Dich kümmern und Dich versorgen. Es mag sein, daß es zu einer Versammlung kommt, in der Du*

Dein Problem oder Deine Frage vorbringen kannst. Höre gut
zu, wenn die Wesen der Erde Ideen und Impulse einbringen und
Dir damit Lösungsmöglichkeiten anbieten.

- Wenn ihr damit zu Ende gekommen seid und Du die für Dich
stimmige Antwort, beziehungsweise Problemlösungsweisen in
Dein Bewußtsein aufgenommen hast, dann danke den Wesen
für ihre Unterstützung und verabschiede Dich von ihnen. Es
mag sein, daß Dir ein Geschenk für sie in den Sinn kommt, daß
Du ihnen hier und jetzt, oder stellvertretend der Erde an sich,
geben kannst. Dann beginne mit dem Aufstieg zu Deinen Wur-
zeln, tritt in die feinsten Öffnungen mit Deinem Bewußtsein
ein und steige die immer dicker und größer werdenden Wurzelä-
ste entlang, bis Du wieder an Deinen Fußsohlen bist. Inner-
halb Deines Körpers steigst Du Deine Füße, dann Deine
Beine entlang, durch Becken- und Bauchraum bis hin zu Dei-
nem Herzen. Verweile dort eine Zeit, bis Du wieder ganz in
Dir und Deinem Körper bist. Lösche auch das Bild, wo Du
standhaft in einer Landschaft warst, und komme ganz mit allen
Anteilen in Dich zurück. Werde Dir gewahr, was Du in Dei-
ner Phantasie erlebt hast und was das für Dich und Deinen Le-
bensalltag bedeutet.

- Danke dem Wesen des Heliotrops für seine Unterstützung,
danke dem irdischen Prinzip in Form von Mutter Erde und dem
geistigen Prinzip in Form des Universums. Finde in Licht,
Liebe und Dankbarkeit wieder bewußt in die Außenwelt zu-
rück. Betrachte Deinen Heliotrop zum Abschluß noch einmal
genau, ob Du in seinen Strukturen und roten Einschlüssen et-
was von dem findest, was Du erlebt hast.

Meditationsende

In dieser Meditation wird deutlich, daß man nicht immer
nur *ins hohe Geistige* gehen muß, sondern auch Antworten

in der Tiefe der Materie findet. Es könnte auch deutlich werden, daß man sich immer wieder, wenn auch nur für kurze Zeit, *von etwas trennen muß*. Den Körper zu verlassen bedeutet Trennung, die Wurzeln zu verlassen bedeutet Trennung. Trennung zieht sich durch viele Reifungsprozesse. Unterschätze nicht den Wert und die Kraft, die in solchen Phantasieübungen steckt. Wenn man es sich zunächst in der Vorstellung erlaubt, dann ist das mit einem *Proben* zu vergleichen.

Auch ist es mir wesentlich, sich dessen bewußt zu sein, daß uns vielerlei Problemlösungen und Antworten angeboten werden. Du selbst wirst in Deiner Eigenverantwortlichkeit die richtige und für Dich stimmige Wahl treffen.

Energiegebende Edelsteine, wie zum Beispiel der Heliotrop, können einen kräftigeren Herzschlag einleiten. Deshalb wies ich selbst in der Meditation darauf hin, daß man „zuviel" Energie abgeben *kann*. Mit dem Heliotrop habe ich hier eine Hilfe angesprochen, die die Energie der Erde über die Wurzeln aufnimmt. Vielleicht hast Du im Laufe der Meditationen selbst wahrnehmen können, daß so manche Edelsteine und Kristalle mehr das Herz und den Raum darüber zum Kopf hin beleben (Amethyst, Fluorit, Lapislazuli) und andere mehr den Bauch- und Beckenraum (Jaspis, Heliotrop, Granat).

Meditation: Reinigungsritual mit Putzer-Wesen
Edelstein: Karneol

Die folgende Meditation ist für Menschen geeignet, die sich eine innere Reinigung wünschen, beziehungsweise die zu enge Gefäße von Ablagerungen reinigen möchten und

könnte nichts weggeputzt werden, was noch wichtig für Dich
wäre. So kannst Du darauf vertrauen, daß alles Alte und Belastende gereinigt werden „DARF". Begleite dieses Geschehen
solange, wie Zeit dafür gebraucht wird.

- Danach danke auch den Loslaß-Spezialisten und Spezialistinnen
für ihren Dienst in Dir, und sie werden sich in ihre Karneol-Heimat zurückziehen. Bitte nun Deinen Karneol um Unterstützung
für Deine seelische Reinigung und erlaube den ausschwärmenden
„Reinigungsfeen" den Einzug in Dein Herz. Sie werden ihre rei-
nigenden und gleichsam heilenden Hände dort in Deinen Gefäßen
und an anderen Orten Deines seelischen Herzens auflegen. Sie
reinigen, klären und weiten mit Lichtenergien und mit der Kraft
der Liebe. Begleite auch hier das Geschehen mit Deiner Aufmerksamkeit und spüre die Erleichterung durch solche Reinigungsprozesse für Dein organisches, geistiges und seelisches Herz.

- Wenn auch die Reinigungsfeen mit ihren Diensten in Dir zu
Ende gekommen sind, dann danke ihnen aus reinem Herzen,
und sie werden sich wieder in ihre Karneol-Heimat einfinden.
Lasse das Erlebte noch in Dir nachwirken, und empfinde Dank
für die Energien Deines Karneols. Finde in Licht, Liebe und
Dankbarkeit auch wieder in die Außenwelt zurück.

Meditationsende

Diese Reinigungsmeditation kann auch auf andere Organe
übertragen werden.

Meditation: Heilungsbotschaft des Höheren Selbstes
Edelstein: Lapislazuli

Sich vom eigenen Höheren Selbst eine Botschaft, gar eine
Heilungsbotschaft zu erbitten, ist für Gesunde ebenso wie

für *aus der Harmonie Geratene* gedacht. Unser Höheres Selbst kann als eine Verbindung zwischen dem Körper und der Seele gesehen werden. Unsere Seele kennt unsere Lebensaufgaben und weiß, warum so mancher Zustand ertragen und begriffen werden muß. Das Höhere Selbst vermittelt dem Körper die seelischen Wünsche und weiß im Prinzip alles von uns; alle Sorgen und Nöte, alle Verhaltens- und Denkmuster, alle Schwächen und alle Stärken. Manche hören es als innere Stimme oder spüren es als innere Führung. Auf jeden Fall ist unser Höheres Selbst stets bereit, uns den einfachsten und lichtvollsten Weg zu zeigen. Die Stimme des Höheren Selbstes erschallt nicht laut. *Wir* müssen stiller werden, wenn wir sie nicht hören können. Ich habe mich so manches Mal erlebt, daß ich die Mitteilung der Seele nicht hören *wollte*, weil ich den entsprechenden Weg nicht gehen mochte und aus Trotz so manchen Hinweis nicht akzeptieren wollte. Unser Höheres Selbst hat Geduld, es kann warten, bis wir uns ihm mit offenem Herzen zuwenden und bereit sind, seine Botschaft wirklich aufzunehmen. Da es der Lapislazuli mit seiner hohen geistigen Schwingung ist, der uns mit dem verbindet, an das wir glauben, wofür wir eine Wertschätzung empfinden, halte ich ihn für eine sinnvolle Unterstützung für diese Meditation.

- *Einstimmung zur Meditation (durch Schließen der Augen Hinwendung zum inneren Reich, durch die Atmung Entspannung und Loslassen von Äußerem, Einkehr von Ruhe und Stille, Belebung der Herzensquelle mit Licht und Liebe, Aufbau der Aura-Lichtschutzhülle, Gruß und Dank mit Herzens-Lichtstrahlen zu Mutter Erde nach unten und zum Universum über das Höhere Selbst nach oben, Reinigung des Lapislazuli).*

- *Lege dann Deinen gereinigten Lapislazuli auf Dein Herz oder, wenn Dir die Energie dort zu stark ist, in Deine Aura in Herzhöhe oder gar auf Deine Stirn. Erlaube Dir anzunehmen, was Dein Edelstein Dir schenkt. Sein hohe blaue Energie berührt Deine Aura und dann, wenn Du Deine inneren Türen öffnest, auch Deine inneren Schichten und Deine innere Welt. Öffne auch Deine Tür zu Deinem innersten und höchsten Tempel – zu Deinem Herzen. Lasse Dir Zeit, und nimm mit dem Wesen des Lapislazuli den Kontakt auf.*

- *Wenn Du dann bereit bist, wende Dich in aller Achtsamkeit Deinem Höheren Selbst zu. Sende von Deinem Herzen Licht und Liebe, als Gruß über das Scheitel-Chakra hinaus zu Deinem Höheren Selbst als Sitz Deiner individuellen Führung. Lasse Dir wieder die Zeit, die Du Dir wünschst, und sei nun ganz besonders ruhig und von innen her still, so wie sich auf der Wasseroberfläche eines Sees auch die feinsten Wellen mit der Zeit glätten. Dann bitte Dein Höheres Selbst um eine Botschaft für Dich (oder für Deine Lebensphase oder für Dein Herz) und lausche oder schaue nach innen. Es mag sein, daß Du Deine Bitte um eine Botschaft bis zu dreimal wiederholen mußt, dann habe Geduld und warte. Richte Deine ganze Konzentration darauf – und nimm das an, was Du innerlich hörst, spürst oder siehst, ohne es zu hinterfragen oder es mit dem Verstand zu zerpflücken. Es kann ein Wort sein oder ein kurzer Satz, vielleicht ist es ein Symbol oder eine Farbe. Es werden ganz einfache Worte oder Symbole sein, und es wird für Dich jetzt richtig sein. Du nimmst die Botschaft (oder die Heilungsbotschaft) an, indem Du sie in das Bewußtsein Deines Herzens aufnimmst. Atme sie ein. Nimm sie in jede einzelne Zelle von Dir auf, damit Dein ganzer Körper davon weiß. Nimm Dir wieder soviel Zeit, wie Du brauchst, um die Botschaft ganz und gar in Dich aufzunehmen.*

- Dann danke Deinem Höheren Selbst – von Herzen. Danke dem Wesen Deines Lapislazuli. Finde in Licht, Liebe und Dankbarkeit wieder bewußt in die Außenwelt zurück. Schaue Dir Deinen ausgewählten Lapislazuli genau an, welche Pyriteinschlüsse er hat und wie sein Blau auf Dich wirkt. Beachte Deine Botschaft und was sie für Deinen Lebensalltag im Hier und Jetzt bedeutet.

Meditationsende

Meditation: Chakra-Meditation für den Morgen
Edelstein: Rhodochrosit

Diese Übung ist besonders für den Tagesbeginn gedacht, weil sie alle Chakras und Lebensprinzipien belebt. Wer gerne nachts wach ist, darf sie selbstverständlich auch nachmittags oder abends ausführen. Sie ist für alle Menschen sinnvoll, die Energie auftanken möchten, ob in einer Erholungsphase nach einer Krankheit oder ganz allgemein. Diese Meditation sollte am besten im Stehen oder, wenn das nicht geht, im Sitzen erfolgen. Es geht in der Meditation um das Aufnehmen der Erdenergie, dazu ist es sinnvoll, mit beiden Füßen gut auf dem Boden zu stehen, beziehungsweise Kontakt mit dem Boden über die Fußsohlen zu haben. Der Rhodochrosit ist ein wichtiger Helfer, wenn es darum geht, sich der vielen möglichen Energiekanäle bewußt zu werden und zu erfahren, wie man sie öffnen und schließen kann.

- Einstimmung zur Meditation: Wenn Du die Meditation im Stehen ausübst, dann achte darauf, daß Deine Füße etwa schulterbreit auseinander stehen, damit Du einen guten Stand hast.

280

Die Arme hängen locker nach unten, angespannte und hochge-
zogene Schultern sowie verkrampfte Ellenbogen sind ver-
schwendete Energie. Eine Hand ist für den Rhodochrosit leicht
geschlossen. Wenn Du die Übung im Sitzen ausübst, solltest
Du gerade sitzen, die Fußsohlen ganz auf dem Boden. Die
Arme locker nach unten, wobei die Hände mit den Handflächen
nach oben auf den Oberschenkeln ruhen können; in einer Hand
liegt der Edelstein. (Augenschließen und Lenken der Aufmerk-
samkeit auf das Innere, Entspannung und mittels des Atmens
loslassen dessen, was jetzt unter Einfluß steht, Bewußtwer-
dung der unerschöpflichen Herzensquelle und Aufbau der
Aura-Lichtschutzhülle. Achte jetzt auch darauf, daß Dein
Rücken ganz von der Lichthülle umgeben ist. Zum Schluß
Reinigen des Rhodochrosits).

- *Halte nun Deinen gereinigten Rhodochrosit auf Dein Herz*
  und erlaube Dir anzunehmen, worauf das Wesen Deines Edel-
  steines aufmerksam macht. Öffne von innen heraus die Türen
  Deines Herzens und tanke innerlich auf. Nimm mit Deiner
  ganzen Konzentration, Achtsamkeit und Liebe Anteil – und
  räume Dir die Zeit ein, die Du Dir dafür wünschst.

- *Wenn es für Dich stimmig ist, senke Deinen Arm und behalte*
  Deinen Stein locker in Deiner Hand. Im Sitzen kannst Du
  Deine Hand wieder auf Deinen Oberschenkel legen. Sei nun
  bereit, dem zu folgen, wozu Dich das Wesen Deines Rhodo-
  chrosits einlädt, nämlich dazu, die Energien des Universums
  aufzunehmen, sie durch Dich zu leiten, um sie dann ganz be-
  wußt wieder abzugeben.

- *Lenke Deine Aufmerksamkeit zu Deinen Füßen hin, spüre*
  den Kontakt zum Boden, zu Mutter Erde und nimm bereitwil-
  lig die Energie auf, die Dir über die Erde zugänglich ist. Stelle
  Dir vor, wie heilsame Energieströme über Deine Fußsohlen in
  Dich einstrahlen. Sie fließen durch Deine Füße, beleben alle

Reflexzonen, über Deine Knöchel zu Deinen Knien, durchfluten diese und fließen weiter bis zu Deinen Hüften und Deinem unteren Becken in Dein erstes Energiezentrum im Beckenboden – Dein Basis-Chakra. Stelle Dir vor, daß dort das Zentrum Deiner Lebenskraft und Deine Motivation zum Leben eine Verstärkung erfährt. Das Basis- oder Wurzel-Chakra leuchtet in kräftig roter Farbe auf, dieses Licht durchdringt alle Organe des unteren Beckens.

- Während diese rote Lichtquelle in Dir weiter leuchtet, lenke Deine Aufmerksamkeit darauf, die Energieströme der Erde weiter hinauf in Dein zweites Energiezentrum, in den Unterbauch, zu leiten. Dort leuchtet kräftiges Orange auf und breitet sich auf die Unterleibsorgane, auf Deinen Darm bis zu Deinen Nieren aus. Es ist Sitz Deiner Vitalität und Deines Lebensflusses.

- Während auch Dein zweites Chakra belebt bleibt, erlaube Dir, die Erdenergie in Dein drittes Energiezentrum in Höhe des Solar-Plexus weiterzuleiten, so daß dieses in kräftigem Goldgelb aufleuchtet. Das heilsame Licht fördert Deinen Mut, Deine Individualität, Dein Selbstvertrauen und wirkt körperlich auf Deinen Magen, auf Leber und Bauchspeicheldrüse.

- Erlaube Dir nun noch, die Erdenergie bis hinauf in Dein viertes Energiezentrum, in Dein Herz-Chakra, fließen zu lassen. Dein Herz-Chakra in der Mitte Deiner Brust, leuchtet in kräftigem Grün auf, und dieses Licht dehnt sich auf Dein Herz, Deine Lungen und Deine Thymusdrüse aus. Hier wird Dein Gefühlszentrum, das Zentrum Deiner Liebe, Deines Verständnisses und Mitgefühls, des Verzeihens und der Lebensfreude gestärkt.

- Während Deine vier unteren Chakras nun mit der Energie von Mutter Erde versorgt werden und kraftvoll aufleuchten, erlaube Dir, jetzt von oben die Energie des Kosmos zu bitten, Dich über Deine oberen Chakras zu versorgen. Bitte darum, daß licht-volle Energien Dein Scheitel-Chakra weiß oder violett aufleuchten lassen. Das Scheitel-Chakra oberhalb Deines Kopfes ist Sitz Deiner Ideale und Zugang zu Deinem Höheren Selbst.

- Dann leite die kosmische Energie weiter in Dein Stirn-Chakra, zwischen Deinen Augenbrauen, und stelle Dir vor, daß dort kräftig blaues Licht auf Deine gesamten Kopforgane, Dein Denken und Deinen Glauben einwirkt.

- Bitte weiter um die kosmische Energie für Dein Kehl-Chakra, damit es in schönem, lichten Hellblau aufleuchtet. Dein Hals und Deine Kehle werden frei und durchgängig, damit Deine Stimme kraftvoll klingt und Deine Kommunikation und innere Belastung gestärkt werden.

- Wenn Du nun noch kosmische Energie von oben herab in Dein Herz-Chakra leitest, werden sich dort kosmische und irdische Energien vereinen, und Du wirst zum Vermittler von beiden Energieformen. Genieße diese Möglichkeit.

- Dir wird bewußt, daß Du fähig bist, Energien aufzunehmen, um Dich zu stärken und um Energien weiterzuleiten. Du würdest gar vor Energien überlaufen, wenn Du nicht auch welche abgeben würdest. So stelle Dir nun vor, daß Deine Energien aus Deinen Chakras in den Farben eines Regenbogens ausgehen. Von unten her zeigen sich rot, orange, goldgelb, grün, hellblau, blau und violett. Die Farben Deiner Chakras strahlen aus Dir heraus, und Du sendest sie in das Universum zurück. Du erhältst und gibst ab. Nimm diesen Kreislauf der Energien in Dein Bewußtsein auf.

- Danke von Herzen für das, was möglich ist. Danke dem unterstützenden Wesen Deines Rhodochrosits, finde in Licht, Liebe und Dankbarkeit wieder bewußt in die Außenwelt zurück. Beginne Deinen Tag gestärkt, und sei Dir aller Lebensprinzipien bewußt.

Meditationsende

Meditation: Im Garten der Liebe – die Rose der Geduld
Edelstein: Rosenquarz

Dem gesunden wie auch dem kranken Herz, als dem Zentrum der Liebe, tut es wohl, sich ab und zu im Garten der Liebe aufzuhalten und sich zu erholen, beziehungsweise falsch verstandene Liebe zu korrigieren. Wer könnte dabei eine liebevollere Begleitung sein als der Rosenquarz, der in der großen Familie von Edelsteinenergien der Sanfteste und Zarteste ist. Er (oder sie?) führt uns an die Kraft und Macht der Zartheit heran.

- *Einstimmung zur Meditation (Lenken der Aufmerksamkeit nach innen, Entspannung und Loslassen mittels des rhythmischen Ein- und Ausatmens, Belebung der Herzensquelle und Aufbau der Aura-Lichtschutzhülle, Reinigen des Rosenquarzes).*
- *Achte sehr genau auf die Form und die Beschaffenheit Deines Rosenquarzes. Dann lege den gereinigten Stein auf Dein Herz und erlaube Dir anzunehmen, was die Energie Deines Rosenquarzes in Dir berührt. Schaue hin, wie seine sanfte rosafarbene Energie Deine Aura durchströmt und Dich an Körper und Geist Schicht für Schicht streichelt. Genieße diese Energie, und leite sie bis tief in Dein Herz hinein.*
- *Wechsle nun die Ebene Deiner Wahrnehmung. Bisher hast Du die Energien Deines Rosenquarzes in Dich hineinstrahlen lassen – bitte jetzt des Wesen des Rosenquarzes, daß Du Dich selbst „im" Rosenquarz wiederfinden darfst, so als würde Dein Wesen in die Form und Beschaffenheit Deines Steines hineingehen. Nimm Dich mit Deinem ganzen Körper im Rosenquarz wahr. Seine Form ist so groß, daß Du genügend Raum darin hast, beziehungsweise Du stellst Dir vor, wie Du Dich „verkleinerst", um ausreichend Platz darin zu finden. Spüre nach,*

wie es sich anfühlt, „im" Rosenquarz integriert zu sein. Deine
Wahrnehmungen sind ganz und gar von der Rosenquarz-Ener-
gie durchdrungen, und Du siehst mit den Augen der Sanftheit.
Lasse Dir die nötige Zeit dazu.

- *Die Heimat des Rosenquarzes ist der Garten der Liebe. Bitte*
  das Wesen des Rosenquarzes, Dich mit in seine Heimat zu neh-
  men; und finde Dich in Deinem Bewußtsein im Garten der
  Liebe wieder. Schaue Dich dort um, beobachte und sei ein Teil
  dieses Gartens. Fühle Dich in einzelne Pflanzen ein, in einen
  schönen Baum oder in eine Blume, die Dich reizt, sie näher zu
  spüren. Fühle Dich auch in die Insekten und andere Tiere ein,
  die im Garten der Liebe wohnen. Nimm das Zusammenspiel
  der Pflanzen- und der Tierwelt wahr und das Zusammenspiel
  mit dem Menschen. Hier ist in allem eine Achtung und Wert-
  schätzung für den oder das andere zu spüren, sie durchwebt al-
  les. Alle gehören zu einem großen Ganzen und haben sich dem
  übergeordneten Plan ergeben. Viele kleine Tiere finden Schutz
  in den Blüten, manche Insekten haben die Aufgabe des Bestäu-
  bens von Pflanzen – und sie sind Teil einer Nahrungskette für
  andere Tiere. Auch die Pflanzen sind Nahrung für Tiere. Erin-
  nere Dich, was Liebe ist. Es ist unter anderem, sich ganz seiner
  Lebensaufgabe hinzugeben, vollen Herzens seiner Bestim-
  mung im großen Plan zu dienen. Dabei ist jeder kleinste Teil
  von Wichtigkeit. Nimm das in Dein Herzensbewußtsein auf.
  Liebe ist wie eine Brücke, die zwei verschiedene Ufer miteinan-
  der verbindet. Ihr Ziel ist Vereinen, das Eins-werden von Ge-
  gensätzen, ist Leben und Leben-lassen in Achtung füreinander,
  ist das wachsende Verständnis für Polaritäten.

- *In allem hier erlebst Du eine ganz tiefe und selbstlose Liebe, die*
  mit ihrer Zartheit und Sanftheit alles durchdringt und selbst das
  anscheinend Schwere leicht macht. Tanke von dieser universel-
  len Liebe in Deinem Herzen auf. Wenn Du magst, dann

schaue Dich um, ob Du eine schöne Rose findest, die Dich anzieht und die Dich einlädt, eins mit ihr zu werden. Wähle eine Rose in der Farbe, die Du jetzt magst, wähle eine kecke Buschrose oder eine stolze Edelrose, beachte den auserwählten Rosenstrauch als Ganzes, seine gewachsene Form, seine Blätter. Rosen haben Dornen! Sie fordern Dich damit auf, sehr achtsam zu sein. Sie wollen nicht einfach so angefaßt werden, sonst wehren sie sich. Deshalb nähere Dich in Deinem Bewußtsein mit Achtung und Vorsicht. Bitte dann das Wesen der Rose, für eine Weile Gast in ihrem Bewußtsein sein zu dürfen. Werde eins mit ihr. Verschmelze mit dem Bewußtsein einer wunderschönen Rose.

- Wenn Du Dich mit dem Bewußtsein einer Rosenknospe vereint hast, wirst Du erleben, was Geduld ist. Eine Rose hat sich dem großen Plan ergeben und wartet geduldig mit ihrem Erblühen, bis alle Rahmenbedingungen von Zeit und Raum stimmen. Für die Zeit der Blüte wird alles vorher ausgebildet, jedes einzelne Rosenblatt ist in der Knospe fertig ausgebildet und wartet. Eng aneinander geschmiegt wartet die Rose, bis ihre Zeit gekommen ist, sich zu entfalten. Zuerst werden die äußeren Blätter sich langsam bewegen. Mit Freude und Lust am Erblühen strecken sie sich zur Außenwelt und schaffen den Raum für die Entfaltung der nächsten. Aus einem Spalt zwischen zwei Blättern wird ein Raum. Der Rand des nächsten Rosenblattes wölbt sich leicht nach außen und wird ein typisches Rosenblatt. Die Rosenblätter sind samtweich, durch den Raum können sich ihre Polster ausdehnen und der tiefe Wunsch einer jeden Rose, ihren ganz individuellen Duft zu verschenken, kann sich erfüllen. Die Poren öffnen sich, und der Duft vereint sich mit der umgebenden Luft. Ein Lufthauch reicht aus, die kleinsten Duftteilchen zu verteilen, damit viele an diesem Schöpfungsakt teilhaben.

- So erlebst Du das allmähliche Erblühen einer Rose, die sich geduldig auf ihre Zeit vorbereitet hat. Das Geschenk der Rose an die Schöpfung ist ihre Schönheit und ihr Duft. Sie erblüht zum Dank an die Schöpfung und duftet, ohne auf eine Anerkennung oder Belohnung zu hoffen. Sie tut es tugendhaft, für sich und die, die darin den Sinn der Geduld und der geistig-spirituellen Reifung verstehen. Sie gibt sich ihrer Lebensaufgabe ohne Vorbehalte hin.
- Wenn Du Dir nun vorstellst, daß diese Rose von ihrem Strauch abgeschnitten und in eine Vase gestellt wird, dann erkenne an, daß eine Rose, selbst von der Urquelle ihres Wachstums getrennt, weiterblüht. Sie begnügt sich mit etwas Wasser und der sie umgebenden Lebensenergie. Sie erinnert und ermuntert Dich, auch im Getrenntsein an das Ursprüngliche, die Lebensaufgabe voller Hingabe weiterzuführen. Mit ihrer Schönheit und ihrem Duft berührt sie Dein Herz. Verweile noch solange Du möchtest in diesem inneren Bild.
- Dann kehre mit Deinem Bewußtsein heim. Danke dem Wesen der Rose und löse Dich von ihr. Danke auch dem Wesen Deines Dich begleitenden Rosenquarzes, auch für die Erlebnisse im Garten der Liebe, und löse Dich wieder, um mit Deinem Bewußtsein wieder ganz mit Deinem Körper zu verschmelzen. Kehre mit Deiner Aufmerksamkeit in Dein Herz zurück, und erinnere Dich, wann immer Du es willst, der spirituellen Rose in Deinem Herzen. Danke für alles, wie es in Dir und um Dich ist, und finde in Licht, Liebe und Dankbarkeit wieder in die Außenwelt zurück.

Meditationsende

Zusammen mit der Energie eines Rosenquarzes läßt sich auch auf wunderbare Weise eine *Massage mit den geistigen Händen* ausführen, die ich hier nur in Kurzfassung be-

287

schreiben will. Lenke Deine Aufmerksamkeit auf Dein Herz, nachdem Du Dich für eine Meditation eingestimmt hast. Stelle Dir Deine feinstofflichen Hände vor, wie sie sanft und voller Achtsamkeit über Dein Herz streicheln. Lasse Dich dann innerlich führen, ob es Deinem Herzen wohl ist, wenn es beachtet und gestreichelt wird, oder ob das Herz gerne eine Massage hätte. Dabei kann ein Schwerpunkt auf der Flexiblität von Gefäßen liegen, in der Herzmuskulatur oder wo immer ein Problem für Dich besteht. Eine sanfte, heilsame Massage ist etwas Wunderschönes. Viel Freude dabei.

Meditation: Im Herzenstempel ruht das Juwel Deiner Lotosblume
Edelstein: Smaragd

Kennst Du auch solche Menschen mit *Smaragd-Augen*? Ich meine nicht wirklich Edelsteinaugen, sondern Menschen, die trotz schwerer Zeiten ein freudiges, liebevolles Lächeln in ihren Augen haben und damit ein Verständnis von All-Liebe ausdrücken. Solche Menschen machen mir Mut.

Dieser Tempelgang und das Erschauen der Lotosblume ist für mich eine ganz spezielle Meditation, die für mich nichts Alltägliches ist, sondern etwas ganz Besonderes. Ich habe diese Meditation an besonderen Seminarorten (an Kraftplätzen der Erde) und in „speziellen" Stimmungen erfahren dürfen. Der Smaragd ist ein besonderer Stein.

Wenn Du für diese Meditation keinen Smaragd zur Verfügung hast, kannst Du einen Kristall Deiner Wahl einsetzen. Er wird Dir ein Licht auf dem Weg zu Deinem Tempel sein.

- *Einstimmung zur Meditation (Lenken der Aufmerksamkeit nach innen, Loslassen und Entspannung mittels des Ein- und Ausatmens, Beleben der Herzensquelle und Aufbau der Aura-Lichtschutzhülle).*
- *Stelle Dir für die Reinigung Deines Smaragdes (oder Kristalls) einen wunderschönen, kraftvollen Wasserfall vor. Wähle an diesem Wasserfall eine geeignete Stelle aus, an der Du Dich selbst mit Deinem Edelstein in das fließende Wasser hineinstellen kannst. Lasse es zu, daß das lichtvolle Wasser durch Dich hindurchfließt und Dich auf körperlicher und geistiger Ebene reinigt und alles Grau-Verschleierte und Belastende mitnimmt und im Strom des Lebens auflöst. Genauso erfährt Dein Smaragd eine Reinigung und Aufladung durch Deine Hände. Wenn Du damit zu Ende gekommen bist, löse Dich wieder aus dem Bild des Wasserfalls.*
- *Dann lege oder halte Deinen Smaragd (oder Kristall) auf Dein Herz-Zentrum. Erlaube Dir anzunehmen, was die reine Schwingung des Smaragds Dir schenkt. Öffne Dich auf allen Ebenen für die Botschaft Deines Smaragds. Er berührt Dein Herz als Pforte für den inneren Reichtum. Der echte, dauerhafte und wahre Reichtum ist nicht in der Außenwelt zu finden, sondern er kommt von innen, vom Herzen her. Dieser Reichtum ist frei, fesselt nicht und läßt sich nicht fesseln. Je mehr man ihn festhalten will, um so schneller wird er sich auflösen oder ins Gegenteil umkehren. Der Smaragd weckt Deine Lebensfreude und stärkt Dein Empfinden von Glückseligkeit. Das Glück ist wie der Reichtum ein Empfinden des Inneren, des Herzens. Glück kannst Du nicht haben, Du kannst nur glücklich „sein". Von all dem wird Dir der Botschafter des Smaragds berichten. Er wird Dich an die FÜLLE im Herzen führen. Öffne Dich deshalb ganz bewußt, damit Du für die Kraft der Fülle vorbereitet bist.*

- Auf diese Weise mit den Energien von Reichtum, Glückselig-
keit und Fülle vertraut, sei bereit, in Deinen heiligsten Tempel
in Deinem Herzen zu gehen. Finde Dich bitte auf der Ebene
ein, wo Du in Dir diesen Herzenstempel weißt. Sei mit aller
Liebe und Achtsamkeit dabei, wenn Du Dich den Türen Dei-
nes Tempels näherst. Nur die aufrichtige, ehrfürchtige Liebe
Deines Herzens kann diese erste Tür öffnen. Wenn sie sich
langsam für Dein Bewußtsein auftut, mag es sein, daß Dich die
Meisterin Deines Herzens (oder auch Priesterin Deines Her-
zens) empfängt und Dich durch die weiteren Gänge und
Räume begleitet. Sie bewacht diese Räume, ist mit ihnen zu-
tiefst vertraut und wird Dir Deine Fragen beantworten, wenn
welche in Dir aufkommen. Es wird so sein, daß sich Dir vor je-
der neuen geschlossenen Tür eine Art Prüfung stellt, der du nur
durch Deine Liebe zu Dir standhalten kannst. Wenn Du nur
aus Neugierde in Deinen Herzenstempel schauen wolltest,
würden sich Dir die Türen nicht öffnen. Sind aber Deine Be-
weggründe aufrichtig, so daß Du wahrhaft den Weg in die Hei-
lung suchst, dann wirst Du die richtigen Lösungen wissen. Wer
sich in den Bereich der göttlichen Flamme wagt, sollte reif sein
für die Erfahrungen neuer Dimensionen. Du wirst immer mehr
mit dem heller strahlenden Licht vertraut, das von Raum zu
Raum kraftvoller wurde. Wenn Du dann vor Deinem innersten
Heiligtum ankommen durftest und sich die letzte der inneren
Türen öffnet, bist Du bereit, daß universelle Lebenslicht zu
schauen. Es ist so hell, daß Du nur ahnend den Altar vor Dir
siehst, auf dem Du eine weiße Lotosblume als Knospe er-
kennst. Es ist ein gnadenvolles Geschenk, wenn sich die Lotos-
blume zu öffnen beginnt, wenn sich Blatt für Blatt entfaltet und
sich die Lotosblume in ihrer ganzen majestätischen Schönheit
öffnet. Im Inneren der Lotosblume, im Herzen der Lotos-
blume, ist das Juwel verborgen, das heilendes, goldenes Licht

aussendet. Wenn es für Dich jetzt sein darf, wird das Juwel glanzvoll erstrahlen, und die Lichtfunken werden Dich berühren, und ihre heilsamen Energien werden sich über Dein Herz und Deinen Körper ergießen. Ströme von Glückseligkeit und unsagbarer Liebe durchfließen Dich.

- *Du wartest in aller Stille, bis sich der heilende, goldfarbene Glanz des Juwels wieder in das Herz der Lotosblume zurückgezogen hat und die Lotosblume ihre Blätter wieder zart geschlossen hat. Sende Deine Dankbarkeit ohne Worte aus. In diesem Teil des Tempels sind die Worte der menschlichen Sprache zu eng und zu klein. Hier erkennt man die Kraft und die Bedeutung der Gefühle ohne eine Beschreibung.*

- *Deine Meisterin des Herzens begleitet Dich den Weg zurück bis zur Pforte des Tempels. Sie lächelt Dir beim Abschied zu, und Du weißt, daß Du in Deinen inneren Tempel des Herzens zurückfinden wirst. Lasse Dir die Zeit, die Du noch brauchst, diese höchste Form der „Agape", der universellen, selbstlosen und göttlichen Liebe zu verstehen. Dann kehre mit Deinem Bewußtsein wieder in den Körper zurück, und spüre in Dir nach, wie Du Dich fühlst. Danke zum Abschluß dem Wesen Deines begleitenden Edelsteins, und finde in Licht, Liebe und Dankbarkeit wieder in die Außenwelt zurück. Schaue Dir Deinen Smaragd noch einmal genau an.*

Meditationsende

Meditation: Konferenz der Chakra-Tiere
Edelstein: Tigerauge

In der folgenden Meditation geht es darum, sich die einzelnen Energiezentren (und damit die entsprechenden Lebensthemen) symbolisch als Tiere vorzustellen. Diese Meditation lädt zu aktivem Tun ein und ist besonders für Menschen sinnvoll, die sich in ein Geschehen hineingedrängt fühlen. Menschen mit beginnenden Herzneurosen sehen sich manchmal ohnmächtig der Sache ausgeliefert, und sie rutschen immer tiefer in die Passivität. Auch Herzrhythmus-Gestörte stärken mit diesen Übungen das Gefühl, für ihre Heilung etwas aktiv mitzugestalten. Das Tigerauge gehört zu den sehr lebendig wirkenden Steinen, da sie je nach Lichteinfall ihr Aussehen verändern, insofern passen sie gut zu Übungen, die mit Lebendigkeit und Aktivität zu tun haben. Außerdem stärkt das Tigerauge (ebenso wie das Falkenauge) die Erkenntnis und den Mut an sich.

- *Einstimmung zur Meditation (Hinwendung zur inneren Welt, Entspannung und Loslassen mittels der Atmung, Beleben der Herzensquelle von Licht und Liebe, Aufbau der Aura-Lichtschutzhülle, Reinigen des Tigerauges).*
- *Lege dann Dein ausgewähltes Tigerauge auf Dein Herz, und erlaube Dir anzunehmen, welche Botschaft Dir das Wesen des Tigerauges für Dein Herz mitbringt. Tanke innerlich mit der mutmachenden und kräftigenden Energie des Tigerauges auf, und lasse alle Deine Herzzellen und ihre Umgebung daran teilhaben. Du bist nichts und niemandem in Deinem Leben ausgeliefert, sondern Du hast auf alle Prozesse Einfluß. Die Tigeraugen-Energie läßt Dich ganz besonders aufmerksam sein, was es nun als nächstes zu beachten gibt. Sei Dir sicher darin, daß Du zur rechten Zeit das Wesentliche sehen wirst. Lasse Dir Zeit dafür, dies in Dein tiefstes Inneres hineinzunehmen.*
- *Wenn Du Dich gestärkt und mutig genug fühlst, dann folge den nächsten bildlichen Vorstellungen, so gut es Dir möglich ist. Lasse in Höhe der Herzebene einen großen Raum aus einer Landschaft entstehen, wo sich nun nacheinander mehrere Tiere*

einfinden können. Ein Beispiel wäre eine Wiese mit einem gro-
ßen Baum in der Mitte oder auch eine Höhle, die groß und weit
ist. Vertraue dem Bild, das sich in Dir zeigt, eventuell kannst
Du es noch nach Bedarf umgestalten.

- *Dann gehe mit Deiner Aufmerksamkeit in Dein erstes Energie-*
  zentrum im Beckenbodenbereich, dem Sitz Deiner Lebens-
  und Durchsetzungskraft. Bitte dieses Chakra, sich Dir symbo-
  lisch als ein Tier darzustellen, und nimm dankbar die erste
  Tiererscheinung an. Schaue Dir das Tier an und tritt, wenn Du
  magst, in Kontakt mit ihm. Wirkt es scheu auf Dich oder mu-
  tig, ist es ein zahmes oder wildes Tier. Es steht in Deiner Kraft
  und Deinem Einfluß, dieses erste Chakra-Tier in Deine Her-
  zenslandschaft zu bitten und dort zu warten, bis auch Du dort
  sein wirst, weil Du einige Fragen mit ihm besprechen möchtest.

- *Gehe dann mit Deiner Aufmerksamkeit in Dein zweites Ener-*
  giezentrum im Unterbauch, dem Sitz Deiner Vitalität und
  Deines Lebensflusses, und bitte auch hier um die Erscheinung
  in einer symbolischen Tiergestalt. Beobachte es eine Weile und
  nimm auch hier Kontakt auf, und bitte es, sich solange in Dei-
  nem Herzensraum einzufinden, bis Du auch dort sein wirst.
  Wenn Tiergestalten erscheinen, vor denen Du selbst große Vor-
  sicht bewahrst, wirst Du Dir in irgendeiner Art und Weise zu
  helfen wissen. Keines der Tiere wird Dir ein Leid zufügen, alle
  sind sie Teile von Dir und werden ihre jeweiligen Fähigkeiten
  für eine gemeinsame Sache einsetzen.

- *Gehe dann in Dein drittes Energiezentrum, wo Dein Mut,*
  Dein Vertrauen zu Hause ist, und bitte auch hier um ein symbo-
  lisches Chakra-Tier. Schaue es an, wie es auf Dich wirkt, be-
  grüße es und bitte es, in Deiner Herzenslandschaft einen Platz
  einzunehmen.

- *Bitte dann Dein Herz-Chakra, als Sitz Deiner Gefühle, Dir*
  in Form eines symbolischen Tieres zu erscheinen, und begrüße

293

das Tier Deines Herzens, beobachte es, wie es sich Dir gegen-
über verhält und bitte es dann, bei den anderen Chakra-Tieren
zu warten.

- *Verfahre bitte bei den nächsten Chakras ebenso, indem Du um*
  Erscheinung eines symbolischen Tieres bittest. Das fünfte Cha-
  kra-Tier wird symbolisch für Deine Kommunikation und Dei-
  nen sprachlichen Ausdruck sein, bitte es nach der Begrüßung
  und Kontaktaufnahme zu den anderen in Deiner Herzensland-
  schaft.

- *Das sechste Chakra-Tier ist ein Symbol Deines Verstandes und*
  Deiner Wahrnehmung. Wie wirkt es auf Dich? Begrüße es und
  bitte es, bei den anderen seinen Platz einzunehmen.

- *Das siebte und letzte Chakra-Tier ist ein Symbol für Deine hö-*
  heren Ideale, Deine Zielsetzungen. Nun, welches Tier zeigt
  sich Dir aus diesem Bereich? Beobachte es eine Weile, begrüße
  es und begleite es zu den anderen sechs Tieren, die alle in der
  Landschaft (oder Höhle oder einem anderen Ort) ihren Platz
  gewählt haben. Sei mit Deiner ganzen Liebe, Achtsamkeit
  und Deinem ganzen Verständnis dort, wenn Du diese Tiere zu
  Dir zu einer Begegnung gebeten hast. Du kannst dieses Treffen
  nun mitgestalten. Eine Möglichkeit ist es, die Tiere mit ihren je-
  weiligen Fähigkeiten zu bitten, Dich in einer ganz bestimmten
  Sache (Thema Herz, Enge oder Kummer) zu unterstützen,
  vielleicht wissen sie ganz instinktiv, wo Deine Problemschwer-
  punkte liegen und wissen Rat und Hilfe zur Tat. Lasse Dir und
  Deinen Chakra-Tieren genügend Raum und Zeit. Nach der
  „Konferenz" danke Deinen Helfern und begleite Deine Tiere
  einzeln in ihre jeweiligen Bereiche (Energiezentren) zurück.
  Nimm das Erlebte in Dein Bewußtsein auf, und übertrage es
  auf Deinen Alltag.

- *Danke der begleitenden Energie Deines Edelsteins, danke für*
  alles, wie es in Dir und um Dich ist. Finde in Deinem Tempo,

in Licht, Liebe und Dankbarkeit, wieder ganz bewußt in die Außenwelt zurück. Schaue Dir Dein lebendig wirkendes Tigerauge noch einmal genau an.

Meditationsende

Meditation: „Schlüsselerlebnis" im Christus-Bewußtsein
Edelstein: Turmalin

Diese Meditation ist besonders für „schwere" Krankheitsgeschehen geeignet und auch für Menschen, die in einer Notsituation sind oder irgendwie auf ihrem Lebensweg nicht weiter wissen. Keine andere Edelsteinenergie als die des Turmalins kam mir dabei näher. Der Turmalin, in seinen verschiedenen farbigen Energien, unterstützt uns immer wieder auf der Suche nach neuen Wegen, gar Auswegen. Er hilft uns dabei, wenn wir unseren Wesensanteil der Kreativität wecken oder stärken wollen. Die Kreativität steht in Beziehung zum Schöpfungspotential − und auch daran haben alle Menschen, alles Geschaffene Kontakt. Aus meinem christlichen Glauben heraus nenne ich diese in meinem Herzen wohnende Kraft Christus-Bewußtsein. In anderen Religionen gibt es für den Schöpfungsgeist nur andere Namen − der dahinter verborgene Sinn ist der gleiche.

- *Einstimmung zur Meditation (Hinwendung der Aufmerksamkeit nach innen, Entspannung und Loslassen mit Hilfe der Atmung, Vorstellung des Herzens als eine Quelle von Licht und Liebe, die sich in den ganzen Körper ergießt, und als Dank und Gruß das Aussenden von Lichtstrahlen zu Mutter Erde und in den Kosmos über das Höhere Selbst, Aufbau der Aura-Lichtschutzhülle, Reinigung des Turmalins).*

- *Lege nun den gereinigten und aufgeladenen Turmalin auf Dein Herz und erlaube Dir anzunehmen, was Dir der „Botschafter des Turmalins" schenkt. Erlaube, daß die Farbe Deines Turmalins mit der Deiner Aura vermischt wird, und öffne, von innen her, die Türen und Pforten. Spüre der sanften und heilsamen Energie des Turmalins nach, und nimm Dir soviel Zeit, wie Du dafür brauchst.*

  Es mag sein, daß das Wesen des Turmalins Dir ein paar „Schlüssel" überreicht. Es sind Schlüssel zu Türen in Deinem Inneren. Wenn Du die Türen aufschließt, wirst Du neue Möglichkeiten im Umgang mit Deinen Lebensthemen erkennen, neue Wege sehen. Es sind Schlüssel zu Türen Deiner eigenen inneren Weisheit. Stelle Dir bildlich vor, daß das Wesen des Turmalins einen Wesensanteil von Dir, der Kreativität heißt, weckt und stärkt. Er wird Deiner Kreativität Mut machen, damit Du in Deinen Entscheidungen eine wahre und reale Hilfe durch Deine Kreativität erhältst.

- *Nimm Dir die Zeit, die Du dafür brauchst, um mit Deinem Christus-Bewußtsein in Kontakt zu kommen. Es ruht in Deinem tiefsten Herzen, Du mußt es beleben „wollen". Nur Du kannst dem Christus in Dir „Raum geben". Das Christus-Licht ist ein Geschenk gewesen, daß Deine Seele bekam, als sie sich aus der großen Einheit aller Seelen löste, um auf der Erde zu inkarnieren. Gib ihm Raum.*

- *Die Christus-Energie in Dir beleuchtet einen inneren Heilungsweg, auf dem bedingungslose und selbstlose Liebe gefordert ist. Es ist der Reifungsweg Deiner Seele. Er ist voller Glückseligkeit und wahrem Reichtum. Erkenne dieses Geschenk als solches an, und sei bereit, es anzunehmen. Das ist das schönste Geschenk, daß DU Deinem Herzen geben kannst!*

- *Lerne zu verstehen, daß schwierige Umstände und Krankheiten nur deshalb auf Dich zukamen, weil DU die Kraft hast, die Lösungen zu sehen und sie umzusetzen. Es ist manchmal im Leben so, daß dann, wenn man von einer festgefahrenen Idee oder einem Wunsch losläßt, tausende von neuen Möglichkeiten auf einen zuströmen. Wenn Gott Dir eine Tür verschließt, öffnet er Dir zwei andere. Es braucht Deinen Mut und Lebenswillen, dem Christus-Bewußtsein in Dir Raum zu geben und die Botschaft des Turmalins anzuerkennen.*

- *Danke von Herzen dem Wesen Deines Turmalins, danke dem Christuslicht in Dir, und finde in Licht, Liebe und Dankbarkeit wieder bewußt in die Außenwelt zurück.*

Meditationsende

Das Herz ist eine *Begegnungstätte* von besonderer Art – hier begegnen sich Geist und Materie. Ich freue mich, wenn ich dazu beitragen kann, neue Impulse im Umgang mit unseren Herzen zu geben. Ich glaube an die Macht der Liebe, die in meinem Herzen wohnt. Mit all meiner Kraft werde ich mich für die Liebe des Herzens einsetzen. Eine „helfende Hand" will ich denen sein, die ihr Herz als Gefangene der Materie sehen, als Opfer der Gesetze der Menschen oder ihr Sehnen als moralische Schande empfinden.

Solange unsere Herzen schlagen,
haben wir Chancen.
Solange unsere Herzen schlagen,
pulsiert die Liebe in uns.
Lauschen wir der Stimme unserer Herzen,
um die Antworten auf alle unsere Fragen zu finden.
Empfinden wir unsere Herzen als heilende Juwelen.

Quellennachweis

1: Kahlil Gibran, Der Prophet, Walter-Verlag, Olten 1973, S.14

2: Dean Ornish, Revolution in der Herztherapie, Kreuz-Verlag, Stuttgart 1993, S.130

3: Wolfgang Poeplau, Dein Licht hat die Nacht in einen Morgen verwandelt, Christopherus/Kaufmann-Verlag

4: Lama Anagarika Govinda, Der Weg der weißen Wolke, Knaur-Verlag, München 1975, S.40

5: Wolfgang Poeplau, In der Mitte der Welt führt Deine Spur Christopherus/Kaufmann-Verlag, Freiburg 1984, S.46

6: K.O. Schmidt, Seneca, Drei Eichen Verlag, Ergolding 1976, S.45

Literatur- und Musik- Hinweise

Bauer, Ingrid und Kurt, Das Flüstern der Seele
  Aquamarin-Verlag
Bind-Klinger, Anita, Heilung durch Harmonie
  Aquamarin-Verlag
Brinton-Perera, Sylvia, Der Weg der Göttin der Tiefe
  Ansata-Verlag
Faller Prof. Dr. A., Der Körper des Menschen
  Thieme-Verlag
Gallegos, Eligio Stephen, Indianisches Chakra-Heilen
  Peter-Erd-Verlag
Gass, Robert und Chor "On Wings of Joy", Shri Ram
Gass, Robert u. Chor "On Wings of Joy", Alleluia/Kyrie
Geborgenheit − Quellenstundenbuch
  Verlag der Quellebändchen
Haich, Elisabeth, Der Tag mit Yoga
  Drei-Eichen-Verlag
Lama Anagarika Govinda, Der Weg der weißen Wolke
  Knaur-Verlag
Marschall, Henry, Mantras, magische Gesänge der Kraft
  Bauer-Ton Verlag
Möller, Michael Lukas, Die Wahrheit beginnt zu zweit
  rororo-Sachbuch
Ornish, Dean, Revolution in der Herztherapie
  Kreuz-Verlag

Poeplau, Wolfgang, In die Mitte der Welt führt Deine Spur
    Christopherus/Kaufmann-Verlag
Ramana Maharshi, Gespräche des Weisen vom
    Berge Arunachala
    Ansata-Verlag
de Saint-Exupéry, Antoine, Man sieht nur mit dem
    Herzen gut
    Herder/Spektrum-Verlag
Schettler, Gotthard, Innere Medizin
    Thieme-Verlag
Schmidt, K.O., Seneca, der Lebensmeister
    Drei-Eichen-Verlag
Simonton, Carl O., Wieder gesund werden
    Medizin und Gesundheit/rororo Sachbuch
Stux und Stiller, Akupunktur Lehrbuch und Atlas
    Springer-Verlag
Thich Nhat Hanh, Mit dem Herzen verstehen
    Theseus-Verlag
Thich Nhat Hanh, Das Wunder der Achtsamkeit
    Theseus-Verlag
Wall, Vicky, Aura-Soma das Wunder der Farbheilung
    Verlag H.J. Maurer
Wilber, Ken, Mut und Gnade
    Scherz-Verlag

Anita Bind-Klinger

Heilung durch Harmonie

In Meditation mit Edelsteinen
die Weisheit des Körpers erfahren

Mit diesem umfassenden Werk liefert die Heilpraktikerin Anita Bind-Klinger eine Synthese dessen, was man als „esoterisches Heilen" charakterisieren könnte. Die Erfahrungen aus vielen Jahren mit sanften Heilweisen finden ihren Niederschlag in diesem ausführlichen Grundlagenwerk.

Die Erfolge alternativer Heilbehandlungen haben in beeindruckender Weise aufgezeigt, in welch außerordentlichem Maße die geistige Einstellung des Menschen Einfluß auf sein Befinden ausübt. Damit entdeckt die moderne Heilkunst ein Wissen neu, das die „Therapeuten" des Altertums weise anzuwenden wußten.

Anita Bind-Klinger lernte in ihrer Arbeit, wieder auf die Botschaft des Körpers zu lauschen und die „Sprache der Organe" zu deuten. Auf diesem Wissen aufbauend, nimmt sie die „Weisheit der Kristalle und Edelsteine" zu Hilfe, um heilende Energien in die Krankheitsfelder auszustrahlen. So gelangt sie zu einer ganzheitlichen, sanften und auf harmonische Weise mit der Natur zusammenarbeitenden Heilweise, die den Menschen durch Harmonisierung ganz (heil) werden läßt.

Als besonders hilfreich erweisen sich die Heilungsmeditationen, die sich durch das ganze Buch erstrecken und von Anita Bind-Klinger speziell zu den unterschiedlichen Krankheitsbildern entwickelt wurden. Sie ermöglichen es dem Patienten wie dem Heiler, kreativ das große Reservoir der Selbstheilungskräfte zu aktivieren.

ISBN 3-89427-020-9

Barry und Joyce Vissell

Laß' Dich heilen

Heilung geht von innen aus – diese Einsicht bricht sich in immer stärkerem Maße Bahn! Wenn die innere geistige Einstellung des Patienten nicht die Bereitschaft zeigt, sich zu ändern und aktiv an der eigenen Gesundung mitzuarbeiten, kann keine Heilung erfolgen. Dem Aufzeigen jener Gesetzmäßigkeiten ist dieses von tiefer Menschenkenntnis und umfassendem spirituellen Wissen geprägte Buch gewidmet.

Im einzelnen geht das kalifornische Therapeutenehepaar auf die Heilung zwischenmenschlicher Beziehungen ein, die über den Rahmen von Partnerschaften auch ungelöste Konflikte mit Verstorbenen berücksichtigt.

Die Annahme von Schmerzen, seelischer und physischer Natur, findet detaillierte Erörterung, bis hin zur Versöhnung mit dem Tod; wobei die Realität von irdischer *und* geistiger Welt im Mittelpunkt steht.

Ein weiterer wichtiger Aspekt der Heilungsarbeit findet sich in der Heilung der eigenen Gefühle und Gedanken. Empfinden und Wollen müssen klar ins Bewußtsein treten, um wahrhafte Heilung zu erfahren. In diesem Zusammenhang wird auch die Behandlung von Suchtkrankheiten besprochen.

Wesentlich für die Heilung der Menschheit als ganzer ist die Wiedergewinnung einer „heilen" Beziehung zur Natur, die häufig übersehen, von den Vissells jedoch sorgfältig thematisiert wird.

Wer Einsicht in die Arbeit gewinnen will, die jeder einzelne für seine Heilung leisten muß, kann kein tiefschürfenderes Werk finden.

ISBN 3-922936-96-2

Dora Kunz

Die verborgenen Quellen der Heilung

Ähnlich wie in der Physik am Anfang des 20.Jahrhunderts, bahnt sich in der Medizin seit einigen Jahren ein revolutionierender Umdenkungsprozeß an. Das Menschenbild einer materialistischen Epoche wandelt sich, um einer ganzheitlichen (holographischen) Anschauung Raum zu geben. Der Patient wird in seiner in sich verwobenen Dreiheit von Körper, Seele und Geist gewürdigt.

Vor dem Hintergrund dieses Paradigmenwechsels vollzieht sich die kreative Entfaltung neuer Diagnose- und Therapiemöglichkeiten. Bisher „verborgene Quellen" beginnen zu sprudeln, setzen vielfältige neue Heilungsströme frei. Der besondere Wert dieses wegweisenden Sachbuches besteht in seiner Vielfalt. Es zeigt dem einzelnen Wege zur Selbstheilung auf und gibt dem Therapeuten eine Fülle an Indikatoren in die Hand, die ihm eine erfolgreiche Behandlung, zum Heil des Patienten, ermöglichen.

Vor herausragender Bedeutung ist eine detaillierte Analyse des Phänomens „Depression" aus esoterischer Sicht, wobei sowohl die innerseelischen Faktoren wie auch die Einflüsse der Umwelt (Energiefelder) analysiert und präzise Anweisungen zur Heilung gegeben werden.

Die Autorin und Herausgeberin, selbst seit Kindheit mit innerer Wahrnehmung begabt, erstellt erstmals ein vollständiges Mosaik eines neuen „Heilungskosmos", der das medizinische Weltbild bis ins nächste Jahrtausend bestimmen wird. Das mit großer Sorgfalt zusammengestellte Werk von Dora Kunz dürfte die „neuen Heilweisen" auf dem derzeit höchstmöglichen Niveau präsentieren.

ISBN 3-922936-62-8